부모학교

'아이의 재능은 엄마가 만든다'

역자 : 이지희

건국대학교 중어중문학과를 졸업하고, 이화여대 교육대학원 중
국어교육과 석사를 졸업했다. 북경, 대련, 상해에서 수학했다. 현
재는 두 아이의 엄마이자, 번역 에이전시 (주)엔터스코리아에서
출판기획 및 중국어 전문 번역가로 활동 중이다.
주요 역서로는 『엄마, 나는 어디에서 나왔어요?(출간예정)』가 있다.

부모학교

1판 1쇄 : 인쇄 2014년 08월 21일
1판 1쇄 : 발행 2014년 08월 25일

지은이 : 김자겸
펴낸이 : 서동영
펴낸곳 : 서영출판사

출판등록 : 2010년 11월 26일 제25100-2010-000011호)
주소 : 서울특별시 마포구 서교동 465-4, 광림빌딩 2층 201호
전화 : 02-338-0117 팩스 : 02-338-7161
이메일 : sdy5608@hanmail.net

디자인 : 이원경
옮긴이 : 이지희

ⓒ2014김자겸 seo young printed in seoul korea
ISBN 978-89-97180-40-0 13370

미래의 어느 날, 아이는 우리가 한 번
도 생각해보지 못한 멋진 무대에 오를
것이다. 그 때 아이 옆에 있는 것은 엄
마가 아닐 수도 있다. 하지만 아이의
마음속에서 함께 하는 사람은 반드시
엄마여야 한다.

▲ 9살, 한국의 서울대학을 방문하다

▲ 10살, 유학생 문화의 날에 친구를 사귀다

◀ 세계를 사랑하고 그것보다 훨씬 더
조국의 문화를 사랑하다

▼ 11살, 미국 유학길에 뉴욕 월스트리트에 들르다

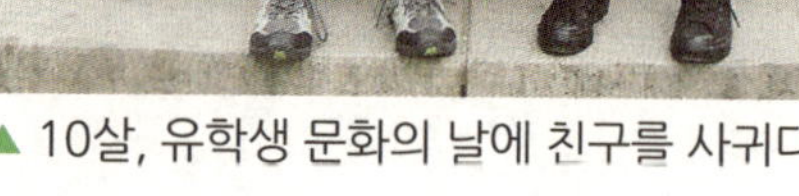

▲ 운동에 대한 열렬한 사랑, 한국에서 야구 경기를 관람

▲ 9살, 엄마와 함께 즐겁게 태권도를 배우다

▲ 엄마와 한 판 승부, 바둑의 세계에 빠져들다

▲ 13살, 고등학교 졸업식

◀ 동물은 내 친구, 금붕어 기르기

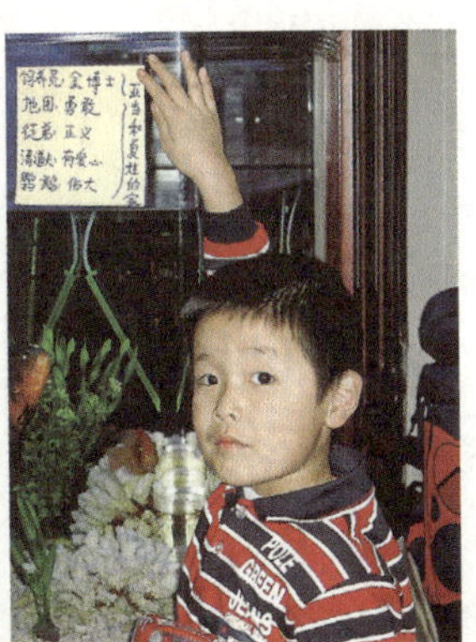

이번에 가르친 아이들이 10기, 부모대학 공개강연 30회 돌파. 2013년은 그야말로 풍성한 수확이 넘쳐나는 한 해였다. 나의 친구들, 그리고 꼬마 친구들에게 감사의 인사를 전한다. 당신들이 있었기에 나는 그야말로 미친 듯이 강연에 몰두 할 수 있었다.

▲ 9년 만에 처음 안아본다는 아버지와 아들

▲ 부모대학 공개강연 현장에서

▲ 재벌2세가 아닌 엘리트2세를 가진
행복한 부모가 되다

▲ 교실에서 게임을 즐기는 아이들

▼ '중고등교사 교육 훈련 프로그램'의 특별 강사로
초청되다

▼ 나는 다음과 같은 엘리트교육관에 동의한다

부모학교

'아이의 재능은 엄마가 만든다'

2014 · 서영

'아이의 재능은 엄마가 만든다'

차 례

Chapter 1 사랑의 깊을 높여라

교육은 생명이 또 다른 생명을 변화시키는 일이다. 가정에는 변화를 이끌어 갈 '선구자'가 꼭 필요하다.

부모가 좋은 모범을 보이면 가족들의 발걸음 역시 부모를 쫓아가기 마련이다. 이러한 행동이 가정을 이끌면서, 그것이 점점 쌓여서 그 가족만의 문화로 자리 잡게 된다. '가족 문화', '집안 전통', '가정환경', '집안 분위기'는 그렇게 해서 만들어진다.

 # 스스로 크는 아이

모든 아이가 '천재'일 필요도 없고, 부모가 아이를 위해 독해지거나 무서워질 필요도 없다. 자신감 넘치는 낙관적인 인생관과 포기를 모르는 도전 정신, 그리고 용감하고 정직하며 선량한 성품을 기르도록 이끌어 준다면, 아이는 지혜롭고 주체적이며 독립적인 사람으로 자라날 것이다. 바로 이것이 감성교육이다.

Chapter 3 물고기 잡는 법

최고의 교육은 학습 방법을 가르치는 교육이다. 바로 '물고기 잡는 법'을 알려주는 것이다. 부모는 아이가 공부할 때 먼저 다음의 세 가지를 확실히 하도록 도와주어야 한다.
- 첫째, 왜 공부해야 하는가.
- 둘째, 누구를 위해 공부해야 하는가.
- 셋째, 어떻게 공부해야 하는가.

아이를 위해 자신을 바꿀 줄 아는 부모는 현명한 부모다. 그리고 그런 부모를 둔 아이는 행운아다. 가장 훌륭한 부모는 아이와 동등한 높이에서 아이를 교육하며 계산하지 않고 비교하지도 않는다. 현명한 부모는 아이의 타고난 재능을 잘 지켜주고 아이가 자신을 가장 아름답게 꽃피울 수 있게 도와준다.

아이 인생의 총 연출자

저자와 만날 때마다 가장 많이 나누는 이야기는 아이 교육에 관한 것이다. 교육 이야기를 할 때면 그녀의 눈에서는 마치 강한 광선이 뿜어져 나오는 것만 같다.

첫 마디는 언제나 이것이다.

"제가 이 작은 천사들을 얼마나 사랑하는데요!"

이 말에서 나는 저자가 아동 교육에 얼마나 깊은 애정이 있는지 느낄 수 있었다. 그래서일까? 저자의 아들이 13살에 미국대학에 합격했다는 이야기를 들었을 때, 나는 그녀가 아들을 어떻게 교육했는지 꼭 한번 파헤쳐봐야겠다는 생각을 하게 되었다.

처음 〈부모학교〉라는 책 제목을 보았을 때, 나는 저자의 오랜 친구임에도 다시 한 번 저자에게 깊은 존경심을 느꼈다. 또한 본서에 담긴 저자의 16년간의 연구의 성과물이기도 한 가정교육의 원칙과 진리에 깊이 공감한다.

과연 저자는 아들을 어떻게 교육했을까? 나의 의문은 중국 산동(山東) TV에서 제작한 특집 프로그램을 봤을 때 단번에 해결되었다. 저자는 이렇게 말했다.

"교육은 즐거워야 합니다. 아이의 연령에 맞는 각기 다른 방법을 사용하여, 아이가 자신이 속한 가정, 학교, 사회에서 언제나 즐거움을 느낄 수 있도록 해주어야 합니다."

본서를 읽으면서 저자와 아이의 교육방법에 대한 이야기를 나누다 보면, 부모야말로 아이 인생의 총 연출자라는 사실을 깨닿게 될 것이다. 총 연출자라면 학교뿐만 아니라 가정, 사회의 역할에도 관심을 기울여야 한다. 이렇게 만들어진 '황금 삼각형(가정, 학교, 사회)' 중 가정의 책임은 아이를 올바르게 지도하고 좋은 습관을 길러주는 것이다.

사실 모든 아이는 천재다. 단지, 6세 이전에 가정에서 재능을 어떻게 계발시키고 어떤 품성을 길러 주느냐가 그 이후를 결정하는 것이다.

부모는 아이의 거울이다. 본서는 저자가 아들을 낳으면서 대학에 보내기까지의 일련의 자세한 기록과 생각을 담고 있다.

저자는 대부분의 부모가 쉽게 지나치는 일상의 사소한 일에서 그 이면에 숨겨진 중요한 법칙을 발견해 냈다. 일상생활에서 아이의 천부적 재능을 발견하고 발전시키면서 주체적이고 독립적인 사람으로 키워낸 것이다! 저자가 얼마나 지혜로운 부모인지 또 얼마나 국제적인 안목을 지녔는지 감탄하게 만드는 대목이다.

저자의 아들이 천재라기보다는, 아이의 천부적 재능을 알아보고 키워낸 저자야말로 이 시대의 진정한 백락[01]인 것이다. 나는 세상의 모든 부모가 이 책을 보면서 아이가 행복하게 성장하는 길을 찾아가기를 바란다.

저자는 20년간 세계를 누비며 공부한 자신의 경험에 전통적인 도덕교육을 접목시켜, 우리 가정에 적합한 영재교육 모델을 탄생시켰다. 동시에 자신의 교육 계획과 목표를 '부모대학 공개 강연'을 통해 널리 알리면서 수많은 가정에 영향을 미쳤다.

그녀는 언제나 웃으며 이렇게 말한다.

---

01) 백락(伯樂): 춘추 시대(春秋時代) 진(秦)나라 사람으로 말을 잘 감별한 사람이다. 인재를 잘 발견하여 등용하는 사람을 비유한다.

"아이들이 자신의 잠재력을 최대한 발휘하도록 돕는 것이 저의 가장 큰 행복입니다. 이것이야말로 세상에서 가장 중요한 일입니다."

진정한 아동교육자의 모습이 바로 이것이 아닐까!

한번은 내가 이렇게 물은 적이 있다.

"앞으로의 계획은 무엇입니다?"

그녀는 이렇게 대답했다.

"저는 평생 아동교육과 함께하고 싶습니다. 16년 전 제가 품었던 꿈을 앞으로 남은 60년의 인생에서 실현해 보고자 합니다. 바로 영재를 키우는 '사관 고등학교'를 만드는 일입니다. 한국 유학시절, 저는 한국 '민족사관고등학교'의 기적을 직접 목격했습니다. 그곳은 세계적인 인재를 육성하는 천재의 요람이었습니다. 더욱 저를 감탄하게 한 건, 이 학교를 졸업하고 해외에서 유학을 마친 학생들이 귀국해서 하나같이 나라를 위해 일하는 모습이었습니다. 부모대학도 좋고, 특별 훈련 캠프도 좋습니다. 어떤 방식으로든 자신의 긍정적인 에너지를 통해 다른 가정과 사람들에게 영향을 주는 사람들이 많아져야 한다고 생각합니다. 사랑은 이렇게 계속 전해져야 합니다. 더욱 많은 아이가 덕과 재능을 겸비한 '행복한 세대', '복 받은 세대'가 되도록 우리 모두 노력해야 합니다."

이제 나에게 큰 감동을 준 본서에 대한 추천사를 마치고자 한다. 나는 이 천재 엄마에게 감동했다. 그리고 그녀가 다른 부모들에게 전하는 메시지 하나하나에 담겨 있는 깊은 사랑에 더욱 감동했다. 그렇기에 나는 믿는다. 저자가 앞으로도 아동 교육을 위해 최선을 다해 노력할 것이고, 자신의 모든 것을 바쳐 영재 교육에 힘쓸 거라고 말이다.

-왕동화(王東華) (화동사범대학 엄마 연구소 소장, 교육전문가)

사랑의 진정한 힘은,
사랑을 전하는 씨앗이 되는 것이다

한 어머니의 사랑이, 모든 어머니의 가슴과 모든 가정에 전해진다. 이 얼마나 위대한 일인가!

저자가 전하는 교육의 진리가, 인재가 되기를 바라는 모든 사람에게 전해진다. 이 얼마나 넓고 깊은 가르침인가!

저자는 자신의 신작 〈부모학교〉에서 이런 말을 했다.

'교육은 생명이 또 다른 생명을 변화시키는 일이다.'

이는 '교육'의 핵심을 가장 잘 나타내 주는 말이다. 교육에는 인류가 함께 협력하게 하는 책임이 있다. 또한 모든 사람이 이 세상에서 자신의 능력을 맘껏 펼치도록 도울 사명이 있다.

저자는 해외에서 공부하면서 세계적인 교육추세와 세계적인 인재 양성 방법에 대해 깨닫고 교육에 대해 이처럼 '사랑'이 가득한 해석을 한 것이다.

사람은 누구나 '미적 감각'과 '예술 감각'을 가지고 있다. 한 권의 책은 저자가 자신의 인생에서 깨달은 것과 추구하는 바를 그대로 보여준다.

처음 저자를 만난 것은 북경 대학의 캠퍼스였는데 우리는 아이의 교육문제에 대해 이야기했다. 당시 그녀는 자신의 사랑하는 아들 김정걸(金程傑)에게 혼신의 힘을 다하고 있었다. 그녀는 언제나 아들과 함께 걸으며, 아이가 세계 최고 교육을 향해 나아갈 수 있도록 조용히 옆에서 도왔다.

"당신은 미래에 어떤 일을 하고 싶습니까?"

이는 저자가 자주 묻는 말이다. 한 아이의 엄마로서 그리고 아동교육 및 가정교육에 몸담은 사람으로서, 저자가 가장 바라는 일은 '사랑의 힘'으로 아이의 정신적인 성장을 도울 수 있는 교육법과 전통적인 '경험적 교육법'을 발전시키는 것이다.

한 번은 부모 교육 강좌에서 수년간 고3 담임을 맡아 온 선생님과 우연히 만난 적이 있다. 나는 아직도 그 선생님이 눈물을 흘리며 이렇게 털어놓던 광경을 잊을 수 없다.

"다른 아이들을 가르치느라, 정작 내 아이는 가르치지 못했습니다."

실제로 많은 선생님이 이와 비슷한 경험을 한다.

"다른 아이들은 모두 훌륭하게 잘 크는 것 같은데, 제 아이는 어떻게 키워야 할지 모르겠습니다."

기의 모든 가정에시 이런 고민을 한다.

이럴 때 이 책을 보면 가정교육의 올바른 길을 깨닫고 순식간에 가슴이 후련해지는 것을 느낄 수 있다.

'모성애', '부성애', '꿈', '선물' 등 아이의 성장과 관련된 단어는 매우 많다. '선택', '집중', '심성', '끈기' 등 아이가 연습하고 익혀야 할 것 역시 적지 않다. 본서에서는 이와 관련된 확실한 설명을 찾아볼 수 있다.

이제 학생들이 중국 대학을 벗어나 세계대학에 진학하는 것처럼 중국은 세계로 뻗어나가고 있다. 이러한 때에 '아동교육'은 개별 가정의 문제인 동시에 사회 전체의 발전과 연관된 문제이기도 하다. 아이의 특성에 맞게 교육하고 독립심을 키워주면서 세심하게 지도해줄 필요가 있다. 그러면서 아이와 함께 우리 민족 역시 성장해나가야 한다. 이는 이미 수많은 성공한 사람들이 인지하고 또한 실천하는 바다. 본서에서는 이를 위한 효과적인 방법을 제시하고 있다.

생명의 이어짐은 본래 무언가를 전수해주는 과정이다. 또한 교육은 아이와 동행하면서 부단히 성장해 나가는 과정이다. 이 생명의 체인에서 오직 어머니의 사랑이 담긴 양육과 교육만이 아이가 성장하는 데 가장 큰 힘이 되어준다. 어머니의 사랑은 나이, 거리, 지위, 빈부와 상관없이 언제나 평등하며 평화롭고 온화하다.

그런 면에서 본서는 책일 뿐만 아니라, 평생을 독자들과 함께 할 한 폭의 그림이라 할 수 있다!

- 원악(袁嶽) (령점그룹零点集团, Horizon Research Consultancy Group 대표이사, 흑빈과청년黑蘋果青年 이사장)

글자 사이로 흐르는 엄마의 사랑,
따스함과 힘을 느끼게 해주는 책

내가 본서의 저자인 김자겸(金子謙) 선생님을 처음 알게 된 건 2012년 탐방 프로그램을 진행하면서였다.

산동성(山東省) 유방제성(濰坊諸城) 남쪽으로 50리 정도 되는 곳에 마이산(馬耳山) 초등학교가 있다. 그 주변 마을 세 곳의 아이들이 이 학교에 함께 모여 공부한다. 〈소초 탐방기〉에서 이 산골 아이들을 촬영하기로 결정했을 때 우리에게는 함께 해줄 교육 전문가가 절실히 필요했다. 그 순간 프로그램의 내빈으로 김자겸 선생이 우리 앞에 나타났다.

김자겸 선생님의 첫인상은 따스하고 지혜로워 보였다. 함께 대화를 나누는 가운데 선생님의 아이들에 대한 사랑과 교육을 향한 지치지 않은 열정을 느낄 수 있었고, 우리는 모두 깊이 감동했다.

저자는 자녀교육에 성공한 어머니였고(저자의 아이는 13살 때 미국 대학에 합격했다) 동시에 성공한 교육자기도 했다(저자의 학생들은 모두 매우 우수한 영재들이다).

나는 궁금했다. 선생님은 대체 어떤 방법으로 아이들을 교육한 걸까? 내 아이도 그 아이들처럼 될 수 있을까? 그 교육법은 실천하기 쉬울까, 어려울까?

선생님은 자신의 아이도 다른 아이들과 별다를 바 없는 보통 아이라고 말했다. 단지 자신은 아이가 자신의 천부적인 재능을 발전시키도록 도와주었을 뿐이라고 했다! 선생님의 말을 듣고 나는 내 아이를 어떻게 교육해야 할지 깊이 고민하게 되었다. 그리고 본서에서 그 답을 찾았다.

먼저, 이 책에서는 따스함을 느낄 수 있다.

본서의 제목을 보면서 나는 이런 생각을 했다. 자신을 잘 이해해주는 엄마와 함께 걸어가는 아이의 인생은 절대 외롭지 않겠구나. 열정과 따스함과 사랑이 가득하겠구나.

많은 아이가 저자를 '김(金) 엄마'라고 부른다. 혈연관계는 아니지만, 세상에서 가장 따뜻한 호칭으로 부르는 것이다. 엄마는 자신에게 속했던 또 하나의 생명을 세상에 나오게 하는 존재다. 이러한 엄마의 사랑은 아이를 교육하는 데 있어서 반드시 필요하다. 이 책에는 그런 따스함이 가득하다.

다음으로 이 책에서는 힘이 느껴진다.

'부모학교'라는 책 제목을 보았을 때, 나는 내 안에 힘이 가득 차오르는 것 같은 느낌을 받았다. 그 글자들 사이로 엄마의 사랑과 자애로움이 느껴졌다. 또한 아이가 앞으로 살아가면서 그 어떤 고난과 맞닥뜨리더라도 전혀 두려워하지 않을 수 있는 원동력은 바로 엄마의 '위대한 사랑'이라고 생각하게 되었다.

또한, 이 책에는 경험과 법칙이 담겨 있다.

나는 본서를 읽으면서 저자의 탁월한 관점에 놀라곤 했다.

'예술적으로 아이를 부르라, 긍정적으로 삶의 감상을 나누어라, 다른 사람에게 피해를 주지 않는 아이로 키워라, 잠들기 전 20분간 대화하라' 같은 내용이 그것이다.

대부분 마음속으로는 잘 알고 있지만 정작 말로써 표현해내지 못하는 중요한 원칙들이다. 저자는 이러한 자신의 실용적인 교육관을 독자들에게 자세히 설명하면서 효과적인 규칙과 방법도 함께 제시하고 있다.

마지막으로 이 책은 우리에게 미래를 준다.

아이는 가정과 사회, 그리고 국가의 미래다. 즉, 아이를 어떻게 키우고 교육하느냐가 우리의 미래를 결정짓는다.

본서는 부모들에게 지혜를 가르쳐준다. 아이와 어떻게 소통해야 할지, 아이를 하늘에서 가장 빛나는 별로 키우려면 어떻게 해야 할지 알려준다.

본서는 엄마의 사랑이 가득한 책이다. 우리는 이 책에서 많은 것을 얻고 지혜의 정수를 경험하게 된다.

김자겸 선생님과 알게 된 건 나에게 큰 영광이다. 더불어 이 책을 처음으로 읽는 행운까지 누리게 되었다. 많은 이들이 이 책에서 교육의 올바른 길을 찾길 바란다. 글자 사이로 엄마의 사랑이 느껴지는 책, 그 소중한 가르침에 감사할 뿐이다!

- 손희초(孫希超) (2013년 중국 최고 MC, 〈소초 탐방기(小超訪談錄)〉 프로그램 총 기획자)

부모학교

'아이의 재능은 엄마가 만든다'

'아이의 재능은 엄마가 만든다'

Chapter 1

사랑의 길을 높여라

교육은 생명이 또 다른 생명을 변화시키는 일이다. 가정에는 변화를 이끌어 갈 '선구자'가 꼭 필요하다.
부모가 좋은 모범을 보이면 가족들의 발걸음 역시 부모를 쫓아가기 마련이다. 이러한 행동이 가정을 이끌면서, 그것이 점점 쌓여서 그 가족만의 문화로 자리 잡게 된다. '가족 문화', '집안 전통', '가정환경', '집안 분위기'는 그렇게 해서 만들어진다.

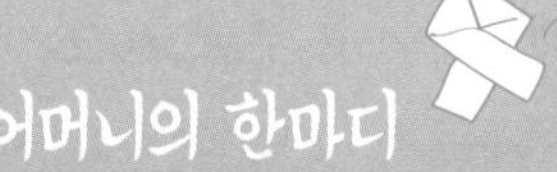

어머니의 한마디

오늘의 목표는 어제의 나를 뛰어넘는 것이다.
기회를 주어라, 그 순간 아이 인생에 기적이 일어난다.

'예술적'으로 아이를 불러주자

호칭은 그 사람을 지칭하는 수많은 명사 가운데 하나일 뿐이다. 하지만 아이를 부르는 호칭은 아이가 무의식중에 호칭대로 자신을 인식한다는 점에서 무척 중요하다. 그래서 어떤 호칭으로 불리느냐가 알게 모르게 아이에게 중대한 영향을 끼친다.

어느 주말, 우리 가족은 친한 친구네 가족들과 함께 교외로 놀러 나갔다. 무척이나 즐거운 시간이었다. 아이들은 자기들끼리 신나게 놀았고, 어른들 역시 아이들 못지않게 노는 데 정신이 팔려 있었다. 그러다 잠시 쉬는 시간이 되었는데 7살 된 아들이 뜬금없이 나에게 이렇게 물었다.

"엄마, 저 누나는 도대체 뭐라고 불러야 해요?"

내가 어리둥절한 표정을 짓자 아들은 다시 보충설명을 했다.

"저 누나는 이름이 너무 많은 것 같아서요. 누나 아빠는 누나를 항상 A라고 부르는데, 누나 엄마는 자꾸 다른 이름으로 불러요."

"오! 그래?"

나로서는 새로운 발견이었다.

"그럼, 누나 엄마는 누나를 어떻게 부르는데?"

"어떤 때는 B라고 부르고, 또 어떤 때는 C라고 부르고, 또 어떤 때는……."

아들은 내 친구가 자신의 딸을 부르는 호칭 네다섯 개를 줄줄이 읊어 나가기 시작했다. 그 순간 나는 문득 웃음이 나왔다. 어른의 머릿속에서 아이가 이렇게 다양한 이름을 지닌다는 사실이 무척 재미있게 느껴졌던 것이다.

친구네 아이 역시 만만치 않게 '똑' 소리가 났다. 우리가 자기를 부르는 여러 호칭에 대해 이야기한다는 걸 알고는 무척 신이 나서 이렇게 말했다.

"이모, 저는 엄마가 저를 부르는 소리만 들어도 앞으로 무슨 일이 일어날지 다 알아요!"

가만히 생각해 보니, 분명히 맞는 말이었다! 이 똑똑한 꼬마는 이미 알고 있었다.

만약 엄마가 어렸을 때 부르던 호칭이나 애칭으로 부른다면 엄마의 기분이 좋거나 밥 먹을 시간이라는 신호다(이때는 좀 더 놀면서 바로 답하지 않아도 상관없다). 반면에 엄마가 성을 붙여서 자신의 이름을 부른다면 그건 무언가 꼭 해야 할 일이 있거나 혹은 자신이 무언가를 하지 않아서 엄마가 화가 났다는 신호인 것이다(이럴 때는 즉시 엄마 앞으로 달려가야 한다. 그렇지 않으면 크게 혼이 날 수 있다).

아이의 말에는 분명히 일리가 있다! 어쩌면 우리 부모들은 (아이가 이미 짐작하고 있다는)이 사실을 눈치 채지 못하고 있을지도 모른다. 우리가 아이를 부르는 호칭은 그 순간 우리의 마음상태를 그대로 나타내므로 아이들은 바로 여기서 부모의 현재 기분이나 생각의 변화를 읽어낸다.

이는 분명히 부모와 아이가 주고받는 흥미로운 상호작용의 하나다. 언뜻 사소해 보이지만 그 이면에는 우리가 교육상 반드시 고민해 봐야 할 문제가 숨어 있다.

과연 우리는 아이를 어떻게 불러야 하는가. 이것은 부모가 반드시 배워야 할 수업과목 중 하나이다.

그 '똑 소리 나는 아이'의 엄마는 나와 이야기를 나누면서 줄곧 자기 딸을 '우리 집 꼬맹이'라고 불렀다. 아마도 평소에 그렇게 부르는 듯했다. 이런 호칭은 어른에게는 무척 친근하고 귀엽게 들린다. 흔히 쓰는 비슷한 호칭으로 '강아지', '귀염둥이', '예쁜이', '애기' 같은 말이 있다.

하지만 나는 이런 애칭이 그다지 바람직하지 않다고 본다. 아이가 정신적으로 성숙하는 데 부정적인 영향을 줄 수 있기 때문이다. 물론 호칭은 그 사람을 지칭하는 수많은 명사 가운데 하나일 뿐이다. 하지만 아이를 부르는 호칭은 아이가 무의식중에 호칭대로 자신을 인식한다는 점에서 무척 중요하다. 그래서 어떤 호칭으로 불리느냐가 알게 모르게 아이에게 중대한 영향을 끼친다.

예를 들어, '꼬맹이', '꼬마 숙녀' 같은 애칭은 마치 아이가 영원히 자라지 않을 것처럼, 혹은 여전히 어린아이인 것처럼 느낄 수 있다. 아마도 가족들은 아이가 너무 귀엽고 사랑스러워서 그렇게 부르는 것이겠지만 장기적으로 볼 때, 이런 호칭은 아이의 정신적인 성장을 가로막을 수도 있다.

적어도 다음의 세 가지 측면에서 문제가 있다.

첫째, 어린 아이가 자기를 부르는 호칭에 담긴 의미를 정확히 이해하기란 쉽지 않지만, 호칭에 담긴 부모의 마음은 은연중에 아이에게 전달되기 마련이다. 그렇게 호칭이 일종의 암시가 되어 아이가 성장하면서 점점 잠재의식으로 자리 잡게 되는 것이다. 그 결과, 아이는 자신이 영원히 어린아이이며, 다른 사람들의 관심을 받는 것이 당연하고, 어른의 말에는 무조건 복종해야 한다는 등의 잘못된 생각을 하게 된다.

이렇게 수동적으로 사랑을 받는 상태에만 오래 머무르다 보면 아이가 독립성이나 적극성, 자발성을 기르는 데 지장이 생길 수 있다. 나이는 이미 열일곱, 열여덟 살인데 정신적으로는 여전히 어린 아이에 머물러 있게 된다는 말이다.

둘째, 애칭이 부모와 자식 간의 친밀감을 높여준다고 생각하는 사람들이 많다. 하지만 이건 전적으로 어른들의 생각일 뿐 아이들의 생각은 전혀 다를 수 있다. 아이가 자라서 글자를 익히고 학교에 다니게 되면 어렸을 적 자신의 애칭이 무슨 뜻인지 알게 된다. 그러면 자연히 특정 장소에서 부모가 자신을 어떻게 부르는지 신경을 쓰기 시작한다. 예를 들어, 친구들과 함께 있는 자리라면 놀림감이 되는 것을 피하기 위해 애칭이 아닌 이름으로 불러주길 원할 것이다.

어렸을 때 자신이 싫어하는 '별명'으로 불려본 경험이 있는 부모라면, 사소해 보이는 호칭 하나가 아이의 성장에 얼마나 큰 영향을 주는지 이해할 수 있을 것이다. 설사 부모가 아이를 부르는 애칭과 친구들 사이의 별명이 다르다 하더라도, 아이에게 애칭을 붙일 때에는 신중할 필요가 있다. 예를 들어, 뚱뚱한 아이가 귀엽고 사랑스러워서 '통통이', '아기 돼지' 같은 애칭으로 부르는 부모들이 가끔 있다. 아무것도 아닌 듯 보여도, 알게 모르게 아이의 마음 깊은 곳에서 자신의 몸에 대한 열등감이 서서히 자라나고 있을지도 모른다.

셋째, 보통 아이를 부르는 호칭에는 아이에 대한 부모의 평가가 담겨 있는 경우가 많다. 이는 다분히 주관적이며 부모의 마음 상태와 아이의 행동에 따라 시시때때로 달라진다. 이럴 경우, 아이가 호칭에 담긴 부모의 마음을 알게 되면 이런 의문을 품을 수 있다.

'아빠 엄마는 언제나 나를 사랑하는 걸까? 아니면 내가 말을 잘 들을 때만 나를 사랑하는 걸까?'

나는 실제로 내 수업에 온 아이들에게 평소에 아빠 엄마가 어떻게 부르는지 물어본 적이 있다. 정말로 다양한 답들이 나왔는데 그 중 가장 많이 사용되는 애칭은 '귀염둥이', '예쁜이'였다.

희한한 호칭도 많았는데 이 모든 호칭에는 한 가지 공통점이 있었다. 앞서 '똑 소리 나는 아이'가 말했던 것처럼 부모가 기분이 좋거나 보통일 때 부르는 호칭과 기분이 좋지 않거나 화가 났을 때 부르는 호칭, 이렇게 두 가지로 나뉜다는 것이다.

우리 이제 아이들을 좀 더 '예술적'으로 불러주는 건 어떨까. 사소해 보이는 호칭 하나가 아이의 스스로에 대한 생각을 바꾸어 줄 수도 있고, 아이의 마음에 새로운 생각의 씨앗을 심어줄 수도 있다.

우리 가족은 아들 김정걸을 꽤 여러 가지 호칭으로 불렀다. 그 가운데 각기 다른 함축적 의미를 지닌 '예명'이 네 가지 있었는데, 바로 '김 총리', '김 대장', '김 박사', '정걸 오빠'였다. 돌이켜 생각해보니, 이러한 호칭들이 바로 우리가 아이에게 심어주어 싶었던 생각의 씨앗이었다.

첫 번째 씨앗, 작은 일에 연연하지 않는 큰 그릇 : '김 총리'

아이가 8살이었을 때, 우리 동네에는 서점이 하나 있었다. 어느 날 저녁 일찌감치 저녁밥을 먹고 산책을 하다가 서점에 들르게 되었는데, 아이가 〈명(明)나라 이야기〉라는 책을 집어 들었다.

당시 아이는 학교에서 제법 많은 글자를 익혀서 그 책을 무척 재미있어했고 이후 매일 매일 보러 가게 되었다. 그러다 우연히 〈명나라 이야기〉 제5권을 보게 되었는데 거기에 이런 이야기가 나왔다.

장백규(張白圭)는 12살 때 현(縣)에서 치르는 과거에 참가하여 '수재(秀才)'에 합격했다. 형주(荊州)의 지주(知州)[01] 이사고(李士翶)

가 그의 답안지를 보고는 '국기(國器)'라며 감탄했다. 그리고 그에게 이름을 '거정(居正)'이라 바꿀 것을 제안한다.

아이는 '국(國)' 자와 '기(器)' 자는 이미 배워서 알고 있었다. 하지만 두 글자를 함께 쓰면 무슨 뜻이 되는지는 알지 못했다. 그래서 책을 들어 올리면서 나에게 이렇게 물었다.

"엄마, '국기(國器)'가 무슨 뜻이에요?"

책을 받아든 나는 잠시 훑어보고 나서 아이에게 설명해 주었다.

"'국기'란 '나라에서 사용하는 그릇'이란 말인데 그 말이 의미하는 뜻은 나라의 귀한 인재를 가리키는 것이란다. 그러니까 큰 그릇이라고 할 수 있지. 네가 방금 책에서 본 12살 장거정(張居正)은 나중에 명나라의 재상이 되었어. 지금의 '총리'만큼 높은 직책이지. 당시 장거정의 스승이 그의 재능을 미리 알아보고는 앞으로 나라에 귀하게 쓰일 인재가 될 거라는 의미에서 '나라에서 사용하는 그릇, 국기'라고 부른 거란다."

아이는 내 말이 끝나기가 무섭게 자기도 '국기'가 되겠다고 선언했다. 참으로 아이다운 말이었다. 나는 농담 삼아 그럼 우리 가족은 앞으로 너를 '김 총리'라고 부르겠다고 했다. 그런 다음 너는 앞으로 총리가 될 사람이니, 총리가 무슨 일을 하는지, 총리가 되려면 어떤 능력이 필요한지 알아야 한다고 덧붙였다.

그러자 아이는 혼자서 이리저리 알아보러 다니더니, 얼마 후 총리는 큰일을 하는 사람이며, 총리가 되려면 아는 것도 많아야 하고 연설도 잘해야 하며, 무엇보다 큰 포부를 지녀야 한다고 이야기했다. 이것이 아이가 겨우 8살 때 이루어 낸 성과다.

두 번째 씨앗, 자기 자신을 책임지고 다른 사람을 도울 줄 아는 사람 : '김 대장'

처음 '김 대장'이라고 부른 건 아이가 8, 9살 때쯤의 일이다. 그 당시 우리는 방학 때마다 아이를 겨울캠프, 여름캠프 등에 보냈다. 여기에 참가하면 아빠 엄마와 떨어져서 자기보다 나이가 많은 아이들과 함께 단체 생활을 해야 했기에, 우리는 아이를 격려하면서 이렇게 당부했다.

비록 네가 가장 어리지만 그렇다고 다른 사람에게 피해를 줘서는 안 된다. 그리고 너도 사내대장부이니 다른 사람을 보살펴 주어야 한다고 말이다.

아이가 8살 때 큰사람학교(巨人學校)[02] 겨울 영어캠프에 참가한 적이 있는데, 그때 나는 아이에게 편지를 한 통 썼다. 편지 내용은 다음과 같다.

『김 대장에게

캠프 8일째 되는 날 네가 친구들과 함께 찍은 사진을 보고 우리는 무척 기뻤단다. 그런데 사진을 보니 네 신발끈이 풀어져 있어서 조금 걱정이 되는구나. 너는 뛰는 것을 좋아하니까 언제나 신발끈을 잘 묶어두길 바란다!

할아버지께서 네가 캠프에서 사내대장부답게 씩씩하게 지내고 있다는 소식을 들으시고, 너에게 한 가지 소식을 전해주라고 하셨단다. 여름 방학 때 너와 함께 장백산(長白山, 백두산)에 가시겠다는구나! 그곳에는 유명한 천지와 온천이 있어. 원래 엄마는 안 데려갈 생각이셨는데 엄마가 지금부터 매일 매일 열심히 산에 가겠다고 했더니 너희 '사내대장부 팀'에 끼워주신다는구나. 그래도 대장은 너니까 우리 모두 네 말을 잘 들어야 한다고 하셨단다. 앞으로도 네가 우리 집 ‘대장’을 계속 맡아야 할 것 같구나.

혼자서 옷도 빨아 입니? 사진을 보니 매일 다른 옷을 입고 있던데, 위아래로 어울리게 옷 색깔을 잘 맞춰 입었더구나. 아무래도 너는 미적 감각이 탁월한 것 같다, 멋지다 우리 아들! 3일 후면 다시 만나겠구나. 그날 외삼촌도 함께 가서 네 모습을 비디오 카메라로 찍겠다고 하셨단다. 멋지게 변한 네 모습이 무척 자랑스럽구나. 계속해서 즐거운 시간 보내길 바란다!

- 사랑하는 엄마가』

그 당시 동계캠프 선생님은 이 편지를 특별히 큰사람학교 홈페이지 게시판에 올려놓았었다. 물론 지금도 찾아볼 수 있다. 내가 아이에 대한 호칭을 떠올리다가 문득 생각이 나서 홈페이지에 들어가 찾아보았더니 아직 있었다.

비단 호칭뿐만이 아니라 평소 생활에서도 아이는 실질적인 우리 집 ‘대장’이다. 외출을 하거나 외부 모임에 참여할 때 아이는 항상 가족들을 먼저 챙긴다. 우리가 아이를 보살핀 적은 거의 없다.

거우 열 살이 좀 넘은 아이가 자신보다 훨씬 나이가 많은 엄마 친구들과 친하게 지낼 수 있는 이유가 바로 여기에 있다.

세 번째 씨앗, 공부가 즐겁고 그중에서 열대어 연구를 가장 좋아하는 사람 : ‘김 박사’

아들 정걸은 9살 때 이미 세 차례 월반해서 북경 외국어대학 부속 외국어 학교의 중학교 과정에 다니고 있었다. 아이는 중학교 1학년에서 가장 나이 어린 학생이었다. 또 학교수업 외에 라이스 영어센터(瑞思學科英語, Subject English)[03]에도 다니고 있었다.

마침 학교에서 자연과학을 배우기 시작한데다가 미국식 영어 교육을 지향하는 라이스 영어센터에서도 실습을 강조하다 보니, 아이가 집에 돌아와서 갖가지 실습 과제를 할 때가 많았다.

열대어를 키우며 관찰하는 것 역시 그러한 실습과제 중 하나였는데, 결국 아이의 진짜 취미가 되어버렸다.

그 시절을 떠올리면 참으로 감개무량하다. 아이가 작은 동물을 아끼고 사랑할 줄 안다는 게 얼마나 감사한지 모른다. 이런 아이들은 대부분 커서도 선량한 어른이 된다.

아이는 집에서 총 네 마리의 열대어를 키웠는데, '지도'라고 이름 붙인 두 마리, '앵무새' 한 마리, '해결사' 한 마리였다. 그리고 아이는 〈나니아 연대기〉에 나오는 아이 네 명의 성격인 '용기, 정의, 사랑, 위대함'을 네 마리 열대어에게도 각각 붙여주었다. 어항에는 이런 내용의 종이가 붙어 있었다.

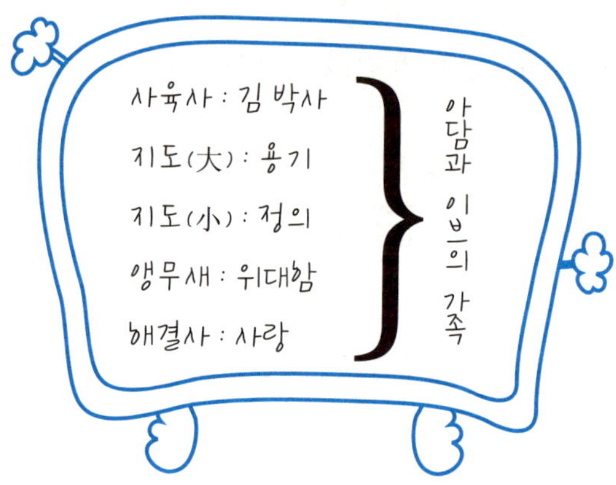

03) 라이스 영어센터(瑞思學科英語, Subject English) : 4살에서 12살까지의 중국 아이들을 대상으로 미국식 영어 교육을 진행하는 교육기관이다. 중국 80여개 성에 150개가 넘는 학습센터를 두고 있다. (바이두)

여기의 사육사 '김 박사'가 우리가 아이에게 지어준 세 번째 '예명'이다. 아이가 만나본 내 친구들 가운데는 유독 박사가 많았다. 당시 '3개 국어에 능통한 금융가'가 되는 것이 꿈이었던 아이는 거기에 하나 더 보태서 미래의 자신을 도와줄 '특별팀'을 만들어 보겠다고 나섰다.

그리고는 이미 '금융박사', '의학박사', '법학박사'는 알고 있는데, '심리학 박사'와 '경제학 박사'는 아직 만나지 못했다고 했다. 그러면서 빠진 분야의 박사들을 좀 더 수소문해보거나, 아니면 자신이 대학에 가서 직접 심리학과 경제학을 연구하겠다고 했다. 그때부터 우리는 아이를 '김 박사'라고 부르게 되었다.

지금도 우리 어른들끼리 투자나 재정 같은 전문 분야에 대해 이야기할 때면 아이에게 이렇게 묻곤 한다.

"김 박사, 네 생각은 어떠니?"

네 번째 씨앗, 사내대장부이자 엄마에겐 최고의 친구 : '정걸 오빠'

나는 원래 공식적인 자리에서는 아이를 '정걸'이라고 부르고, 사적인 장소에서는 "아들아……."라고 불렀다.

그런데 아이가 커가면서 우리 모자는 점차 서로에게 정신적 지주가 되었다. 마침내 아이가 나를 최고의 친구로 인정해 주었을 때 나는 아이를 이렇게 불렀다.

"정걸 오빠!"

우리 집에 놀러 온 내 친구들은 내가 아들을 '정걸 오빠'라고 부를 때마다 무척이나 재미있어했다. 도대체 어느 집에서 어른이 자기 아이를 '오빠'라고 부른단 말인가! 그러다 보니 모두 사적인 장소에서는 아이를 '정걸 오빠'라고 부르기 시작했다.

아이는 이 호칭이 무척이나 맘에 드는 모양이었다. 그렇게 불러준다는 건 자신을 더 이상 어린아이가 아닌 어른의 친구로 여긴다는 의미이니 당연히 좋을 수밖에!

행복이란 꽃과 같이 활짝 피어나야 한다고 생각한다. 내가 여기서 내 아이의 성장과정 가운데 네 토막을 공개한 이유는 부모들이 아이의 마음을 잘 이해해주기를 바라서이기도 하지만, 그보다 부모들이 일상생활에서 아이에게 적극적이고 긍정적인 사고를 심어주기를 바라서다.

그러려면 아이를 어떻게 부를 것인가 같은 사소한 문제도 '예술적'으로 풀어나갈 줄 알아야 한다. 이는 꽃과 같이 활짝 피어나는 행복한 아이로 키우기 위해 우리가 아이에게 만들어 주어야 할 중요한 '가족 문화'다.

요즘 인터넷 채팅방에서 나에게 이런 말을 하는 친구들이 많아졌다.

"우리 집 핸섬 보이 사진을 보내니 한번 뵈주세요!"

혹은 화상채팅을 통해 자신의 딸을 보여주며 이렇게 자랑하기도 한다.

"애가 바로 제 딸 '백설 공주'에요."

아이에게 '정신적 선물'을 주자

부모는 유년시절 아이에게 '정신적 선물'을 주어야 한다. 이는 그 어떤 물질적 선물보다 값지며 그 기쁨은 오래도록 지속된다.

우리 아이에게는 '보물 상자'가 하나 있다. 그 안에는 아이가 각종 프로그램에 참여하고 받은 기념품들이 보관되어 있다.

예를 들어 데이비스 여름캠프에 참가하고 받은 티셔츠가 들어 있는데, 캠프 참가자 중에 우리 아이가 가장 어리다 보니 많은 형, 누나들이 거기에다 '김정걸, 너는 내가 만나본 아이들 중 가장 멋진 천재야.' 같은 말들을 가득 써주었다.

라이스 영어센터의 외국인 선생님이 축복의 말을 써주신 민소매 티셔츠도 한 장 들어 있다. 이것 역시 아이가 무척이나 아끼는 보물이다. 그리고 중국에서 가장 유명한 골프 챔피언에게 직접 사인을 받은 모자도 들어 있다.

아이는 이러한 물건들을 자신의 '보물 상자'에 차곡차곡 모아 놓았다. 이사를 할 때도 아이는 이 보물 상자를 가장 먼저 챙기는데 그야말로 진짜 보물 다루듯이 한다.

한번은 내가 이렇게 물은 적이 있다.

"네 '보물'을 언제까지 가지고 있을 생각이니?"

그러자 아이는 자신이 아들을 낳을 때까지 가지고 있겠다고 답했다.

자기도 아직 아이면서 그런 대답을 하는 것이 신기해서 왜 그런지 다시 한 번 물어보았다. 이때 아이의 대답이 그야말로 걸작이었다. 아이는 자신의 아들에게 이렇게 말해줄 거라고 했다.

"네가 소중히 여기는 물건이 있다면 반드시 이런 상자가 필요하다. 너의 행복했던 어린 시절의 기억을 모두 이 안에 담아두어야 하거든." 그리고는 자신의 '보물 상자'를 꺼내 보이며 "나도 어린 시절에 그렇게 했지."하고 덧붙일 거라고 했다.

아이가 이렇게 소중하게 여기는 '보물 상자'는 바로 부모가 줄 수 있는 최상의 '정신적 선물'이다. 아이에게 행복한 추억을 많이 만들어주고 그 보물을 간직하게 하는 것은, 부모가 유년 시절의 아이에게 주는 그 어떤 물질적 선물보다 값지며 그 기쁨은 오래도록 지속된다.

의미 있고 재미있는 일을 많이 만들자. 아이가 어렸을 때부터 우리는 늘 아이와 친구처럼 지내려 노력했다. 가족과 공유할 수 있는 '정신적 선물'은 수없이 많다.

예를 들어 아이가 태어나기 전 나는 〈태교일기〉를 썼다. 매일의 삶에서 내가 보고, 듣고, 느낀 바를 찬찬히 적어 내려갔다. 언젠가 미래에 내 아이가 이 일기를 보면서, 그때 엄마 마음이 어땠는지 함께 느낄 수 있기를 바라는 마음에서였다.

아이가 태어난 후부터는 〈성장일지〉를 쓰기 시작했다. 언제 아이가 어떤 일을 처음 해냈는지 아이를 대신해서 하나하나 기록해나갔다.

6살에 장기를 처음 배우고, 8살에 골프를 처음 치고, 10살에 자전거를 처음 타고, 11살에 처음 가스레인지로 밥을 짓고…….

〈성장일지〉는 끊임없이 새로운 내용이 추가되는 아이의 '인생 이력서'이자 아이가 성장하고 있다는 증거이기도 했다.

아이가 조금 자라고 나서는 직접 이 일에 동참하게 했다. 당시 아이는 아직 학교도 다니지 않는 어린 나이라 어른들의 의도를 이해하지 못해서 이렇게 물었다.

"엄마, 왜 그렇게 해야 해요?"

나는 아이가 이해할 수 있도록 방법을 조금 달리하여 설명해 주었다.

"엄마 생각에는 이 세상 어딘가에 지금의 너처럼 이렇게 기록을 남기는 여자아이가 분명히 있을 것 같구나. 그 아이의 엄마도 엄마처럼 똑같이 딸아이에게 시키고 있을 거야. 미래의 어느 날 그 여자아이와 네가 만났을 때, 굳이 다른 말을 하지 않아도 〈성장일지〉를 바꾸어 본다면 서로 쉽게 이해하게 될 거다."

"아마도 그때 너희는 이렇게 외칠 거야. '와, 비슷한 시기에 우리가 같은 일을 하고 있었네!'라고 말이야."

내 말이 꽤 일리가 있다고 생각했는지, 아이는 그 이후부터 〈성장일지〉를 쓰는 일에 열심히 참여했다.

이 일은 아이가 더욱 열심히 성장하고자 하는 의지를 북돋아 준다는 장점이 있다. 자신의 〈성장일지〉에 계속해서 새로운 것들이 추가된다는 사실에 아이는 나름대로 성취감을 느끼는 듯했다. 그러면서 자신의 인생을 스스로 책임져야 한다는 생각이 들었는지, 끊임없이 새로운 일에 도전하고자 했다.

아이는 자신의 〈성장일지〉를 토대로 스스로 자신의 '인생 프로필'을 작성하기도 했다.

2000년 2월 9일, 중일우호(中日友好) 병원에서 출생. 몸무게 4.4kg, 키 51cm.

2005년 6살, 초등학교 1학년. 몸무게 25kg, 키 123cm. 안휘성(安徽省)으로 여행을 가서 황산(黃山)에 올라갔다. 장기를 배우기 시작했고, 학교에서 모범학생으로 선정되었다. '춘뢰배(春蕾杯)' 백일장에서 2등을 했다.

2006년 7살, 3학년으로 처음 월반했다. 몸무게 28kg, 키 128cm. 동북(東北) 3성(省)을 여행했다. 바둑을 배우기 시작했고, 전항금융 재테크(展恒金融理財)의 VIP 클럽에 가입했다. 학교에서 모범학생으로 선정되었고, 학교에서 열린 장기대회에서 1등을 했다. 학교에 가지 못하는 북한 아이들을 돕기 위한 모금행사에 90위안을 기부했다.

2008년 9살, 북경외국어대학 부속 외국어 학교(이하 북경 외대 부속 학교로 통칭함)에 입학했다. 몸무게 31kg, 키 138cm. 학교 바둑단인 풍운바둑단(風雲棋社)에 들어갔다. 스페인어를 배우기 시작했고, 라이스 영어센터에서 영어수업, 영어강연, 리더십 과목을 수강했다. 북경 서성구(西城區) 모범학생으로 뽑혔고, 중국속독속기협회 우수학생으로 선정되었다. 중관촌(中關村) '올림픽 자원봉사의 별(奧運誌願之星)'에서 선정한 우수 자원봉사자로 뽑혔다. 바둑 2단이 되었고, 스스로 옷을 꿰멜 수 있게 되었다.

2010년 11살, 왕부(土府) 고등학교에 합격하다. 몸무게 40kg, 키 155cm. 멋진 일들이 가득한 한 해였다. 일본과 한국에서 잠시 공부했다. 태권도 파란 띠를 땄고 자전거도 배웠다.

2011년 12살, 고등학교 2학년. 몸무게 45kg, 키 161cm. 미국과 한국에서 각각 2주씩 공부했다. 주식투자로 번 돈 5천 위안을 선천성 심장병 아동 기금에 기부해서 '미소 천사'로 불렸다. 가스레인지에서 요리하기 시작했고……

아이가 자라남에 따라 우리는 점점 더 많은 '정신적 선물' 준비했다. 매년 아이의 사진을 정리해서 〈○○년 연감〉을 만들고 박물관을 견학하거나 여행을 다녀온 후에는 기념이 될 만한 물건을 '보물 상자'에 넣어 두었다.

생일, 학년이 올라간 날, 여름캠프 졸업식 같은 중요한 날에는 늘 아이에게 정성껏 편지를 썼다. '9살 정걸에게', '10살 정걸에게' 같은 편지를 써서 가족의 바람을 전했다…….

나는 이러한 일들이 '가족 문화'와 '집안 전통'을 만들어가는 기본과정이라고 생각한다. 그러려면 일시적인 감정에 사로잡혀 한 번 하고 그만두어서는 안 된다. 몇 년을 하루같이 꾸준히 해야 결국 '가족의 전통'으로 자리 잡게 된다.

이러한 '가족의 전통'은 아이에게 가장 아름다운 추억으로 남는다. 부모의 깊은 사랑을 느낄 수 있고 더불어 성장의 기쁨과 의미도 깨닫게 되면서, 내적으로나 외적으로 아이가 올바르게 자라나는 데 도움이 된다.

아이의 성장을 축하하는 의식을 시기적절하게 베풀어주는 것 역시 지혜로운 부모의 할 일이다. 이는 아이를 더욱 행복하고 건강하게 자라나게 하는 정신적 원동력이 되어준다.

그런 간단한 일쯤이야 얼마든지 해줄 수 있다고 혹은 이미 하고 있다고 말하는 부모들도 있을지 모른다. 하지만 여기서 핵심은 부모가 축하하고자 하는 일이 아이의 성장에 정말로 중요한 의미가 있는 일인가 하는 점이다.

아이들은 모두 다르고 각 가정의 상황 역시 천차만별이기에 모든 부모에게 나처럼 하라고 말할 수는 없다. 단지 나는 나의 개인적인 경험을 모두와 함께 나눌 따름이다.

2013년 나는 거의 매달에 한 번씩 '행복한 부모 학교'라는 공개강좌를 개최했다(이미 20회가 넘었다). 그때마다 참석한 부모들에게 '아이에게 정신적 선물 주기'라는 숙제를 내주었다. 그러면 진지하게 숙제를 해오는 부모도 있는 반면 그렇지 못한 부모도 있었다. 흥미로운 점은 부모가 숙제를 했는지 여부와 그 이후에 아이의 모습이 연관성이 있다는 사실이다.

숙제를 충실히 한 부모의 아이는 학업성취도가 눈에 띄게 향상되었지만, 그렇지 않은 부모의 아이는 성취도면에서 그에 미치지 못했다. 부모가 아이의 본보기가 되어야 한다는 말이 다시 한 번 증명되는 순간이었다.

지금까지 강조한 '정신적 선물'과 '성장 축하 의식'이 아이에게 힘이 되려면 부모가 다음의 세 가지 사항을 반드시 기억해야 한다.

첫째, 행동 안에 마음이 담겨 있어야 한다. 기계적으로 하는 건 아무런 효과도 없다. 진심으로 아이를 사랑하고 응원하기에 이러한 일을 한다는 점을 떠올리면서 행동 안에 마음을 담아야 한다.

둘째, 이 일을 하는 이유는 은연중에 아이를 격려하기 위함이다. 그렇기에 아이에게 이 일이 얼마나 중요한지 얼마나 도움이 되는지 구구절절 설명할 필요는 없다. 그저 아이가 자신의 삶에 대한 기쁨과 기대를 하게 만드는 것으로 충분하다.

셋째, 이 일에 너무 집착하거나 남용하지 마라. 이런 일을 하는 이유는 단 하나, 아이가 가정에서 행복하게 지내도록 하기 위해서라는 점을 기억해야 한다.

2013년 여름, 아이는 고등학교를 졸업하게 되었고 생전 처음으로 졸업식에 참여하게 되었다. 나는 이 졸업식이 아이에게는 성년식이나 다름없다는 생각이 들었다. 하지만 아직 14살밖에 되지 않았기에 어떻게 축하해주어야 할지 고민스러웠다. 그러다 결국 아이에게 하얀 양복을 한 벌 선물해주기로 결심했다.

그런 나와 달리 아이는 미국대학에서 공부하는 것 같은 큰 목표가 중요하지, 고등학교 졸업 같은 건 아무래도 상관없다고 생각하는 눈치였다. 그런데 엄마가 자신보다 더 졸업식을 기대하는 것처럼 보이자 이해할 수 없어 했다.

"엄마, 고등학교 졸업이 그렇게 중요해요?"

나는 이렇게 답해주었다.

"고등학교 졸업은 너의 인생에서 무척 중요한 사건이란다. 네가 초등학교에서 중학교로, 또 중학교에서 고등학교로 줄곧 월반하다 보니, 초등학교, 중학교 졸업식에 참석하지 못했잖니. 그런데 이번에 14살 나이로 드디어 북경시 고등학교 졸업장을 받게 되었으니, 얼마나 기쁘고 축하받을 만한 일이니! 이거야말로 기록적인 사건이지."

"엄마가 고등학교를 졸업할 때 할머니는 엄마에게 꽃과 향수를 선물하셨단다. 그런데 너는 아직 어려서 엄마가 꽃은 줄 수 있지만, 향수는 안 되잖니. 그래서 너에게 양복을 선물하기로 마음먹었단다. 이제 졸업하면 가족과 헤어져 미국대학으로 공부하러 가니까, 이번 졸업식이 너에게는 성년식이나 마찬가지니까 말이다."

나는 이번 일로 아이가 가족들이 자신을 얼마나 아끼고 사랑하는지 다시 한 번 느꼈으리라 믿는다.

매년 사진을 모아서 〈○○년 연감〉을 만들어 주고, 중요한 날을 축하해주고, 정성껏 편지를 써주고 그리고 지금 이렇게 양복을 선물하는 건 모두 아이에게 '정신적 선물'을 주는 것이다. 성장과 어른이 되는 의미를 새겨보도록 하기 위해서다.

아이는 매일 이렇게 기쁨과 기대로 가득 차 있어서 행복하다고 했다. 그리고 이렇게 자신의 마음을 표현했다.

"가족들이 준 '정신적 선물'은, 앞으로 제가 인생을 살아가는 데 가장 큰 재산입니다."

하루에 5분 정도 발표하게 하라

아이가 물었다. "왜 연설 연습을 해야 해요?" 나는 이렇게 답해주었다. "어려서부터 연설 연습을 많이 할수록, 장래에 네 인맥, 재산, 시간이 그만큼 빨리 증가할 거란다!"

모든 부모는 자신의 아이가 성공하기를 바란다. 그런데 성공하려면 반드시 갖춰야 할 몇 가지 조건이 있다. 간단하게 요약해보면 다음의 다섯 가지 분야에서 전문가가 되어야 한다.

'연설 전문가', '외교 전문가', '심리 전문가', '건강 전문가', '재정 전문가'

이 중에서 앞서 언급한 두 분야의 전문가가 되려면 자기표현 능력과 강연 능력이 반드시 필요하다.

다년간 교육현장에서 일하다 보니 나는 대학생과 어린이는 물론 유학생이나 교환학생도 많이 가르치고 만나 왔다. 그 결과, 나는 많은 아이들에게 학업성적과는 별도로 반드시 갖춰야 할 능력이 필요하다는 사실을 알게 되었다. 그것은 바로 연설 능력과 자기표현 능력을 키우는 일이다.

굳이 연설하는 것까지 연습해야 할 필요가 있느냐고 물어보는 부모도 있을 것이다. 그 대답은 내가 내 아이에게 해주었던 말로 대신하겠다. 아이가 나에게 왜 연설 연습을 해야 하냐고 물었을 때 나는 이렇게 답해 주었다.

"네가 어려서부터 연설 연습을 많이 할수록, 장래에 네 인맥,

홀륭한 연설을 해내는 건 무척이나 어려운 일이다. 이를 수량화된 비율로 설명한 것이 '55387 법칙'이다.

당신이 무대에 서서 연설할 때, 청중들이 당신을 판단하는 근거에 대한 비율이다. 먼저 관중은 당신의 총체적인 모습을 보면서 55%를 판단하고, 당신의 말하는 속도, 말투, 어조 등을 듣고 38%를 판단하며, 나머지 7% 정도만 내용에 근거하여 판단한다.

때문에 내용이 아무리 뛰어나도 보여지는 모습이 나쁘다면 당신의 연설 실력은 인정받지 못한다. 그리고 중요한 것은 이러한 보여지는 부분은 꾸준히 훈련해야만 기를 수 있다는 것이다.

나 역시 비슷한 경험이 있다. 1997년 내가 막 귀국해서 처음 대학 강단에 섰을 때, 너무나 긴장한 나머지 손이 덜덜 떨려서 분필통의 분필조차 꺼낼 수 없을 정도였다.

결국 나는 내 인생의 첫 번째 강연에서 칠판에 아무것도 쓰지 못했을 뿐만 아니라, 그 45분의 수업 시간 내내 내가 하고자 하는 말을 제대로 전달하지도 못했다.

나는 그런 나 자신에게 너무 화가 나서 그때부터 강연 연습을 하기 시작했다. 덕분에 이제는 스타 강사들만큼은 아니더라도 내 앞에 모인 사람들이 아무리 많다 해도 자신 있게 내 교육 이론을 전할 수 있는 정도가 되었다.

자신이 다른 사람에게 말하려는 정보를 효과적으로 전달하는 능력은 아이에게 꼭 필요하다. 부모는 반드시 이를 키워주어야 한다.

내가 '성공한 사람은 모두 홀륭한 연설 능력을 갖추고 있다'고 말해주자, 아이는 정말로 열심히 연설 연습을 하기 시작했다. 그러더니 '성공'하기도 전에 이미 탁월한 연설 능력을 갖추게 되었다.

얼마 후 라이스 영어센터의 보조 연구원으로 뽑힌 아이가 북경 대학의 백 년(百年) 강당에 모인 수천 명의 부모 앞에서 연설하게 되었을 때, 영어로 10분이 좀 넘는 강연을 하면서 아이는 전혀 긴장하지 않았고 여러 차례 박수를 받기까지 했다.

그렇다면, 아이의 연설 능력과 자기표현 능력을 길러주려면 어떻게 해야 할까?

먼저 연설을 잘하려면 풍부한 배경지식이 필요하기에 열심히 독서를 해야 한다. 그러고 나서 자신이 배운 내용을 사람들 앞에서 말해보는 연습을 해야 한다.

우리 가족은 매일 저녁을 먹고 나서 산책을 하는 습관이 있다. 돌아오는 길에는 신문 가판대에 들려 매월 두 번 발행되는 〈독자(讀者)〉라는 잡지를 사곤 한다. 집에 도착하면 모두 함께 앉아 글을 한 편씩 읽는다. 하루 중에서 가장 행복한 시간이다.

아이가 어렸을 때는 어른들이 짧은 글이나 우스운 이야기를 한 편씩 읽고 차례로 나와 '소감발표'를 한다. 바로 '연설'을 하는 것이다. '연설자'가 식탁을 강연대 삼아 그 뒤에 서서 식구들에게 생동감 있게 이야기를 하는 식이다.

"여러분 안녕하세요. 제가 오늘 여러분께 재미있는 이야기를 하나 들려 드리겠습니다. 제목은 ○○입니다. 그럼 시작하겠습니다……."

어른들의 이야기가 끝나면 나는 정걸에게 이렇게 물었다.

"너는 심사위원이란다. 네가 보기에 누가 가장 잘한 것 같니?"

정걸은 고개를 갸우뚱하며 잠시 생각하고는 이렇게 말했다.

"외할아버지가 가장 잘했어요."

나는 다시 물었다.

"그러니? 그럼 외할아버지가 무슨 이야기를 하셨는데? 네가 앞으로 나와서 그대로 한번 따라 해 볼 수 있겠니?"

그러면 아이는 앞으로 나와 방금 들은 이야기를 따라 하기 시작했다. 처음 몇 문장은 더듬거리며 말하더니 뒤로 갈수록 할아버지의 이야기 방식을 거의 비슷하게 흉내 내었다.

우리는 크게 박수를 쳐주면서 칭찬해 주었다. 남의 이야기를 집중해서 들었고 자신만의 채점 기준도 가지고 있으니 좋은 청중이자 훌륭한 심사위원이라고 말이다.

이렇게 우스운 이야기를 읽고 '연설'하기를 3개월 정도 하고 나서 우리는 의도적으로 '난이도'를 올렸다. 이제는 어른들이 차례로 나와서 우스운 이야기가 아닌 짧은 이야기를 하는 것이었다. 그러다 보니 갈수록 문장도 길어지고 내용도 복잡해졌는데, 당시 아이는 겨우 6살이었지만, 이를 재미있는 놀이라고 생각해서인지 매번 적극적으로 참여했다.

그렇게 일정 시간이 흐르자 아이는 그달 잡지의 '1등 연설자'가 한 이야기를 거의 그대로 따라 하는 수준에 다다랐고, 무의식중에 연설자의 표정이나 몸동작을 흉내 내기까지 했다.

그러던 어느 날, 아이가 갑자기 이렇게 말했다.

"이제 더 이상 어른들 이야기를 따라 하지 않을래요. 저도 제 이야기를 하고 싶어요."

아이가 자신의 이야기를 하는 것, 이것이야말로 본래 우리의 목표였다. 그때부터 아이는 '카메오'에서 '주인공'으로 승격해서는 매일 5분씩 첫 번째로 '연설'하기 시작했다.

우리 집의 매일 '연설하기' 습관은 아이가 9살이 될 때까지 계속되었다. 그렇게 3년 정도 지속하다 보니 아이의 언어구사력이 눈에 띄게 향상되었다. 또한 아이의 머릿속에 재미있는 이야깃거리가 계속해서 쌓여서인지 아이는 항상 신나고 즐거워 보였다.

이렇게 연설 연습을 하다 보면, 배경지식이 풍부해질 뿐 아니라 혼자서 생각하는 법까지 배우게 된다. 그래서 우리 집 '5분 연설 시간' 뒤에는 '평가하기'라는 과정이 하나 더 추가되었다.

자신의 이야기를 마친 뒤 오늘 들은 이야기와 자신이 한 이야기에 대한 감상을 모두와 나누는 시간이다. 아이는 가족들의 각자 다른 표현 방식을 비교, 대조하면서 자신의 부족한 점을 보완해나갔고 점차 스스로 사고하는 법을 익히기 시작했다.

'연설하기'에는 그 사람이 지닌 능력이 종합적으로 반영된다. 그래서 자신의 생각을 말로 표현하려면 견문과 지식을 기본적으로 갖추고 있어야 한다. 이보다 더 중요한 것은 논리적인 언어 구사력과 논리적인 사고력을 지녀야 한다는 점이다.

어려서부터 나는 늘 아이에게 하고 싶은 이야기는 무엇이든 자유롭게 말하도록 했다. 단, 문장 간에 최소한의 연관관계는 있어야 하며, 논리적이면서 앞뒤 내용이 자연스럽게 연결되어야 한다고 강조했다.

어느 토요일 아침, 우리 집에 재미있는 일이 있었다.

아침부터 정결은 매우 기분이 좋아 보였는데 나를 보자마자 이렇게 인사를 했다.

"엄마, 좋은 아침이에요."

"그래. 너도 잘 잤니?"

그런데 정결이 갑자기 이렇게 물었다.

"엄마, 엄마가 동생을 입양하겠다고 한 거 기억하세요?"

나는 순간 당황해서 뭐라고 대답해야 좋을지 몰라 그저 아이의 말을 듣고만 있었다.

"제 생각에 입양하는 동생 나이는 3살 이하여야 할 것 같아요. 왜냐하면 3살이 넘은 아이들은 나쁜 습관을 고치기가 어려우니까요……."

나는 더욱 난감했다. 공부하기도 바쁜 초등학교 2학년 아이가 이런 일에 신경 쓸 겨를이 있다니.

"너처럼 바쁜 아이가 '가족의 대업'까지 신경 쓰다니 정말 대단하구나!"

"그거야 제가 우리 집 장남이니까요……."

나에게 커피를 타 주면서 이렇게 말하더니, 갑자기 또 이렇게 물었다.

"엄마, 요즘 제 자전거 타는 실력이 어떤 거 같아요?"

뭐? 순간 나는 가슴이 답답해졌다. 도대체 아이의 앞뒤 이야기가 전혀 연관성이 없었기 때문이다. 내가 물었다.

"네 생각은 어떤데?"

아이는 무척 신나서 이렇게 답했다.

"저는 이제 속도를 마음대로 조정할 수 있게 됐어요. 빨리 달리고 싶으면 빨리 달리고, 느리게 가고 싶으면 느리게 갈 수 있어요."

"와, 너는 엄마보다 운동신경이 발달한 모양이구나. 엄마는 2년 동안 연습해도 그렇게 안 되던데. 너 정말 대단하다."

칭찬을 하긴 했지만 나는 속으로 좀 걱정스러웠다. 말하는 것도 너무 산만하고, 앞뒤 이야기도 도무지 연결이 되지 않았기 때문이다.

내가 이런 생각을 하고 있는데, 아이가 또 난데없이 이런 말을 했다.

"엄마 저 자전거를 새로 사야 할 것 같아요."

"뭐? 자전거 산지 겨우 두 달밖에 안 됐는데?"

"그 자전거는 입양하는 동생에게 줘야지요!"

나는 순간 멍해졌다가 이내 큰 웃음을 터뜨렸다. 그렇게 빙빙 돌려 말하더니 이런 복병을 숨겨두고 있을 줄이야, 정말 영리한데! 이것이 바로 논리력이다. 방식이 좀 제멋대로이면 어떤가, 마지막에 모든 이야기가 하나로 엮이면서 말하고자 하는 바를 전달하면 되는 것이다.

그날 아침, 아이는 창의적으로 대화를 이끌어간 덕에 새 자전거를 상으로 받게 되었다.

이러한 논리적 표현력은 설령 타고난 능력에 차이가 있어도, 후천적인 환경을 통해 어느 정도 영향을 끼칠 수 있다. 아이의 연설능력도 마찬가지로 어려서부터 훈련하면 누구나 논리적인 사고력과 표현력, 그리고 소통능력을 기를 수 있다. 마지막으로 나는 아이가 했던 연설 몇 편을 모두와 함께 나누고자 한다.

큰사람학교 엘리트 훈련 캠프를 마치면서, 아이가 상을 받은 소감을 간단하게 밝힌 연설문이다.

안녕하세요, 저는 6살 김정걸입니다. 저는 캠프에 참가하면서 엘리트기 갖추어야 할 중요한 10가지 소양이 무엇인지 경험할 수 있었습니다. 그 중 가장 중요한 것은 인내심이라고 생각합니다.

캠프 2일째 되던 날 저녁 '인내심 수업'에 참가했습니다. 저는 제체력 여건상 1시간 반을 버티는 것은 불가능하다고 생각했습니다. 그런데 제가 손을 놓은 순간 장 선생님이 제가 1시간 46분을 버텼다고 알려 주셨습니다. 1등이었습니다. '인내가 바로 승리다'라는 말을 몸소 경험한 순간이었습니다.

이 자리를 빌려 저를 이곳에 보내주신 외할아버지와 엄마께 감사드리고 싶습니다. 그리고 저희 팀의 고 선생님께도 감사의 말씀을 드립니다. 선생님의 격려 덕분에 제 나쁜 많은 습관을 고칠 수 있었습니다. 감사합니다!

다음은 아이가 9살 때 큰사람학교 영어 여름캠프에 들어가면서 한 연설문이다.

존경하는 여러 선생님과 학부모님께

안녕하십니까!

저는 9살 김정걸입니다. 용띠라서 그런지 저는 수영을 무척 좋아합니다.[01] 하지만 제 진짜 특기는 골프와 바둑입니다. 저는 바둑을 특히 좋아하는데, 바둑을 두면서 감정을 제어하는 법을 배우다 보니 영어 공부 같은 제 일에 더욱 집중할 수 있게 되었기 때문입니다.

2년 전 큰사람학교의 원어민 여름캠프에 참여하면서부터 저는 영어를 좋아하게 되었고 영어 특기생이 되었습니다. 작년 여름 저는 원어민 중고등학교캠프의 가장 나이 어린 참가자였지만 우수 대원 증서를 받았습니다. 이 일을 통해 저는 한 가지 사실을 깨달았습니다. 나이에 상관없이 열심히 노력하기만 하면 얼마든지 좋은 성적을 거둘 수 있다는 사실입니다.

모두에게 드리고 싶은 말씀이 있습니다. 매일 다른 사람보다 5분만 더 공부한다면, 6년 후 여러분이 다니게 될 대학은 분명히 달라질 것입니다.

올해 9월 저는 중학교에 진학하게 되었습니다. 그렇기에 초등학생으로서의 마지막 시간이 더없이 소중하게 느껴집니다. 저는 미래에 세계적인 경쟁력을 지닌 인재가 되고 싶습니다. 우리가 강해져야 우리나라가 강해진다고 믿기 때문입니다. 감사합니다!

01) '용(龍)'의 중국어 발음 '융'과 '수영'의 중국어 발음 '여우융(遊泳)'의 '융' 자가 같다.

여행은 교과서 밖의 스승이다

여행을 통해 아이는 많은 것을 얻는다. 우선 기본적으로 도량을 넓힐 수 있다. 멀리까지 가보고 낯선 환경에 쉽게 적응하는 사람은 마음속에 더 큰 자아를 지닌 것이다.

아이가 어렸을 적에 나는 여행을 갈 때 아이를 데리고 가지 않았다. 그에 대해 아이가 무척 불만스러워하기에 이렇게 설명해주었다.

"우리 집은 돈이 많지 않아서 온 가족이 함께 여행을 가기는 어렵단다."

"엄마 혼자 여행을 가는 게 아니라 우리 가족이 엄마를 대표로 파견하는 거라고 생각하면 어떨까? 엄마가 가서 멋진 풍경 사진도 많이 찍어오고, 재미있는 일도 모두 적어 올게. 돌아와서 이런 것을 함께 나누면, 가족 모두 여행간 거나 마찬가지잖아?"

"비록 이번에는 같이 갈 수 없지만, 그래서 좋은 점도 분명히 있단다. 나중에 네가 커서 돈을 벌게 된 후에 엄마가 갔던 길을 그대로 따라 걷는다면 그것도 의미가 있지 않을까?"

이러한 대화를 나누면서 아이는 두 가지 사실을 이해하게 되었다. 스스로 돈을 벌게 되면 여행을 갈 수 있다는 점과, 여행에서 겪는 재미있는 일을 다른 사람들과 함께 나눌 수 있다는 점이다.

아이가 10살이 되었을 무렵 나는 일본과 한국을 여행할 계획을 세웠다. 본래는 아이를 데려갈 생각이 없었는데 아이가 매우 강하게 반대하고 나섰다. 자신은 투자로 이미 상당한 돈을 벌었고, 그 돈이면 일본과 한국을 혼자서 여행하고도 남을 정도이므로 따라가도 된다는 주장이었다. 결국 나는 아이와 함께 여행을 가기로 결정했다(그렇지 않았다면 아이 혼자서라도 다른 여행단에 끼어 여행을 갔을 것이다).

그건 아이가 철이 들고 나서 떠난 첫 번째 외국여행이었다. 사실 그 이전부터 우리 가족은 매년 한두 차례씩 여행을 갔다 오곤 했다. 예컨대 아이는 7살 무렵 혼자서 여행단에 끼어 상해 여행을 갔다 오기도 했는데 이 흥미로운 이야기는 뒤에서 자세히 말하도록 하겠다. 그리고 이미 2007년 여름 방학 때 아이는 주식을 해서 번 자신의 첫 번째 수입으로 여행을 갔다.

열 살 남짓 된 한국인 형 두 명과 함께 상해, 남경, 절강 등을 여행했는데 소위 강남재자(江南才子)⁰¹⁾가 다녔던 길을 그대로 걸어 본 것이라고 했다. 이렇게 우리 가족은 1년에 한 번은 꼭 여행을 갔다 오곤 했다.

물론 이렇게 말하는 부모도 있을 것이다.

"여행은 시간낭비다. 그래 봤자 노는 것 아닌가. 그 돈과 시간을 아껴서 아이에게 학원을 하나 더 다니게 해주는 게 낫다!"

하지만 그건 잘못된 생각이다. 여행은 아이에게 정말로 많은 것을 가르쳐 주기 때문이다. 한마디로 여행은 '교과서 밖의 스승'이라 할 수 있다.

---

01) 강남 4대 재자(江南四大才子): 명나라 시대 소주(蘇州)의 문인들로 시·서·화(詩·書·畵) 모두에 능했던 당백호(唐伯虎), 초서로 유명한 축지산(祝枝山), 산수화에 능한 문정명(文征明), 시를 잘 썼던 서정경(徐禎卿)을 일컫는 말이다. 이들은 탐관오리를 증오하고 벼슬에 큰 뜻이 없었으며 낭만과 자유를 논하며 살았다. 이들의 대한 영화나 드라마가 홍콩에서 여러 편 제작되었다.

왜 그렇게 말할 수 있을까? 우선 혼자서 배낭을 메고 집을 나서면 내적으로 강해질 수밖에 없다. 그리고 여행길에서는 언제나 자신이 먼저 다른 사람에게 다가 가서 친해져야 하기 때문에 점점 더 인간관계에 능숙한 사람이 된다. 또한 여러 가지 경험을 하다 보면 시야도 넓어지고 사람을 대하는 태도도 원만해진다.

멀리 떠날 줄 알고 낯선 환경에도 쉽게 적응하는 사람은 마음속에 큰 자아를 지녔다고 생각한다. 아이는 여행을 통해 다양한 경험을 쌓고 마음과 생각의 크기를 키워서 우리가 생각하는 것 이상으로 많은 것을 얻게 된다.

예를 들어, 아이는 여행에서 다른 사람을 친절하게 대하는 법을 배운다. 일례로 여행을 가는 비행기 안에서 자신의 양옆에 앉은 두 사람이 같은 일행이라는 것을 알게 되면, 우리는 당사자들이 요구하기 전에 먼저 이렇게 말하곤 한다.

"이쪽으로 오셔서 함께 앉으시죠, 제가 그쪽에 앉겠습니다."

그저 다른 사람의 편의를 봐주는 것이라 해도 먼저 친절을 베푼 것은 분명하다.

또한 아이는 여행에서 사랑을 나누는 법을 배운다. 우리는 여행을 갈 때마다 작은 선물을 준비해간다. 예를 들어 풍유정(風油精)[02]이나 호랑이 연고(清涼油)[03]같은 것을 준비해서 인도나 태국 등 열대지역에서 사는 사람들에게 선물한다거나, 중국 매듭 같은 작은 장난감을 현지 아이들에게 주는 식이다. 그러면 다들 무척 기뻐하는데, 우리 역시 비록 모르는 사람이지만 누군가에게 선물한다는 것 자체로 행복해진다. 이렇듯 가족이 여행을 갈 때

---

02)풍유정(風油精): 벌레 물린 데나 정신을 맑게 하는 데, 또 소염·진통 등에 효과가 있는 일종의 외용 상비약.

03)호랑이 연고(清涼油): 두통·화상·벌레 물린 데 등에 효과가 있는 연고.

외국 여행을 갈 때 이런 습관은 더욱 빛을 발한다. 우리는 우
리나라를 대표하는 사람이므로 선물을 통해 우리의 따뜻한 마
음을 다른 나라 사람에게 보여 줄 수 있다. 부모는 아이에게 이
렇게 의미 있는 일을 할 기회를 많이 주어야 한다.

여행은 나에게도 큰 의미가 있다. 여행을 하면서 나보다 훌
륭한 사람을 많이 만날 수 있기 때문이다. 나는 내 아이와 내가
가르치는 학생들에게 늘 이렇게 강조하곤 한다.

"훌륭한 사람을 많이 만날수록 네가 성공할 가능성은 커진
다. 인간관계가 네 인생의 최고 한계점을 결정짓기 때문이다.
이것이야말로 성공으로 이르는 지름길이다."

 평소에는 절대 마주칠 수 없는 사람들
을 여행을 감으로써 만날 수 있다. 또 여행 중이다 보니 우리의
마음이 열려 있어서 이들을 감동시킬 수 있는데 이는 전혀 예상
치 못한 성과로 이어지기도 한다.

나는 실제로 그런 경험이 있는 터라 여행이야기만 나와도 가
슴이 설레곤 한다. 출국하기 위해 공항에 앉아 있을 때 나는 적
극적으로 다른 사람과 인사를 나눈다. 그 덕분에 지금 친하게
지내는 다수의 '훌륭한 사람'을 만나게 되었다. 예를 들어 삼성
전자(三星電子)의 부장, LG의 상무, 스웨덴 스톡홀름(Stockholm)
대학교수 등이 모두 그렇게 해서 알게 된 사람들이다.

또한 여행 덕분에 투자 기회를 잡은 적도 있다. 2009년 공항

에서 장강(長江) 삼각주 등 해안 비즈니스 중심지역에서 창업한 친구를 알게 되었는데, 그에게서 일본과 한국 기업들이 일찌감치 인도에 진출해 지사를 냈다는 이야기를 듣게 되었다.

그 해에 나는 일부러 인도로 여행을 가서 벵갈루루[04]의 번화한 모습을 눈으로 직접 확인하고 그곳에서 소프트웨어의 아웃소싱 가치를 확인한 다음 소프트웨어 산업에 투자하기로 결심했다. 그래서 귀국하자마자 용우(用友)소프트웨어의 주식을 샀는데 과연 연간 30%가 넘는 수익을 올렸다.

이렇듯 여행은 지혜로운 생활방식이자 '교과서 밖의 스승'이다. 그리고 아이들에게는 더욱 그러하다.

물론 부모는 아이가 멀리 여행을 가는 것이 걱정되고 불안할 것이다. 하지만 아이를 굳게 믿고 보내주어야 한다. 아이는 우리가 상상하는 것 이상으로 독립적이며 강한 생존능력을 지니고 있다.

여기서 잠깐 우리 아이의 이야기를 들려주겠다.

정걸이 처음으로 혼자 여행을 간 건 7살 때쯤이다. 대부분의 아이가 엄마가 아닌 할아버지 할머니가 학교에 데려다 주려고 해도 싫어하는 나이다. 나는 그때 상해로 가는 여행단에 아이를 혼자 보낼 계획이었다.

아직 어린데 혼자 보내는 게 불안하지 않으냐고 물어보는 사람도 있었다. 사실 나는 별로 걱정이 되지 않았는데 우리 아버지는 그렇지 않은 모양이었다. 워낙 손자를 애지중지하다 보니 그런 듯했다.

---

04) 벵갈루루: 인도 카르나타카 주의 주도이다. 주로, 뱅걸로 또는 방갈로르라는 이름으로 더 유명하다.

정걸을 북경 역에 데려다 주고 오시던 날, 아버지는 눈이 붉게 충혈되어서 원망스런 어조로 이렇게 말씀하셨다.

"이게 친엄마가 할 일이니? 아이를 잃어버리기라도 하면 어쩌려고?"

나는 아버지의 걱정스러운 마음을 풀어 드리고 싶었다.

"아버지, 별일 없을 테니 걱정하지 마세요. 설사 제가 따라간다 해도 마찬가지일 거예요. 이렇게 아이를 단련해야 무슨 일이든 해낼 수 있지요."

나는 남자아이라면 마땅히 큰 세상에 나가봐야 한다고 생각했다. 사실 정걸이 과감하게 배낭을 메고 집을 나서기까지 과정에 얽힌 사연이 하나 있다.

여름방학이 막 시작되었을 때 나는 아이에게 여행을 가고 싶으냐고 물었다. 그동안 어리다는 이유로 내 여행에 따라가지 못하고 부러워만 했던 아이는 곧장 자신도 가고 싶다고 대답했다.

나는 아이에게 이미 상해로 가는 여행단에 등록해두었고, 이번 여행은 가족들과 함께 가는 게 아니라 너 혼자 가야 한다고 알려주었다. 혼자 가야 한다는 말에 아이는 조금 망설이는 듯했다. 그래서 나는 용기를 줄 목적으로 모택동이 호남(湖南)사범대학에서 공부할 때의 이야기를 들려주었다. 당시 아이의 우상이 바로 청년 시절의 모택동(毛澤東)이었기 때문이다.

젊은 시절 모택동은 한 달이 조금 넘는 방학 기간 동안 동정호(洞庭湖)연안을 따라 답사를 떠난 적이 있었다. 나는 이 이야기를 하면서 너도 모택동처럼 의미 있는 일을 하고 싶지 않으냐고 물어보았다. 그래야 나중에 커서 모택동처럼 '위대한 인물'이 되었을 때, 네가 7살 때 혼자서 상해를 다녀왔다는 이야기가 전해지지 않겠느냐고 말이다. 아이는 잠시 생각하더니 그렇게 하겠다고 대답했다.

사랑의 질을 높여라

그래서 나는 아이에게 연락처 기억하기, 이동할 때 가이드 누나의 손잡기 등의 주의사항을 일러주었다. 결국 아이는 작은 배낭을 메고 당당히 집을 나섰다.

아이는 돈을 많이 가지고 가지 않았다. 할아버지가 주신 돈 100위안을 비상용으로 신발 속에 넣어 두었을 뿐이다. 그리고 기차 안에서 한국인 누나 두 명에게 함께 이야기하면서 중국어를 가르쳐 준 대가로 100위안을 받았다. 그렇게 해서 합한 돈 200위안으로 아이는 가족들에게 줄 선물로 진주 가루 3봉지를 사 가지고 왔다.

이처럼 가족과 떨어져 혼자 세상과 마주할 때 아이는 훨씬 더 강한 적응력을 보인다. 왜냐하면 아이는 다른 사람과 교제하고 자신에게 닥친 문제를 해결하는 자신만의 노하우를 가지고 있기 때문이다.

돌이켜 생각해보면 그때 혼자서 여행을 갔다 온 후부터 아이는 맘껏 하늘로 날아오르기 시작했던 것 같다.

2011년 정걸은 여름방학을 이용해 잠시 미국에서 공부하게 됐는데 역시나 어떤 어른의 도움도 없이 혼자 배낭을 메고 출발했다. 더군다나 이번에는 시애틀에서 비행기를 갈아타고 뉴욕으로 가야 하는 일정이었는데도 말이다.

당시 정걸은 12살이었는데 또 다른 17살 아이와 함께 가게 되었다. 정걸은 나이는 어렸지만 가자마자 고등학교 3학년 과정으로 올라갔고, 또 다른 아이는 고등학교 1학년 과정에 들어갔다. 그런데 그 아이는 영어실력이 다소 부족해서 다른 사람들과 이야기를 할 때 언제나 정걸이 나서야만 했다. 그렇게 정걸은 줄곧 자기보다 5살 많은 형을 보살피게 되었다.

만약 아이가 어린 시절 혼자서 여행을 해본 경험이 없었다면 그렇게 하지 못했을 거라고 생각한다. 최소한 그렇게 자신감을 보이지는 못했을 것이다.

또 이런 일도 있었다. 2012년 설이 막 지났을 무렵 나는 정걸과 함께 일본 여행을 갔다. 아이는 열흘간의 여행기간 내내 자신의 배낭을 멘 채로 내 손가방을 들고 여행 가방까지 끌고 다니며 나를 살뜰히 챙겼다. 이 모습을 본 같은 여행단 사람들은 하나같이 이렇게 감탄했다. "와, 정말 대단한 아이야!" 그런 아이 모습에 나 역시 무척 뿌듯했다. 그런데 그 중 한 사람이 이렇게 농담을 했다.

"그런데 애야, 저 사람이 네 친엄마 맞니? 어떻게 너에게 이걸 다 들고 다니게 할 수 있니?"

그러자 아이는 매우 재치 있게 받아쳤다.

"에이, 엄마니까 제가 이렇게 정성껏 보살피지요!"

그 말에 모두 한바탕 웃으며 즐거워했다.

이렇게 아이는 여행 중에 주변 사람을 잘 보살필 줄 아는 사람으로 성장하였다. 친구들과의 여행이든 혹은 엄마인 나와의 여행이든, 아이는 그 모든 과정에서 끊임없이 배우면서 지혜로워졌다.

다양한 곳을 여행하면서 그곳의 자연과 문화, 역사를 배우고, 현지인들의 언행과 사는 모습을 관찰하면서, 많은 사람과 우정을 쌓을 줄 알게 되었다. 이것이 바로 아이가 14년간 살면서 터득한 능력이자 '여행'을 다니면서 얻게 된 결과물이다.

또한 여행은 아이의 관찰력과 사고력을 키워준다. 예를 들어, 처음에 우리는 아이를 미국으로 유학 보낼 생각이 없었다. 싱가포르나 일본으로 보내거나 그것도 안 되면 한국으로 보낼 계획이었다. 그래서 우리는 아이를 데리고 자주 일본 여행을 가곤 했다.

우리가 묵은 동경호텔의 방은 정말 작았다. 그리고 화장실은 아이의 표현을 그대로 빌리자면 '1평방미터도 안 되는데 그 안에 모든 것이 갖춰져 있다.' 그 모습에 놀란 아이는 계속해서 사진을 찍어대며, 우리 역시 일본인의 정교하고 세심한 태도를 배워야 한다고 자신의 생각을 밝혔다.

아이가 미국에 보낸 자기소개서를 포함해서 최근 작문을 읽어보면 매우 논리적으로 변했다는 것을 알 수 있다. 나는 이 역시 여행과 유학 경험 덕택이라고 생각한다.

나는 혼자 여행을 다닐 적에 항상 2,000자 정도의 여행기를 쓰고 사진을 많이 찍곤 했다. 이때의 경험을 바탕으로 아이와 함께 여행 가게 되었을 때, 나는 이렇게 격려해주었다.

"여행기를 꼭 길게 쓸 필요는 없다. 오늘 네가 감동받은 일이나 사람에 대해 간단하게 쓰면 되는 거다."

혹시 아이를 여행에 데리고 다니다가 공부에 지장을 줄까 봐 고민하고 있다면 더 이상 그럴 필요 없다. 공부와 여행은 완전히 다른 차원의 문제다.

여행을 떠난 아이는 다양한 환경을 접하고 폭넓은 경험을 하면서 심리적 충격을 받고 정신적으로 새롭게 태어난다. 이는 고도로 압축된 '시공을 뛰어넘는' 생활체험으로, 일상생활에서 혹은 학원을 며칠 더 보낸다고 해서 얻을 수 있는 게 아니다.

2013년 아이가 고등학교를 졸업하고 미국 대학에 지원했을 때 친구가 나에게 이렇게 물었다.

"아직 어린아이인데, 혼자서 그렇게 멀리 보낼 수 있겠니?"

사실 나 역시 내심 걱정이 되기는 마찬가지다. 하지만 아이가 더 나은 환경에서 성장하고 발전할 때 아이의 인생이 더욱 행복해질 거라고 믿었기에 보내기로 결심했다. 만약 아이가 더 먼 곳으로 가겠다고 한다면 부모로서 조금 섭섭하겠지만, 또 한

편으로는 그런 아이가 매우 자랑스러울 것이다.

나는 다른 부모들처럼 아이가 어려서 혼자 생활하는 데 문제가 있지 않을까 걱정하지 않는다. 그동안의 여행 경험을 통해 아이가 혼자서 자신의 생활을 꾸려나가는 법을 충분히 배웠을 거라고 굳게 믿기 때문이다.

<첫 번째 미국 단기 유학기>

저는 12살 김정걸입니다. 이번에 미국에서 공부하게 된 중국 학생 중 가장 어리지만, 학년은 가장 높은 학생입니다. 저는 미국 명문 학교에서 생활하면서 동서양의 문화적 차이를 느꼈습니다. 이런 차이가 있기에 도전할 수 있다고 생각합니다. 그리고 도전을 하다 보면 어느 순간 훌쩍 성장한 자신을 만나게 되리라 믿습니다.

제가 미국에서 겪은 몇 가지 일화를 소개하면서 느낀 바를 함께 나누고자 합니다.

1. 6대 명문대학의 감동

하버드대학교를 비롯해 우리가 다녀온 6대 명문대학 가운데 저는 컬럼비아대학교와 하버드대학교에서 가장 큰 감동을 받았습니다. 우선 컬럼비아는 고즈넉하고 기품이 있었습니다. 뉴욕이라는 시끌벅적한 대도시에서 마치 한 폭의 산수화처럼 점잖고 고요했습니다. 하버드는 제가 박사과정을 하고 싶은 대학입니다. TV에서 수차례 보아서인지 교내로 들어갔을 때도 전혀 낯설지 않았습니다. 지나가는 하버드의 학생들을 보면서 8년 후에 나도 반드시 이곳에서 공부하겠다고 결심했습니다. 그래서 존 하버드 동상의 신비로운 신발을 만지며 이렇게 마음속으로 외쳤습니다.

"꼭 이곳의 주인이 되겠다!"

2. 내 가슴을 뛰게 한 월스트리트(Wall Street)

저는 월스트리트에서 총 두 번 가슴이 세차게 뛰는 경험을 했습니다. 그 첫 번째는 뉴욕증권거래소의 황소동상을 보았을 때입니다. 제 꿈은 금융전문가가 되는 것입니다. 그렇기에 상해와 뉴욕의 증권거래소를 둘러보는 것이 제 목표 중 하나입니다. 상해증권거래소는 작년에 들어가 봤고 이번에 뉴욕증권거래소까지 방문함으로써 제 목표를 모두 이루게 되어 무척 기쁩니다.

두 번째로 가슴이 세차게 뛴 건 트럼프 타워(Trump Tower)에 도착했을 때입니다. 세상에나, 제가 가장 존경하는 세계 최고의 부동산 재벌 도날드 트럼프(Donald John Trump)가 바로 그곳에 살고 있었습니다! 그제야 알게 되었습니다. 용기를 내서 다가가기만 한다면 세계는 그만큼 가까워진다는 것을 말입니다.

3. 최고의 뷔페

하와이 크루즈 위에서 우리는 일인당 70달러짜리 서양식 뷔페를 먹었습니다. 그곳에서 먹은 소고기 스테이크와 생선 스테이크의 맛은 정말 최고였습니다. 알고 계십니까? 미국인은 생선을 튀기지 않고 구워냅니다. 그리고 거기에다 소스를 뿌려서 먹으면 정말 그 맛은 황홀할 정도입니다. 그 생선 스테이크를 목으로 넘기는 순간 저는 할 말을 잃었습니다. 2년 후에 미국 대학에서 공부하게 되면 꼭 부모님을 모시고 와서 이 음식을 맛보게 해 드리고 싶습니다. 정말 최고입니다! 생각만 해도 군침이 흐릅니다.

4. 할리우드 탐험

할리우드는 미국인의 탐험 정신을 느끼게 해주는 곳입니다. 예를 들어 큰 보트를 타고 할리우드 쥐라기 공원을 둘러보면서 저는 모험이 무엇인지 느낄 수 있었습니다. 위험은 한 발짝씩 천천히 다가 오다가 우리가 가장 방심한 순간에 우리를 덮칩니다. 그 순간 물속으로 떨어지면서 비명을 지르는 것 외에는 아무것도 할 수 없게 만듭니다. 저는 너무 놀라서 온몸에 식은땀이 쫙 났지만 그래도 너무 재미있다는 생각에 꾹 참고 비명을 지르지 않았습니다. 이렇게 인내력을 키우다 보면 부처도 될 수 있지 않을까요?

5. 엄마 생일 선물 사기

미국에 온 지 5일째 되는 날이 바로 엄마의 생일이었습니다. 저는 500달러로 엄마에게 드릴 세 가지 선물을 샀습니다. 첫 번째 선물은 루비 팔찌로, 루비의 행운이 엄마와 함께하기를 바라는 마음에서 구입했습니다. 두 번째 선물은 개암이 들어 있는 맛있는 다크 초콜릿인데, 다크 초콜릿이 피부를 부드럽게 해준다고 들었습니다. 세 번째 선물은 150달러를 주고 산 행운의 2달러입니다. 2003년 발행한 것을 마지막으로 더 이상 발행하지 않기에 10년 후에는 꼭 가격이 오를 거라는 생각에서 샀습니다.

6. 중국과 미국의 차이

외적인 차이 외에도 저는 몇 가지 소소한 차이점을 발견할 수 있었습니다. 첫째, 미국인은 물건을 살 때 매우 신중합니다. 우리 중국인처럼 한 번 보고 바로 사버리는 경우는 거의 없습니다. 이건 아마도 금융위기 때문에 생긴 습관 같습니다. 둘째, 뷔페에서 미국인은 음식을 조금씩 가져가고 부족하면 다시 가져다 먹습니다. 이는 우리가 미국인에게 배워야 할 점이라고 생각합니다. 중국인은 한 번에 많이 가져가서는 다 먹지 못해 버리는 일이 다반사이기 때문입니다. 셋째, 미국 학생들 가운데 안경을 쓴 사람이 상당히 드물었습니다. 이는 우리처럼 과도하게 공부를 시키지 않기 때문이라고 생각합니다.

2주 동안의 여정을 돌아볼 때 한 가지 아쉬운 점이 있다면 디즈니랜드에서 맘껏 놀지 못한 점입니다. 그곳에 머무를 수 있는 시간이 겨우 2시간이어서 롤러코스터만 타고 바로 나와야 했습니다. 하지만 엄마가 만약 제가 11월 토플에서 100점을 넘으면 겨울 방학 때 디즈니랜드에 데리고 가겠다고 약속하셨습니다. 열심히 토플 준비를 할 계획입니다. 본래 저 자신을 위해 보는 시험인데 엄마가 이렇게 큰 상까지 주겠다고 하니 부끄러울 따름입니다. 이제 '파이팅' 할 일만 남았습니다!

북경 세관을 나서면서 저는 가볍게 기침을 몇 차례 했습니다. 그리고 저 자신에게 다짐했습니다.

"돌아왔다! 하지만 곧 다시 나의 세계를 창조하러 나갈 것이다!"

– 2011년 8월

〈두 번째로 미국 단기유학을 떠나는 아들에게〉

2012년 아들 정걸이 미국 예일대학으로 단기유학을 떠나기 전날 밤, 나는 아이의 짐을 마지막으로 한 번 더 점검했다. 빠진 물건 없이 잘 챙겼다는 걸 확인한 후에야 비로소 마음이 놓였다. 모두가 잠든 고요한 밤, 나는 얇은 편지지 한 장에 아들을 향한 나의 깊은 사랑과 당부를 적어 내려갔다.

사랑하는 아들에게.

내 옆에서 깊이 잠들어 있는 너를 보니 엄마는 참 행복하구나. 시간이 이대로 멈추어서 엄마의 이 행복이 좀 더 오래 지속되었으면 좋겠다!

벌써 새벽 3시인데 엄마는 잠을 이룰 수가 없구나. 네가 멀리 떠날 때마다 엄마는 너보다 더 흥분된단다. 네가 지식을 받아들이는 속도가 다른 사람의 10배 아니 100배는 더 빠르다는 걸 알기에, 할 수만 있다면 세상 최고의 기회를 모두 너에게 주고 싶다. 나는 네가 이 모든 기회를 소중히 여기면서 더욱 빨리 성장하리라 믿는다. 그리고 그렇게 너 자신의 내적 힘을 키우고 나면, 이 세상을 더욱 따듯한 곳으로 만들 거라고 확신한다. 부디 너의 성공 경험을 바탕으로 지금의 너처럼 내적 힘을 키우고 싶어 하는 사람에게 도움을 주는 사람이 되기를 바란다!

미국에 가는 것도 벌써 두 번째지만, 엄마가 너에게 꼭 당부하고 싶은 말이 있다.

1. 비행기를 갈아타러 시애틀 공항에 도착하면 엄마에게 위챗(WeChat)[05]으로 잘 도착했다고 알려주길 바란다. 그리고 학교에 도착해서도 바로 엄마에게 연락해야 한다.

2. 네 휴대폰으로 문자를 보내거나 통화를 하는 건 미국에 도착하고 3일째 되는 날 아침부터 가능하다. 그전에 급한 일이 생길 경우, 함께 간 친구의 휴대폰으로 엄마에게 연락해라.

3. 수업시간에는 절대 책상에 엎드리거나 휴대폰을 만져서는 안 된다. 예일대학은 학칙이 매우 엄격해서 그런 행동을 할 경우 유학생을 그 즉시 자기 나라로 되돌려 보낸다고 한다.

4. 옷은 언제나 냄새가 안 나도록 깨끗하게 빨아 입도록 해라. 그리고 매일 옷을 갈아입어야 한다. 옷이 깨끗해야 마음도 상쾌해지는 법이다. 언제나 옷을 잘 개어 놓는 것도 잊지 마라. 부끄럽게도 지금 우리 집이 너무 엉망인데 10월에 이사를 하면 엄마가 꼭 정리하마!

5. 매일 최소한 30장의 사진을 찍도록 해라. 그 중 5장은 반드시 네 독사진을 하고, 나머지는 친구들과 함께 찍거나 풍경, 격언 등을 찍으면 좋을 것 같다.

---

05) 위챗(WeChat, 微信): 중국 최대 인터넷 기업인 텐센트(Tencent, 騰訊)가 서비스하는 모바일 메신저, 중국판 카카오톡.

6. 교실에서 활기차게 지내면서 친구를 많이 사귀길 바란다. 특히 너보다 우수한 친구들과 서로 전화번호나 이메일을 교환하는 걸 잊지 마라. 그게 바로 네가 유학에서 이루어야 할 첫 번째 목표란다.

7. 매일 저녁 일기를 쓰기 바란다. 일기장에 써도 좋고, 위챗으로 엄마에게 보내도 좋다. 만약 내용이 너무 길면 간단하게 보내도록 해라. 이런 식의 내용이면 좋겠구나.

A: 오늘 네가 만난 사람의 특징은?

B: 오늘 일어난 일에 대한 네 생각은?

C: 오늘 네가 가장 감탄한 선생님의 말이나 혹은 친구의 말은?

8. 네 물건을 잘 보관하길 바란다.

A: 외국에서 가장 중요한 것은 여권이다. 여권은 파란색 상자에 잘 넣어 두고, 평소에는 복사본을 들고 다니도록 해라.

B: 돈은 나누어서 일부는 파란색 상자 안에, 또 나머지 일부는 책가방 안에 넣어 두어라. 절대로 베개 밑이나 테이블 위에 두어서는 안 된다. 기숙사 직원이 자신에게 주는 팁인 줄 알고 가져갈 수 있으니까.

C: 아이폰은 언제나 책가방 안의 작은 주머니에 보관해야 한다. 그러지 않고 바지 주머니에 넣어두면 쉽게 흘릴 수 있다.

D: 다른 물건들도 사용하고 나서는 다시 파란색 상자 안에 넣어두는 걸 습관화해라. 귀국하기 하루 전날에는 출국할 때 작성해 두었던 필수품 목록과 대조하면서, 혹시 빠뜨린 물건은 없나 점검하길 바란다.

마지막으로, 네가 이번 여행에서 더 많은 지혜와 사랑을 발견하길 기원한다.

아이의 잘못 & 부모의 인내

14년 동안 한결같이 아이와 나는 서로에게 정신적 지주가 되어 주었다. 서로 심하게 다투거나 한 적도 거의 없어서 많은 친구가 부러워하며 '비결이 뭐냐'고 물을 정도였다.

이에 대한 나의 대답은 가장 간단하고 모두가 아는 것이다. 우선 하나는 사랑이다. 이 세상에서 가장 순수하고 가장 큰 힘을 지닌 것이 바로 가족의 사랑이다. 그 사랑은 기적도 창조해 낼 수 있다. 또 다른 하나는 인내심이다. 우리가 가장 참고 기다려 주어야 할 사람은 다른 누구도 아닌 바로 우리 가족이다. 그 중에서도 아이들이다. 우리의 인내 역시 기적을 만들어 낸다.

지금의 정걸은 매우 우수해서 모두 천재라고 부른다. 하지만 어렸을 때는 말을 배우는 게 더뎌서 18개월이 되어서도 '예('할아버지'라는 뜻의 중국어 '爺'의 발음)'라는 말 외에는 그 어떤 말도 하지 않았다. 거의 두 돌이 다 되어가도록 좀처럼 입을 열지 않았고, 보다 못한 우리는 아이를 병원에 데리고 가서 검사를 받게 했다. 검사결과 아이는 후천성 자폐증이라고 했다.

의사를 진단결과를 듣는 순간 나는 정신이 아득해졌다. 우리 아이가 자폐증이라고? 비록 다른 말은 안 하지만 7개월도 안 됐을 때 이미 "예"라고 말한 아이가? 게다가 상황 판단력도 얼마나 정확한데. 나는 도저히 믿을 수 없었다. 그도 그럴 것이 나는 피곤한 날이면 소파에 눕는 습관이 있었는데 그러면 이제 겨우 돌 지난 아이가 아장아장 걸어가서는 작은 담요를 가져다가 나에게 덮어주고, 자기 우유병을 내 입가에 놓아주곤 했다. 비록 말은 안 해도 엄마가 피곤하니까 자신이 보살펴 줘야 한다는 걸 분명히 알고 있다는 뜻 아니겠는가.

물론 나는 마음 깊은 곳에서 내 아이가 천재라는 걸 알고 있었다. 하지만 만으로 두 살 된 우리 아이가 후천적으로 경미한 자폐가 있다는 의사의 진단 역시 부정할 수 없는 사실이었다. 집으로 돌아오는 길에 가족들 모두 아무 말도 없었다. 그러다 아버지가 이렇게 말씀하셨다.

"우리가 아이를 더 많이 사랑하고 더 오래 기다려줘야 할 것 같다."

순간 나는 눈물이 핑 돌았다. 그리고 결심했다. 꼭 사랑이 가득하고 지혜로운 엄마가 되겠다고, 언제나 아이를 사랑과 인내로 대하겠다고.

그날 이후로 나는 다음의 두 가지 일을 꾸준히 실천했다.

첫째, 매일 아이에게 이야기를 들려주었다. 나는 먼저 책 세 권을 준비했는데, 유머집, 외국어 동화책, 문학 분야의 책이었다. 모두 짧은 이야기였기에 먼저 아이를 안고 함께 책을 넘기면서 읽어 주었다. 그리고 다시 쉬운 말로 풀어서 이야기해주었다. 특별히 재미난 대목이 나오면 아이는 신이 나서 어쩔 줄 몰라 했다.

둘째, 매일 저녁 잠들기 전 나와 아이는 짧게나마 '마음을 나누는 시간'을 가졌다. 오늘 엄마가 가장 즐거웠던 일이 무엇이었는지 아이에게 들려주는 식이었다. (이와 관련된 구체적인 방법은

‘잠들기 전 20분의 대화 습관’에서 다시 언급하도록 하겠다.)

나는 아이가 결국 우수한 인재로 성장할 수 있었던 것은 내 인내심과 믿음 덕분이라고 믿는다.

앞서 말한 두 가지 일을 실천해나가던 어느 날 우리 집 전화기가 울렸다. 마침 아이는 전화기가 놓인 탁자 가까이에서 블록 놀이를 하고 있었는데 전화벨이 울리자 아무렇지 않게 전화기를 들고 이렇게 말하는 것이 아닌가.

“누구 찾으세요?”

그 모습을 본 우리 아빠는 너무 놀란 나머지 하마터면 안경을 떨어뜨릴 뻔했다.

“이럴 수가, 말도 안 돼. 저렇게 크도록 한 번도 입을 열지 않더니 단번에 저런 어려운 말을 한단 말이야?”

아마도 전화를 건 상대방이 엄마를 바꿔달라고 한 모양인지 아이는 또 이렇게 외쳤다.

“엄마, 전화 받으세요!”

그 말에 가족들은 더욱 놀라서 마치 백 미터 달리기라도 하듯 순식간에 아이 곁으로 모여들어서는 한참 동안 흥분을 감추지 못했다.

현재 정결은 탁월한 언어구사력을 자랑한다. 논문을 쓰든 연설을 하든 혹은 누군가와 대화를 하든지 뛰어난 언어구사력을 보인다. 돌이켜 생각해보면, 아이가 커가면서 이런저런 문제와 맞닥뜨리는 건 당연한 일이다. 그럴 때, 부모가 할 수 있는 건 언젠가 감춰진 아이의 탁월함이 밖으로 드러날 거라고 믿고 응원하는 일뿐이다.

내 경험상 그렇게 하려면 가장 먼저 ‘이해득실을 따지는 마음’과 ‘내 아이가 뛰어났으면 하는 마음’을 내려놓아야 한다. 그리고 계산하지 말고 비교하지도 말아야 한다.

아이에게 문제가 있다고 생각하는 많은 부모가 쉽게 범하는 오류가 있다. 바로 아이가 자신의 기대를 저버렸다고 생각한다는 점이다. 하지만 사실 우리를 저버린 건 아이가 아니라, 바로 우리 자신의 기대다.

이제 내가 처음 받았던 질문에 대해 좀 더 구체적인 답을 하려고 한다. '가정에서 부모 자식 관계를 잘 유지하는 비결'은 과연 무엇일까?

사랑과 인내 외에 우리 집에서 오랫동안 유지해 온 좋은 습관이 하나 더 있다. 바로 '3분 감정 전환법'이다. 어떤 아이든 말을 안 듣거나 이해할 수 없는 행동을 할 때가 있다. 우리 가족은 아이가 잘못하거나 실수했을 때 다음과 같은 방식으로 아이와의 충돌을 피한다.

우선 부모는 자신의 감정을 어떻게 처리해야 할지 알고 있어야 한다. 일단 상황이 벌어지면 첫째, 자신의 부정적인 감정을 아이에게 옮기지 말고 둘째, 문제를 어떻게 해결해야 할지 아이에게 가르쳐주어야 한다.

이럴 때 우리 가족들은 '3분 감정 전환법'을 사용한다. 이는 문제가 발생했을 때 자신에게 생각할 기회와 시간을 주는 것이다. 그 시간 동안 자신을 가라앉히면 화를 내지 않고 아이에게 말할 수 있다. 아이가 이미 문제 행동을 한 상황에서 혼을 내봤자 아무런 도움도 되지 않는다는 것을 기억해야 한다. 게다가 아이가 그렇게 한 데에는 나름대로 이유가 있을 것이다.

만약 아이가 처음으로 어떤 일이나 놀이를 하다가 잘못해서 망쳤다면, 그건 극히 정상이다. 아직 익숙하지 않아서 잘하지 못한 것뿐이다. 자꾸 틀리고 잘못해야 성장할 수 있다. 부모가 해야 할 일은 올바른 방법을 알려주고, 다음번에는 올바른 방법으로 해볼 수 있도록 지도하는 것이다.

어느 날 수업을 하던 도중 아이의 전화를 받은 일이 있었다. 그 순간 나는 심장이 쿵쾅쿵쾅 뛰기 시작했다. 정상적인 상황이라면 아이는 그때 교실에서 토플을 보고 있어야 했다! 그런데 전화가 왔다는 것은 무슨 일이 일어난 것이 분명하고, 아이는 그에 대해 설명하려고 전화를 한 것이리라.

속으로는 무척 걱정이 됐지만 그런 나를 진정시키며 편하게 생각하려 노력했다. 일은 이미 벌어졌고, 이제 와서 화내 봤자 아무런 소용도 없다. 도대체 무슨 일이 벌어졌는지부터 알아야겠다.

나는 차분한 어조로 무슨 일이 일어났는지 물었다. 전화기 저편에서 아이의 풀죽은 목소리가 들려왔다.

"엄마, 저는 정말 완벽하게 준비했다고 생각했어요. A학교가 제 시험 장소인 줄 알고 찾아갔는데 거기에 제 이름이 없다는 거예요. 다시 한 번 물어보고 나서야 제가 가야 할 학교는 다른 학교라는 걸 알게 되었어요. 하지만 두 학교는 너무 멀리 떨어져 있어서 도저히 시간 안에 도착할 수가 없어서, 그래서 그냥 시험을 보러 가지 않았어요……."

나는 최대한 마음을 가라앉혀 보려고 노력했지만, 그렇게 중요한 시험을 놓쳤다는 말에 솔직히 많이 실망스러웠다. 하지만 이미 '3분 기분 전환법'이 습관이 되어 있었기에 나는 나 자신에게 이렇게 말했다.

"일이 이미 벌어진 마당에 '그게 얼마나 중요한 시험인데 실수를 할 수 있니……' 같은 말로 아이를 꾸짖는 건 옳지 않다. 아이는 이미 충분히 괴로워하고 있고 이번 일로 인해 이미 큰 교훈을 얻었다. 그런데 굳이 아이를 더 자책하게 할 필요는 없다."

결국 나는 안타깝지만 그래도 아이를 지지한다는 마음에서 이렇게 말해 주었다.

"아들아, 괜찮다."

그리고는 일부러 농담을 건넸다.

"하하, 역시 너는 남들과 다른 데가 있다니까. 모두 토플을 보러 갔는데, 너는 안 갔으니 아예 '남들이 가지 않는 길'로 가자꾸나. 먼저 SAT를 보는 거다."(일반적으로 토플은 북경에서 매달 3번씩 시험이 있다. 하지만 SAT를 보려면 홍콩으로 가야 하기에, 외국 대학에 지원하려는 학생들 대부분은 토플을 먼저 본다.)

그렇게 말하고 나니 우선 내 마음이 한결 가벼워졌다. 시험 한 번 놓친 게 뭐 대수겠는가. 그런 내 말에 아이도 마음이 좀 풀렸는지 전화기 저편에서 자기반성을 하기 시작했다.

"다음번 토플을 볼 때는 공부뿐만 아니라 다른 부분도 더 꼼꼼히 챙길게요. 다시는 이렇게 덤벙대지 않을게요!"

나는 다시 이렇게 말해주었다.

"그래, 이제 밥 잘 챙겨 먹고, 저녁에 집에 가서 다시 이야기하자……."

'3분 기분 전환법'은 10여 년간 우리 집에서 큰 효력을 발휘해 온 중요한 '수행법'이다. 어떤 상황에서도 감정을 다스리고, 상황을 냉정하게 바라보면서 아이의 모든 실수나 잘못을 성장을 위한 '수련' 과정으로 여기는 것이 핵심이다.

감정을 다스리는 법은 아이가 꼭 배워야 할 필수 항목이다. 자신이 어떤 환경에서 냉정할 수 있는지, 어떤 사람과 있을 때 즐거운지, 어떻게 해야 우울함을 풀 수 있는지, 어떻게 해야 걱정을 떨쳐버릴 수 있는지를, 여러 경험을 통해 배울 수 있다면 아이는 더욱 바람직한 성격을 지니게 될 것이다. 또 자기 자신을 돌아볼 줄 알고, 높은 감성지수를 지닌 사람으로 성장하게 될 것이다.

돌이켜 생각해보니, 아이에게 더욱 깊은 '사랑과 인내'가 필요하다는 사실을 가족들이 깨달으면서부터, 자연스럽게 아이 앞에서 '3분 기분 전환법'을 사용하게 된 것 같다. 그리고 이것은 아이의 성장에 막대한 영향을 미쳤다.

지금의 정걸은 상대가 누구든 그 사람이 어떤 계층의 사람이든 자신이 속한 사회의 모든 사람과 어울려 살아갈 줄 안다. 이 아이가 2살 때 의사로부터 후천성 자폐증이라는 진단을 받았다고는 누구도 생각지 못할 것이다.

우리 집의 '3분 기분 전환법'을 배우면서 아이는 자신을 통제할 줄 알게 되었고, 그 결과 성숙하고 예의 바르게 행동하게 되었다. 그러다 보니 남들과 어울리지 못하는 괴팍한 천재가 아니라, 어디에서든 환영받는 높은 감성지수를 지닌 사람으로 성장한 것이다.

아이가 '잘못하는 것'이 아니라 부모가 '잘못 생각했다'는 것을 깨닫고, 아이의 천부적인 재능을 올바른 곳에 쓰기 시작하는 순간, 그것은 아이의 장점이 된다.

긍정적인 삶의 감상을 나누자

가정에서의 경험과 가족에게 배운 것은 아이의 마음속에 심어진 '씨앗'과
도 같다.

'교육만큼 사람을 이롭게 하는 것은 없다'라는 옛말처럼 사람
을 성장시키는 데 가장 도움을 주는 것은 바로 교육이다. 특히
환경을 통한 교육은 가장 중요하다.

이이들은 각기 다른 가정에서 자라난다. 그리고 아이들은 그
집안 어른들의 경험이나 습관, 바람 등 모든 것이 종합적으로
영향을 끼쳐서 결국 그 집안의 습관, 전통 그리고 소통방법을
그대로 이어받게 된다.

한 사람의 사상이나 습관, 성격은 그 사람의 성장 환경 및 가
정교육과 깊은 연관이 있다. 특히나 아이의 경우, 주변 환경의
영향을 더 크게 받는데 성장하는 중에는 더 쉽게 변하고 모방하
기 때문이다. 그렇기에 가정에서의 경험과 가족에게 배운 것은
아이의 마음속에 심어진 '씨앗'과도 같다.

아이들은 부모가 상상하는 것 이상으로 미래에 많은 일을 겪
게 될 것이다. 삶의 곳곳에 숨어 있는 아름다움에 깊이 감동할
수도 있고, 뜻밖의 불행에 깊이 상처를 받을지도 모른다. 그리
고 아이는 세상 무엇과 마주치든 홀로 그것과 맞서야만 한다.

그렇다면 아이가 인생에서 되도록 부정적인 일은 덜 겪고,

긍정적인 영향을 더 많이 받게 하기 위해서 부모는 무엇을 해 주어야 할까?

나는 16년간 엘리트 교육에 종사하면서 접한 수많은 가정의 사례와, 14년간 내 아이를 키워 온 경험을 토대로 가장 간단하면서도 효과적인 방법을 발견했다. 이것을 긍정적인 말로 표현하면 '생활의 감상을 함께 나누기'다. 즉, 부모 자신의 경험과 깨달음의 긍정적인 측면을 아이와 함께 수시로 나누는 것이다.

예를 들어, 우리 가족은 여행을 갔다 오면 어른 아이 할 것 없이 꼭 하는 일이 있다. 바로 여행 중 느낀 점을 쓰고 다른 가족들과 함께 나누는 것이다. 이런 과정을 통해 아이가 얻게 되는 건 비단 정보나 지식뿐만이 아니다.

다른 사람의 시각, 생각하는 방식, 일을 처리하는 태도나 순서 등 어른들의 인생 경험과 지혜를 그대로 배우게 된다. 그리고 어른들에게서 배운 것을 토대로 점점 스스로 생각하는 법을 익히게 되고, 많이 본 만큼 또 많이 생각하게 된다. 문자 그대로 '부모의 어깨 위에 서서' 더 멀리 보게 되는 것이다.

이렇게 여행 후의 소감을 가족들과 나누는 것 외에도 우리 집에서 하는 간단한 '나누기' 연습이 하나 더 있다. TV를 본 후 잠시 토론을 하는 것인데, 가족들이 돌아가면서 자신이 느낀 점이나 배운 점을 발표한다. 여기에는 '발표 기준'이 있으며 우리는 이를 'TV 감상 말하기의 4대 요건'이라고 부른다.

바로 '마음에 드는 사람', '마음에 드는 장면', '마음에 드는 말', 그리고 마지막으로 '새롭게 깨달은 점'이다.

나와 아이는 〈유학생〉이라는 제목의 다큐멘터리 영화를 본 후 각자의 소감을 나눈 적이 있다.

이 영화는 독일 유학에 실패한 어떤 아이의 실제 경험담이다. 영화에서 아이는 유학을 갈 것인가 말 것인가부터 고민하기 시작한다. 사실 이미 북경영화대학에 합격했기 때문에 유학을 갈 필요는 없다. 하지만 아이는 엄마의 통제에서 벗어나 자유롭게 살고 싶은 마음에 유학을 떠난다. 하지만 아이는 이내 자신이 경쟁력이 없다는 걸 깨닫고는 돌아오게 된다.

그때 정걸은 북경 왕부 고등학교에 다니고 있었고, 졸업 후 외국 대학에 진학할 것인가 하는 문제로 고민 중이었다. 나는 아이에게 도움이 되었으면 하는 마음에 먼저 이 영화에 대한 나의 견해를 밝혔다.

첫째, 유학을 가기만 하면 성공할 수 있다는 생각을 버려야 한다. 국내에서 경쟁력이 없다면 외국에 나가서도 결국 도태될 수밖에 없다.

둘째, 어떤 선택을 하느냐가 성공을 결정하진 않는다. 오히려 성공은 자신의 신념을 확고히 해서 끝까지 밀고 나가는 것일 수도 있다. 물론 어릴 때는 경험도 부족하고 장기적인 안목도 없으므로 부모나 스승이 가르쳐 주고 이끌어 주어야 하지만, 마지막 순간 선택은 언제나 본인이 해야 한다. 따라서 자신이 선택한 일을 끝까지 해내겠다는 결심이 반드시 필요하다.

정걸도 이런 내 생각에 동의한다고 하면서 자신의 생각을 밝혔다.

"어려서부터 자신의 목표를 정확히 정해야 한다. 교육 역시 일종의 투자다. 돈을 마땅히 쓸 곳에 써야지 그렇지 않은 곳에 쓰는 건 돈을 버리는 것이나 마찬가지다."

나는 이 말을 듣고 우리가 그동안 아이에게 해 온 경제 교육이 헛되지 않았다는 것을 느낄 수 있었다.

사람마다 느끼는 바가 틀리고, 문제를 보는 시각이 다르다 보니, 같은 문제에 대해서도 전혀 다른 답변이 나오는 경우가 많다. 그런 경우, 각자의 생각을 나누다 보면 자연스럽게 더 큰 지혜를 얻을 수 있다.

이렇게 자신의 경험과 깨달음을 가족과 나누는 것을 일명 '지혜 윈윈(win-win)법'이라고 할 수 있다. 그런 과정을 통해 함께 성장하고 변화하고 또 서로 격려하면서 모두가 더욱 지혜로워질 수 있다.

이렇게 경험과 느낌을 나누다 보면 가끔 우리가 아이에게 무언가를 가르치는 것이 아니라, 오히려 아이의 새로운 시각에서 우리가 정신적인 영양분을 얻게 될 때가 있다. 예를 들어 앞서 말한 영화 감상 나누기는 어느 순간부터 정걸이 주도적으로 이끌게 되었다.

정걸의 고등학교 영어 선생님은 학생들에게 영어로 된 영화를 많이 보여 주었다. 그러다 보니 매주 금요일 집으로 돌아오면 아이는 자신이 본 영화에 관한 이야기를 하면서 나에게 좋은 영화를 추천해주기도 했다.

한 번은 자신이 이번 주에 영화를 다섯 편이나 봤는데 그 중 세 편이 제법 괜찮았다면서 엄마도 주말에 한 번 보는 게 어떻겠냐고 제안했다. 나는 내 의견을 밝혔다.

"이렇게 하는 건 어떨까? 이번 주말엔 엄마가 할 일이 많아서 영화를 몇 편씩이나 볼 시간이 없단다. 그리니 네가 그 영화들을 추천하는 이유를 엄마에게 말해주면, 엄마가 들어보고 그 중 가장 괜찮은 걸로 골라서 볼게."

그러자 정걸은 이야기를 시작했다.

"첫 번째 영화는 브래드 피트 주연의 〈머니볼(Moneyball)〉인데, 이 영화에는 야구선수가……."

아이가 미처 이야기를 시작하기도 전에 나는 급한 마음에 아이를 재촉했다.

"그런 이야기는 안 해줘도 되고, 이 영화를 통해서 네가 무엇

사랑의 질을 높여라

을 깨달았는지만 이야기해주면 된다.”

하지만 정걸은 그렇게 할 수는 없다면서 소파에 한가롭게 누워서는 나를 불렀다.

“엄마, 영화는 그렇게 보는 게 아니에요. 천천히 음미하면서 봐야 해요……. 엄마, 먼저 제게 차를 한 잔 주시면 천천히 이야기해 드릴게요.”

보아하니 아이는 슬로우 라이프를 제대로 즐기고 있었다.

내가 차를 가져오자 아이는 영화이야기를 이어갔고 마지막엔 이런 말로 마무리했다.

“천재는 정말 고독한 것 같아요. 천재가 되려면 그 고독을 극복할 줄 알아야 해요.”

생각해보니 참으로 맞는 말이었다. 세계인의 80%가 보통 사람이고, 나머지 20%만이 성공한 사람들인데 이들 역시 각기 다른 길을 걷는다. 아이는 영화를 정확히 이해하고 있었다. 정말 한 번쯤 볼만한 영화였다.

나는 아이에게 이렇게 말했다.

“아, 이 영화가 그런 의미였구나! 그럼 두 번째 영화는?”

“두 번째 영화 제목을 번역한다면 〈가능하다면 나를 잡아봐 (Catch Me If You Can)〉일 것 같아요. 이 영화는 희대의 위조지폐범에 관한 이야기인데, 그는 세계 모든 은행의 위조지폐를 만들고 미국연방경찰은 끊임없이 그를 잡으려 해요. 그는 도주하면서 닥치는 대로 돈을 써버리고, 결국 경찰이 그를 잡았을 때는 그가 상당히 나이를 먹은 후였어요. 국제형사경찰기구는 이제 와서 노쇠한 그를 감옥에 가둔다는 건 비인간적인 처사라고 판단하고는, 다른 사람에게는 없는 특별한 능력을 갖춘 그에게 남은 여생 동안 나라에 봉사하도록 해요.”

“정걸 오빠, 그런데 그 이야기는 너 같은 고등학생과 아무런 관련도 없어 보이는데, 영화를 보고 깨달은 점이라도 있니?”

“저는 미래에 세계적인 기업의 CEO가 될 거예요. 그런 맥락에서 이 영화는 제게 이런 깨달음을 주었어요. ‘만약 뛰어난 재능을 지닌 사람에게 큰 명예까지 안겨 준다면, 아무리 악한 사람이라 해도 개과천선할 수 있다.’”

멋진 생각이었다. 이때까지만 해도 아이가 세 번째 영화를 내가 일하는 교육 분야와 연관 지어 이야기할 줄은 생각지 못했다.

세 번째 영화는 〈1등이라고 불러주세요(Front of the class)〉였다.

안면 마비증이 있는 주인공은 발음이 부정확해서 늘 다른 아이들의 놀림감이 된다. 학교에서 친구 하나 없던 아이 앞에 한 선생님이 나타난다. 선생님은 그에게 각별한 애정을 보이며 늘 이렇게 격려한다.

“넌 할 수 있어, 넌 대단해, 넌 최고야.”

선생님의 격려에 힘입어 아이는 웅변 연습을 시작하고, 결국 자신의 선천적 어려움을 극복하고 학교 웅변대회에서 1등을 차지한다. 뒤이어 주(州)에서 개최한 웅변대회에서도 1등을 거머쥐며 아이는 결국 대통령까지 만나게 된다……

영화이야기를 하던 아이가 돌연 나에게 이렇게 말했다.

“엄마, 저는 이 영화를 특별히 엄마에게 추천하고 싶어요. 엄마도 선생님이잖아요. 만약 영화에 나오는 아이의 선생님처럼 장점을 찾아주고 끊임없이 학생을 격려해 준다면 학생이 자신의 잠재력을 발휘하는데 큰 도움을 줄 수 있을 것 같아요.”

실제로 나는 아이가 강력하게 추천한 이 영화를 보았고, 큰 가르침을 얻었다.

나는 아이와 내가 경험과 깨달음을 나누었던 그 시간이 아이의 일상 곳곳에서 큰 효과를 발휘하는 것을 기쁜 마음으로 지켜보았다. 아이가 추천한 영화만 봐도 아이가 얼마나 올바른 가치관을 지녔는지 확인할 수 있었고, 아이가 다른 사람의 인생에 숨겨진 지혜를 읽어낼 줄 안다는 것을 알 수 있었다. 더욱 중요한 점은 아이가 다른 사람의 인생에서 발견한 지혜를 자신의 인생에 어떻게 적용해야 할지를 안다는 것이다. 심지어 그 내용이 엄마에게 도움이 될 거라며 추천할 줄도 알았다.

바로 이것이 아이와 나눌 수 있는 것이 있다면 그 무엇이든 나누어야 하는 이유다. 어린 아이가 이런 걸 어떻게 이해하겠느냐고 생각하지 마라. 아이의 지혜를 절대 얕봐서는 안 된다.

부모는 아이에게 더 많은 인생경험을 해서 더욱더 지혜로워질 기회를 줄 책임이 있다. 부모의 어깨 위에 서 있을 때 아이는 놀라운 속도로 스스로 성장하는 법이다.

잠들기 전 20분의 대화 습관

> 많은 부모가 아이에게 문제가 생긴 후에야 어떻게든 대화를 해보려 노력한다. 그리고 급한 마음에 이런저런 충고를 해 보지만 결국 아무런 성과도 거두지 못한다.
> 아이가 필요로 하는 것은 문제가 생긴 후의 대화가 아니라 평소의 관심이다. 또한 문제가 생겼다 하더라도 아이에게 진정으로 필요한 것은 충고가 아니라 마음을 터놓고 하는 소통이다.

하루 중 모처럼 한가한 시간이 생기면, 나는 그 시간의 절반을 아이와 이야기를 나누는 데 쓴다. 이를 신기하게 여기는 사람도 있을 것이다. 아이와 도대체 무슨 이야기를 한단 말인가? 지식이나 지혜를 알려주나? 그래서 아이가 그렇게 똑똑한가?

사실 나와 아이의 대화에서 '지식 함량'은 거의 제로에 가깝다. 그 첫 번째 이유는 지식을 가르치는 건 선생님이 몫이지 엄마인 내가 할 일이 아니라고 생각해서이다. 두 번째 이유는 아이가 일부 분야에서는 이미 엄마보다 훨씬 많은 지식을 가지고 있어서 오히려 내가 아이에게 배워야 하는 입장이기 때문이다.

아이와 대화하는 목적은 어디까지나 지식을 가르치는 것이 아니라(지식은 도구적 측면의 가르침이다) 생각하는 방법을 가르치는 것이어야 한다(생각하는 방법은 원론적 측면의 가르침이다).

내가 아이와 어떤 이야기를 할 것 같은가? 모두의 예상과 달리 처음에는 다른 나라의 문화나 풍속 같은 것에 대해 이야기하다가 마지막에는 언제나 먹는 문제로 귀결되곤 한다.

예를 들어, 이런 식이다.

"일본인은 정말 창의적이야. 길가에 들어서 있는 술집들만 봐도 그렇게 작은데 그 안의 설계는 정말 기가 막히잖아. 모든 공간을 다 사용할 수 있도록 해두었어.”

그러면 정걸이 맞장구친다.

“맞아요, 우리가 갔던 그 작은 호텔도 정말 독특했어요. 우리 중국인은 자원이 풍부하다고 늘 낭비하는 습관이 있어요. 하지만 일본인은 무엇이든 더 훌륭하게 해내려고 애를 쓰고, 최고의 설계를 하려고 노력하고…… 참, 그리고 그 생선회는 정말 최고였어요, 입에 들어갔을 때 그 느낌은 정말 어떻게 표현해야 할지…….”

결국 이야기는 삼천포로 빠지고 말았다. 나는 아이에게 물었다.

“다녀온 곳도 많고 멋진 풍경도 많이 봤는데, 너는 어떻게 먹는 것만 기억하니?”

그러면 아이가 당당하게 말했다.

“엄마, 먹는 것에도 관심이 없는 사람이 어떻게 다른 일에 열정적일 수 있겠어요?”

이렇게 아이와 이야기를 하다 보면 방심한 순간 아이의 독창적인 생각에 궁지에 몰릴 때가 있다. 그런데 이건 내가 바라던 바이기도 하다. 이를 통해 최소한 두 가지는 증명된 셈이다.

첫째, 아이는 나와 평등하게 대화하기에 자신의 속마음을 숨기지 않는다. 둘째, 아이는 자신만의 생각이 있고 그것을 당당하게 드러낼 줄 안다.

이렇게 부모와 자식이 친해지는 것이 바로 교육의 기본전제가 아닐까?

내가 친구들에게 늘 묻는 질문이 있다.
“아이와 집에서 대화를 자주 나누는가?”

아이와 친해지려면 우선 대화부터 해야 한다.

대부분의 부모가 잘 의식하지 못하는 사실이 하나 있는데 우리가 보기에 아이들은 매일 변하지만, 아이들에게 우리는 처음 접한 이후로 죽 어른이라는 것이다. 그래서 한집에 살아도 아이의 눈에는 어른과 아이의 세상이 분리되어 있다. 이렇게 아이는 태어나면서부터 접한 '차이'로 인해 무의식중에 부모에게 거리감을 느낀다. 따라서 부모가 먼저 아이의 마음 문을 열어 주지 않으면, 부모와 아이 사이에는 소통의 문제가 생길 수밖에 없다. 특히 자기주장이 강해지는 십대에는 더욱 그렇다.

많은 부모가 아이에게 문제가 생긴 후에야 어떻게든 대화를 해보려 노력한다. 그리고 급한 마음에 이런저런 충고를 해 보지만 아무런 성과도 거두지 못한다. 그 이유는 이미 아이에게 반항심이 생겼기 때문이다. 어른들이 걸핏하면 자신에게 이래라저래라 하는 게 불만인 아이는 그럴수록 자신의 속마음을 더욱 깊이 감춰 버리고, 소통과 변화는 더욱 어려워진다. 가족한테는 하지 못하는 말을 오히려 낯선 사람에게 털어놓는 걸 보면 잘 알 수 있다.

아이가 원하는 것은 설교가 아니라, 진정으로 마음을 터놓고 하는 대화다. 그러려면 부모가 먼저 바뀌어야 한다. 부모와 아이가 평등하게 대화할 수 있는 가정 분위기를 만들고, 부모가 먼저 마음 문을 열고 아이에게 친구처럼 다가가 이야기를 나누어야 한다.

예를 들어, 식사시간에 식탁에 앉아 아이와 이야기를 나눌 수 있다. 요즘 학교생활은 어떤지, 무얼 배우고 있는지, 최근에 읽은 책은 무엇인지 물어본다.

이렇게 먼저 세상을 살아 본 경험자와 대화를 하면서 아이는 그동안 자신이 모호하게 알았던 개념을 확실히 이해하고, 학교에서 배운 지식을 활용해 볼 수 있다. 또 최근에 경험했거나 본 재미있는 일들에 대해 이야기를 나눌 수도 있다. 부모와의 대화는 지혜를 전달하고 아이의 상상력을 촉진한다. 또한 논리적인 사고력과 표현력을 길러준다.

이 외에도 학교에서 돌아온 아이의 기분이 안 좋아 보일 때 부모가 먼저 대화를 청해 볼 수도 있다. 그러면서 점차 아이와 마음을 터놓고 이야기하는 진정한 친구가 되는 것이다. 아이의 문제가 쌓이고 쌓여서 터진 후에야 겨우 눈치 채는 것이 아니라, 아이가 고민이 있어 보일 때마다 즉시 나서서 함께 해결해 보려 노력해야 한다.

이렇게 아이와 마음을 나누는 일은 아이의 성장에 큰 도움이 된다. 나는 벌써 몇 년째 아무리 바쁜 날이라도 따로 시간을 내어 아이와 대화하고 있다. 함께 차를 마시면서 하고 싶은 이야기를 맘껏 하기도 하고, 또 소파에 나란히 누워 편안하고 자유롭게 수다를 떨기도 한다.

정걸이 어렸을 때 우리 집에는 '20분간 마음을 나누는 시간'이 있었다. 나는 엄마라는 신분을 내려놓고 또 아이는 자신이 아이라는 사실을 잊은 채 마음을 활짝 열고 서로의 진짜 마음을 말하는 시간이다. 아이가 조금 크고 나서는 잠자리에 들기 전 20분 동안 함께 그날 있었던 일을 이야기했다.

이렇게 대화 시간을 고정적으로 정해 놓은 덕분에 항상 아이에게 관심을 쏟을 수 있었다. 아이 역시 엄마가 바쁜 와중에도 자신에게 관심을 기울이고 있다는 점을 확실히 느낄 수 있었다.

'20분간 대화하기' 시간에 어떤 주제로 이야기하는지, 또 얼마나 많은 조언을 하는지는 그리 중요하지 않다. 중요한 점은 그 시간을 통해 아이가 힘을 얻고 자신을 돌아보게 함으로써, 자신의 인생에 대해 생각할 줄 아는 아이, 스스로 성장하는 아스티브 잡스(Steve Jobs)가 세상을 떠나고 얼마 동안 우리의 화제는 줄곧 '세상을 완전히 바꾸어 놓은' 그 사람이 주제였다. 잠자기 전 20분 대화를 나누는 시간에 정걸이 이렇게 물었다.

"엄마. 혹시 이런 생각을 해보셨어요? 만약 스티브 잡스가 중국에서 태어났다면 어땠을까요?"

한 번도 생각해 본 적이 없던 문제여서 나는 머릿속에 떠오르는 대로 가볍게 대답했다.

"아마도 회사 이름을 애플이라고 짓지 않고, '딸기'나 '사과' 정도로 짓지 않았을까?"

"엄마는 정말 긍정적이라니까요. 제 생각에는 스티브 잡스가 중국에서 태어났다면 대학을 중퇴한 사람이라는 이유로 아마 회사가 망했을 거예요."

아이는 계속 말을 이어갔다.

"한 번 생각해 보세요. 우리 중국인들은 새로운 사람을 만나면 제일 먼저 배경에 대해 물어봐요. '어느 대학을 졸업했나? 어느 지역 사람인가? 어느 회사에 다니는가?' 같이 말이에요. 하지만 미국인들은 딱 한 가지만 물어봐요. '무슨 일을 하는가?' 제가 엄마한테 한 번 물어볼게요. 당신은 무슨 일을 하나요?"

이번에는 좀 전과 달리 깊이 생각해 본 후 진지하게 대답했다.

"저는 엘리트 교육과 관련된 일을 하고 있습니다."

아이는 이렇게 결론을 내렸다.

"이제 제가 엄마가 하는 일을 알았으니, 그 분야에 대한 이야기를 나누면 되는 거예요. 저는 미국인들의 이런 사고방식이 스티브 잡스에게 무한한 기회를 주었다고 생각해요. 대학 졸업장도 없고 명문대학을 졸업하지도 않았지만, 똑같이 회사를 창립하고 사람들을 이끌어서 마침내 성공할 수 있었죠."

그날 나는 아이의 이야기에 무척 감동했다. '잠자기 전 20분 대화'를 몇 년간 꾸준히 해온 결과, 이런 결실을 보았다는 생각에 감개무량했다. 어느덧 아이는 스스로 생각하는 법을 터득했고, 성공의 이유를 분석해 낼 줄도 알고 있었다. 이는 분명히 보통 12살 아이의 사고 수준을 훨씬 뛰어넘은 것이었다.

이러한 경험에 근거하여 미성년자 아이가 있는 가정에서 아이와 소통할 때 사용할 수 있는 규칙 세 가지를 정리해 보았다.

첫째, 당신이 컨트롤 할 수 있는 것이라면 최대한 아이와 의논하여 결정하라. 예를 들어 무엇을 먹을지, 어떤 옷을 입을지, 어떤 초등학교에 들어갈지 같은 것이다.

둘째, 당신이 영향을 줄 수 있는 것이라면 최대한 긍정적인 영향을 주어라. 예를 들어 책을 골라주고, 친구를 소개해주고, 영화를 추천해 주는 것 같은 방법으로 아이를 긍정적인 방향으로 이끌 수 있다.

셋째, 컨트롤 할 수도 영향을 줄 수도 없다면, 아이에게 스스로 선택하고 성장하는 법을 알려 주어라. 예를 들어 어떻게 해야 자신의 잠재력을 최대한 발휘 할 수 있는지 가르쳐 주어라.

이 세 가지 규칙을 기억했다면 아이에게 사용하되 적절한 선을 지켜야 한다. 그렇지 않을 경우 부모와 아이 모두 상처를 받을 수 있다.

반대로, 아이와 소통하는 방법을 파악하고 그 방법대로 항상 아이와 마음을 나눈다면, 아이에게 무슨 일이 있을 때마다 즉시 서로의 생각을 교환하면서 시기적절하게 도움을 줄 수 있다.

Chapter 2

스스로 크는 아이

모든 아이가 '천재'일 필요도 없고, 부모가 아이를 위해 독해지거나 무서워질 필요도 없다. 자신감 넘치는 낙관적인 인생관과 포기를 모르는 도전 정신, 그리고 용감하고 정직하며 선량한 성품을 기르도록 이끌어 준다면, 아이는 지혜롭고 주체적이며 독립적인 사람으로 자라날 것이다. 바로 이것이 감성교육이다.

어머니의 한마디

아이의 미래 인생은 세 단계로 이루어져 있다.

먼저 인격적으로 성숙한 사람이 되고, 남보다 뛰어난 사람이 되고 나서 유용한 인재가 되는 것이다.

아이는 '실수'를 통해 머릿속 지식을 실제 능력으로 만들어 간다.

11살 '학교에서 사라지다'

아이가 일상생활에서 한 경험과 거기에서 느낀 점, 바로 아이의 감성이다. 그리고 이 감성이 아이의 인생에 소중한 '씨앗'이 된다. 자신의 경험 뒤에 감춰진 이 씨앗은, 어느 날 아이가 원리와 규칙을 깨닫는 순간 싹을 틔워 다른 사람이 가르쳐준 그 어떤 가르침보다 유용하게 쓰인다.
감성지능이 높은 아이는 어려운 일이나 어떤 힘든 일 앞에서도 자신을 통제하고 감정을 조절할 줄 안다.

아이들은 우리가 아는 것보다 훨씬 지혜롭다. 정결은 11살 무렵 라이스 영어센터의 보조 연구원으로 뽑혀 북경 대학의 백년 강당에서 열리는 총회에 참석했다. 모두 네 명의 아이들이 선발됐는데 그 중 세 명이 여자아이였다.

총회 하루 전날, 나는 리허설을 위해 아침 10시에 아이를 학교로 데려다 주었다. 그때까지만 해도 모든 것이 순조로웠기에 아이가 학교로 들어가는 것을 본 나는 친구들과 차를 마시러 갔다.

30분 정도 지났을 때 리허설을 담당하는 메기 선생님에게서 전화가 걸려 왔다. 선생님은 다급한 목소리로 이렇게 말했다.

"정결이 없어졌어요. 학교를 나간 것 같아요."

나는 무슨 일이 있었느냐고 물었다. 그러자 선생님은 같이 리허설을 하던 여자아이 세 명이 정결에게 "어떻게 700명이나 되는 남자아이 중에서 네가 뽑힌 거야? 혹시 너희 집에서 교장 선생님께 무슨 큰 선물이라도 준거 아니야?" 같은 말을 하면서 일제히 아이를 비난했다고 했다.

전후사정을 들어보니 그렇게 큰일은 아닌 것 같아서 나는 선생님에게 이렇게 말했다.

"괜찮아요, 아마 아무 일 없을 거예요. 제가 정결과 12시에 점심을 먹기로 했으니까, 그때 아이를 만나면 바로 문자 보내 드릴게요. 걱정하지 마시고 다른 아이들과 먼저 리허설을 진행해 주세요."

물론 말을 그렇게 했지만 나 역시 걱정은 조금 되었다. 아이는 겨우 11살이었고 휴대폰도 없어서 연락도 할 수 없었다. 도대체 어디로 간 것일까. 차를 마셨지만 아무 맛도 느낄 수 없었다.

나는 곧장 건물 1층에 있는 보안과로 가서 CCTV 기록을 찾아 아이가 문을 나설 때의 모습을 확인했다. 화면 속의 아이는 서두르거나 당황한 기색 없이 평상시와 다름없이 문을 나섰다. 그제야 나는 마음이 조금 놓였다. 최소한 아이가 신호등을 안 보고 길을 건너거나 하지는 않았을 것 같아 안심했다. 나는 원래 있던 장소로 돌아와 아이를 기다렸다.

12시가 거의 다 되었을 때 작은 가방을 메고 흔들흔들 걸어오는 아이가 보였다. 아이는 약속 시간에 딱 맞추어 나타났고 그렇게 화가 난 것처럼 보이지도 않았다. 나는 아이와 함께 미리 예약해 둔 식당으로 들어갔다. 평상시대로라면 아이에게 이렇게 물었을 것이다. "오늘 오전 리허설은 어땠니?" 하지만 아이에게 무슨 일이 있었는지 알기에, 물어보고 싶은 걸 꾹 참고 아이가 먼저 이야기해주기를 기다렸다.

그런데 아이가 차분한 목소리로 이렇게 묻는 것이 아닌가.

"엄마 오전에 어땠어요? 차는 잘 마셨어요?"

나는 일부러 아무렇지 않은 듯 대답했다.

"아이고, 엄마는 오전 내내 너를 기다리느라 너무 힘들었단
다. 우리 새우 요리 하나 시키자."

그리고 마음속으로 이렇게 생각했다.

'어디 새우 요리를 먹을 정신이 있겠어? 뜨거운 샤브샤브를
먹은 것처럼 속이 부글부글 끓는데.'

밥을 다 먹고 나서, 아이는 식당 옆의 맥도날드로 가서 나에
게 밀크셰이크를 사주었다. 그리고 밀크셰이크를 다 먹도록 그
이야기를 꺼내지 않았다. 그리 오래도록 그 일을 털어놓지 않
다니 아이의 인내심이 정말 대단해 보였다.

그러고도 한참이 지나서야 아이는 비로소 천천히 입을 열었다.

"엄마, 오늘 오전에 작은 사고가 있었어요."

나는 일부러 모르는 척 무슨 일이냐고 물었다.

"별일은 아닌데…… 그때는 너무 화가 나서 리허설에 참여
할 수 없었어요."

"그럼 지금까지 어디에 있었던 기니?"

"중관촌(中關村) 서점에 가 있었어요."

"서점에서 무얼 했는데?"

"「모택동 전기(毛澤東傳)」를 찾아봤어요. 이런 상황에서 그분
은 어떻게 하셨는지 알고 싶어서요."

"그래서 무엇을 찾았니?"

"찾아보니, 그분은 저보다 훨씬 더 많은 비난에 시달렸더라
고요. 하지만 그 어떤 것도 자신의 목표를 향해 나아가려는 그
분의 의지를 꺾지는 못했어요. 저도 이제 많이 컸으니 여자애들
몇 명이 하는 말 따위에 흔들리지 않을 거예요."

"그럼 이제 어떻게 할 생각인데?"

"엄마가 메기 선생님께 전화를 좀 해주세요. 오후에 시간이
있으시냐고요. 아무리 생각해도 다른 사람의 말 몇 마디 때문

에 제 일을 망치면 안 될 것 같아요. 저는 리허설을 하러 갈 생각이에요.”

“그런데 왜 이제야 말하는 거니, 바로 이야기해주었으면 더 좋았을 텐데?”

“사실, 엄마를 보자마자 바로 털어놓고 싶었어요. 아무리 생각해도 오늘 일은 너무 불공평하잖아요! 하지만 다시 생각해보니 제 일 때문에 엄마를 걱정시키고 싶진 않았어요. 그런 일 때문에 점심을 맛있게 못 드시면 안 되잖아요. 하지만 결국 참지 못하고 이렇게 말씀 드리게 된 거예요.”

아이의 말을 다 듣고 나서 나는 바로 선생님께 전화해서 아이가 오후에 리허설을 할 수 있도록 했다.

그리고 그날 저녁 집으로 돌아와 잠자기 전 20분 대화를 하면서 낮에 있었던 일에 대한 각자의 생각과 느낌을 나누었다.

정결은 그 당시에는 너무 화가 났지만 일단 참았다고 했다. 그리고 점심을 먹으러 나를 만나러 왔을 때는 먼저 엄마가 식사를 잘 마치게 해야 한다는 생각뿐이었다고 했다. 엄마가 자신의 이야기를 듣고 기분이 안 좋아지면 밥을 제대로 못 먹을 것이 분명하기에 최대한 아무렇지 않은 척했다는 것이다.

나는 아이의 말에 진심으로 감동했다. 이제 11살밖에 안 된 아이가 불공평한 대우와 인신공격을 받고 화가 나서 뛰쳐나갔으면서도 결국 스스로 자신의 감정을 다스릴 방법을 찾아냈다는 것이 대단해 보였다. 만약 나에게 같은 일이 일어났다면 나 역시 아이처럼 마음을 다스릴 수 있었을까? 이것이 내가 감동한 첫 번째 이유다.

두 번째 이유는 아이가 엄마를 염려하는 마음에 보자마자 자신의 억울함을 털어놓지 않고 자신의 마음을 돌리려 노력했다는 점이다. 감정을 이 정도까지 절제하기란 정말 쉽지 않은 일이다.

스스로 크는 아이

부모는 아이 인생의 연출자라는 말이 있다. 아이가 18살이 되기 전까지 부모는 아이 마음에 이렇게 '생각의 씨앗'을 심어 주어야 한다. 이것이 바로 감성교육이다. 이를 통해 아이는 앞으로 인생을 어떻게 살아가야 할지 알게 된다.

감성 지수가 높은 아이의 특징 가운데 하나가 바로 이렇게 불공평한 일 앞에서도 자신의 감정을 다스릴 줄 알고 스스로 해결 방법을 찾아 나선다는 점이다.

불완전한 자신을 있는 그대로 받아들이고 스스로 감정을 조절하는 능력은 아이의 성장과 미래의 성공을 위해 매우 중요하다. 긍정적이고 건강한 마음을 지닌 사람은 부정적인 감정을 떨쳐내고 긍정적인 감정을 만들어 낸다. 그러다 보니 업무를 할 때도 효율적이고 창조적이며, 작은 일에 괴로워하지 않기에 대범하고 더욱 큰 생각을 할 수 있게 된다.

이렇게 감정을 조절하는 법을 익히는 것이 감성교육의 첫 번째 수련과제다. 이는 아이뿐만 아니라 부모도 연습해야 하는 부분이다. 만약 누군가와 갑자기 충돌하여 자신의 감정을 좀처럼 다스릴 수 없는 상황이라면 어떻게 해야 할까?

이럴 때 '3분 감정 조절법'이라는 3가지 방법을 사용하면, 주의를 분산시켜 감정을 조절하는 데 탁월한 효과를 볼 수 있다. 바로 종이 찢기, 시계추 바라보기, 손 털기가 그것이다.

첫째, 종이 찢기. 화가 나는 일을 모두 종이에 적고, 방으로 들어가 문을 닫은 뒤, 큰 소리로 낭독한다. 이렇게 가슴 속 답답함과 스트레스를 모두 해소한 다음 그 종이는 찢어 버린다.

둘째, 시계추 바라보기. 좌우로 움직이는 시계추에 눈을 고정시킨다. 그렇게 한동안 바라보고 있으면 불쾌한 감정에서 벗어날 수 있다.

셋째, 손 털기. 두 손을 들어 올리고 빠르게 턴다. 이는 스트레스를 해소시켜 다시 힘을 내게 해주는 효과가 있다.

'종이 찢기'의 경우 실행하는 데 시간이 좀 걸린다는 단점이 있다. 이것보다 좀 더 빠른 효과를 볼 수 있는 방법이 바로 '시계추 바라보기'다. 최면술사가 하는 것처럼 회중시계의 움직이는 시계추를 따라 눈을 계속 좌우로 움직이다 보면 어느새 내가 왜 화가 났는지 잊어버리게 된다. 물론 가장 빠르고 가장 큰 효과를 볼 수 있는 방법은 바로 '손 털기'다.

양손의 열 손가락을 모두 쫙 편 채 위로 들어 올리고, 눈앞에서 매우 빠르게 좌우로 흔들어 준다. 손에 감각이 없어질 정도로 흔들다 보면 어느새 마음이 한결 가벼워지는 걸 느낄 수 있다.

이 방법의 또 다른 장점은 당신이 이런 행동을 할 경우, 당신의 배우자나 아이가 즉시 다음과 같은 신호를 감지한다는 것이다.

"엄마가 지금 폭발 직전이니, 빨리 잘못을 인정해라."

다른 사람에게 피해를 주지 않는 아이로 키워라

(부모를 포함해서) 다른 사람에게 피해 주지 않는 아이로 키우는 것은 감성 교육에서 매우 중요하게 생각하는 부분이다. 예의 바름, 독립심, 인내심, 동정심 같은 훌륭한 성품이 모두 여기에서 비롯되기 때문이다.

나는 세계관이 급격하게 변하는 시기인 20대에 한국에서 엘리트 교육을 공부했다. 그리고 그곳에서 내 인생에 중요한 의미가 되는 사람을 만났고 소중한 경험도 많이 했다. 내 한국인 지도교수였던 양 교수님은 지금도 매년 우리 집을 방문한다. 이러한 경험들이 지금의 나를 만들었다고 해도 과언이 아니다.

또 나를 통해 한국의 문화가 우리 집으로 전해지고, 내 아이에게까지 영향을 주어서 아이의 행동습관 중 하나로 자리 잡았다.

예를 들어, 중국 부모들 대부분은 집에 돌아오면 아이에게 먼저 인사를 건네는 습관이 있다.

"우리 귀염둥이, 오늘 어떻게 지냈니?"

하지만 우리 집은 좀 다르다. 나와 아이는 집에 돌아오면 가장 먼저 부모에게 인사를 한다. 이는 한국 문화의 영향이기도 하고, 우리가 아이에게 효(孝)를 중시하는 마음을 심어주려고 일부러 시작한 일이기도 하다.

또한 우리 집에 온 손님이 집으로 돌아가려 하면 정걸이 반드시 하는 행동이 있다. 무엇을 하는 중이든 일단 자신이 하던 일을 멈추고 손님 앞으로 가서 허리를 굽혀 정중하게 인사하는 것이다.

"아저씨. 안녕히 가세요."

"이모. 안녕히 가세요."

정걸의 이런 모습은 본 친구들은 하나같이 아이가 정말 예의 바르다고 칭찬을 아끼지 않았다. 아이의 천재성과 상관없이 예의 하나로 이미 성공을 위한 기초를 다져둔 셈이다.

가정에서 배운 행동습관이 아이에게 주는 정신적인 영향은 아이의 인생에 소중한 재산이 된다. 세상에서 가장 무서운 것도 습관이고, 가장 귀한 재산 역시 습관이다. 일상생활에서의 작은 배움이 아이의 미래를 만들어 간다. 집에 돌아오면 먼저 부모님께 인사를 드리고, 손님이 가실 때 예의 바르게 배웅하는 등의 생활 습관을 길러주는 것이 모두 감성교육인 것이다.

이를 위해 부모가 반드시 해야 할 과제가 있다. 바로 아이에게 '다른 사람에게 피해 주기 않기'를 가르치는 일이다.

다른 사람에게 피해를 주지 않는다는 건 어떤 의미일까? 이는 무의식중에든 혹은 간접적으로든 자신의 어떤 행동으로 (부모를 포함한)다른 사람이 화를 내거나 걱정하거나 혹은 마음을 쓰지 않도록 노력하는 것이다.

일본 아이들은 어려서부터 예의 바르고 독립적이며 자신의 일을 스스로 해결할 줄 안다. 이는 이 아이들이 학교에 가서 배우는 〈사회생활 교육〉의 첫 번째 장, 첫 번째 절이 바로 '다른 사람에게 피해 주지 않기'이기 때문이다. 나 역시 아이가 어렸을 때부터 이렇게 말해왔다.

"얘야, 네 일로 엄마를 걱정시켜서는 안 된다. 너는 사내대장부니까 오히려 네가 엄마를 걱정하고 보살펴야 하는 거야."

이런 말을 자주 듣다 보니 아이 역시 엄마를 걱정시키거나 귀찮게 해서는 안 된다고 생각하게 되었다. 그 덕분에 "독립심이 강한 아이가 되어라, 네 일을 스스로 해결해라." 같은 말을 할 필요가 전혀 없었다(설사 그런 말을 한다 해도 어린 아이들은 이해하지 못할 수 있다). 자연스럽게 아이는 자신이 할 수 있는 모든 방법을 동원해서 혼자 문제를 해결하려고 노력하게 되었다. 심지어 이미 그렇게 하고 있으면서도 이렇게 묻기까지 했다.

"제가 어떻게 해야 엄마가 걱정하시지 않을까요?"

(부모를 포함한)다른 사람에게 피해를 주지 않고 자신이 할 수 있는 일은 스스로 하는 능력은 감성교육에서 매우 중요하다. 예의 바름, 독립심, 인내심, 동정심 같은 훌륭한 성품이 모두 여기에서 비롯되기 때문이다.

일상생활의 소소한 부분에 관한 것이다 보니, 비교적 간단한 일처럼 들릴 수도 있다. 하지만 이렇게 사소해 보이는 작은 행동이 매 순간 아이의 성장에 중대한 영향을 끼친다는 점을 명심해야 한다.

'다른 사람에게 피해 주지 않기'가 효와 예의를 가르쳤을 때 어떤 영향을 끼치는지는 이미 여러 차례 언급했기에 더 이상 말할 필요가 없다고 생각한다. 이제 우리 집에서 일어났던 몇 가지 사례를 통해, 아이가 '다른 사람에게 피해 주지 않기'라는 말을 이해했을 때, 아이의 독립심, 강인함, 공감능력 등의 감성이 어떻게 자라났는지 함께 확인해보자.

먼저 독립심에 관한 사례인데 아이가 11살 때 박물관에 갔다가 겪은 일이다.

당시 우리 모자는 주말마다 함께 북경의 박물관을 둘러봤다. 처음에는 동행이 필요할 거라 생각해서 아이와 함께 갔는데 막상 박물관에 도착하면 각자 관심 있는 물건들을 둘러보느라 그다지 대화를 하지 않았다. 예를 들어 아이는 신분이 높은 사람

들이 사용했던 귀한 물건에 관심이 많았기에 황실 의식에 사용
됐던 청동 그릇 같은 물건을 구경하기 좋아했다. 나는 다른 여
자들과 마찬가지로 아름다운 옥그릇이나 옷, 장신구 등에 관심
이 많았다. 그렇기에 우리는 함께 박물관에 가서도 서로 일체
간섭하는 일 없이 각기 다른 전시실로 향했다. 물론 사전에 언
제 어디서 다시 만날지에 대한 약속을 해 두었다.

그런데 사실 가끔 나는 몰래 아이를 따라다니며 관찰했다.
11살의 아이가 박물관에서 어떻게 행동할지 궁금해서였다. 의
외로 아이는 혼자서도 열심히 관람했고 누군가 전시품과 관련
된 설명을 하면 함께 끼어서 듣기도 했다. 그리고는 점심때가
되면 늘 약속한 시간보다 먼저 와서 나를 기다렸는데, 엄마를
기다리게 하고 싶지 않아서라고 했다.

가끔은 내 친한 친구들과 함께 단체관람을 하기도 했는데 언
제나 정걸이 대장을 맡곤 했다. '김 대장'이라는 호칭은 이때부터
생겨났다. 아이의 주 임무는 출발 전에 계획을 짜는 것이었다.

예를 들어, 이번 주 토요일에 국립박물관에 갈 예정이면 아
이는 오도구(五道口)에서 출발해서 오전 9시에 박물관에 도착
하고 오후 5시쯤 돌아온다는 일정을 짰다. 또 교통비나 음식비
같은 경비를 계산하고, 점심때는 박물관 밖으로 나오지 않을 것
이므로 점심밥으로 어떤 음식을 준비할지를 결정했다. 또한 박
물관에 도착해서는 함께 지킬 규칙을 정했는데 예를 들어 몇 시
에 어디에서 다시 모일지를 결정했다.

이렇게 하다 보니 아이는 9살도 되기 전에 이미 자신의 '대원'
들을 보살필 줄 알았다. 한 번은 양 교수님이 북경에 여행을 오
서서 우리와 함께 움직이게 되었는데 '75살의 지혜와 5살의 마
음'을 가진 분이셔서 그런지 그야말로 정걸의 모범 대원이 되어
주셨다. 매번 약속 시간에 딱 맞추어 정걸 앞에 나타났기에 늘

'김 대장'의 칭찬을 받았던 것이다.

"양(梁) 할아버지는 가장 훌륭한 대원이에요. 다른 사람에게 피해를 주는 일도 없고, 약속한 시간에 맞추어 집합장소에 와서 항상 다른 사람들을 기다려요. 다른 대원들을 양할아버지를 본받으세요. 특히 엄마요."

다음은 강인함에 대한 사례로 아이가 처음으로 혼자 여행을 갔던 일이다.

정결은 7살 때 처음으로 혼자 집을 떠나 상해 여행단에 참가했다. 아이가 혼자 가기로 결정하고 나서 우리는 여행에 필요한 사항들에 대한 부분들을 목록으로 작성하기 시작했다.

아이가 다양한 문제 상황에 부딪혔을 때 어떻게 해결해야 할지 알려주는 목록이었는데, 예컨대 호텔 방문은 어떻게 잠그는지 같은 것이었다. 나는 아이에게 가능한 모든 문제 상황을 떠올려 보라고 했다.

아이가 처음으로 '어떻게 해야 엄마를 안심시킬 수 있어요?'라고 물어본 게 바로 이때였다. 그래서 나는 먼저 기차에서 내려서 가이드 누나의 전화로 엄마에게 전화하고, 매일 저녁 그 누나의 전화로 집에 전화를 걸면 우리는 네가 잘 있다는 걸 알고 안심할 거라고 말해주었다. 또한 여행지에 가서는 가이드 누나의 손을 꼭 잡고 절대 헤어지지 말라고 당부했다. 그러자 아이가 화장실에 갈 때는 어떻게 하느냐고 묻기에 가이드 누나에게 화장실 입구에서 기다려 달라고 부탁하라고 알려주었다. 네가 이 두 가지만 잘 지키면 엄마는 전혀 걱정하지 않을 거라고 말해주었다.

그리고 또 하나, 어떤 상황에서든 절대 당황하지 말고 자신을 잘 챙겨야 하며 절대 가이드 누나에게 폐를 끼쳐서는 안 된다고 신신당부했다. 그렇게 해서 아이는 혼자 기차를 타고 상해로 떠났다.

상해에서 돌아온 날 아이는 전혀 고생한 흔적이 없었으며 오히려 무척 즐거워 보였다. 그리고 잠시 후 가이드가 전화해서 이렇게 말했다.

"김정걸은 여행 기간 내내 정말 훌륭한 모습을 보여줬어요."

가이드 말에 따르면, 아이는 매일 아침 제일 먼저 일어나서는 방문을 차례대로 두드려서 다른 사람들을 깨웠고, 아침 식사 티켓도 나누어 주었다고 했다. 그리고 여행지에 갈 때든 호텔로 돌아올 때든 가장 먼저 버스에 탔다고 했다. 여행 내내 다른 사람에게 한 번도 피해를 준 적이 없기에 자신이 돌봐줄 필요가 전혀 없었다는 이야기였다.

마지막으로 공감 능력에 관한 사례로 아이와 동네 택시기사 사이에 있었던 일을 소개하도록 하겠다.

정걸은 11살에 고등학교에 진학했다. 학교가 창평(昌平)에 있다 보니 기숙사 생활을 했는데 매주 한 번 집에 올 때는 주로 택시를 이용했다. 그런데 한 번은 아이가 택시를 타고 요금이 45위안이 나왔는데, 50위안을 주고 왔다는 것이 아닌가. 그 이유를 물으니 택시를 타고 오면서 기사 할아버지와 이야기를 나누었는데 생활이 너무 어려우신 것 같아 5위안을 더 드렸다고 했다.

그 이후로 나는 우리 동네에서 그 택시 기사와 자주 마주쳤는데, 그 기사는 신기하게도 매번 우리에게 택시비를 적게 받았다.

어느 날 우리 집에서 아이 학교까지 택시를 타고 갔는데 35위안만 달라는 것이었다. 놀란 나는 5위안 덜 받는 걸로 이미 충분하다고 말했다. 그러자 기사가 웃으며 이렇게 말했다.

"저는 당신네 아이를 정말 좋아합니다. 함께 택시를 타고 가면서 이야기를 나누면 얼마나 즐거운지 몰라요. 저는 정말로 기름 값만 받고 태워다 주고 싶은 마음입니다."

대인관계가 원만한지, 그렇지 않은지는 그 사람의 감성지능을 보여주는 중요한 증거다. 정걸이 처음 만난 택시기사와 좋은 관계를 유지할 수 있었던 데에는 다음과 같은 중요한 이유가 있었다.

첫째, 아이는 먼저 5위안을 더 주는 용기를 냈다. 비록 적은 돈이지만 상대방을 신뢰하고 돕기를 바라는 진실한 마음을 가졌다는 뜻이다.

둘째, 직업에 따라 사람을 차별하지 않았다. 아이는 택시에 타서도 '다른 사람에게 피해 주지 않기'라는 행동원칙을 한결같이 지켰을 것이다. 차에 타면 기사에게 예의 바르게 인사를 하고, 차 문을 가볍게 닫은 다음 자연스럽게 이야기를 나누었을 것이다. 차에서 내릴 때도 차 문을 부드럽게 닫은 후, 만약 길가에서 택시를 기다리는 사람이 있다면 불러서 이 택시 기사가 운전을 잘하니 타고 가라고 말해주었을 것이 분명하다.

그리고 아이의 그러한 진심어린 행동이 그 기사의 마음에 감동을 주었을 것이다.

아이와 부모의 '비밀언어'

가족끼리만 사용하는 '비밀 언어'를 만들고, 아이와 함께 행동의 '한계선'을 정해보자. 아이는 이 '비밀 언어'가 들릴 때마다 자신의 행동을 바로잡으려 노력할 테고 결국 나쁜 습관을 고치게 될 것이다.

아이는 11살이 되고부터 나를 감동시키거나 혹은 깊이 고민하게 만드는 말을 자주 했다. 그중 가장 인상 깊었던 말은 나를 이렇게 평가한 것이다.

"엄마의 가장 큰 장점은 '자연스럽다'는 점이에요."

그 순간, 나는 아이가 정말 나를 잘 파악하고 있다는 생각이 들었다. 실제로 나는 줄곧 '자유분방한 사람'을 동경해왔다.

나는 집에서 "우리 대자연으로 돌아가자!"라는 말을 자주 한다. 다른 사람들은 이 말이 무슨 뜻인지 모르겠지만, 우리 가족들은 모두 잘 알고 있다. 이것이 바로 우리 가족만의 '비밀 언어'이기 때문이다. 이 말은 자신을 괴롭혀가며 굳이 억지로 힘들게 하지 말고, 자신이 좋아하는 방식대로 자연스럽게 하자는 뜻이다.

우리 가족은 어떤 상황에서든 이 말이 들리면 그 속에 담긴 의미를 금세 알아채고 행동을 바꾼다. 만약 내가 공부하는 아이에게 이 말을 하면 그건 힘든 자세로 버티느라 애쓰지 말고 가장 편하게 하라는 의미다. 이 순간에는 방바닥에 누워서 책을 보는 것도 허용된다.

나는 비교적 개방적인 엄마라 아이의 '대자연'적인 행동을 대부분 이해해주지만, 나 역시 분명한 '한계선'이 있다. 예를 들어, 나는 어려서부터 늘 온화하게 말하는 부모님을 보아왔기 때문에 집이라는 평온한 '낙원'에서 누군가 갑자기 목소리를 높이는 것을 용납하지 못한다. 그래서 아이가 가끔 극도로 흥분해서 자신도 모르게 목소리가 커질 때면 나는 다음과 같은 방법을 사용했다. 우선 아이를 뚫어져라 쳐다보면서 눈도 깜빡이지 않고 아무 말도 하지 않는다. 그리고 아이가 나에게 집중하면 낮은 목소리로 이렇게 말한다.

"여기가 엄마의 한계다."

그러면 아이는 자신의 목소리가 너무 커서 엄마의 '한계선'을 건드렸다는 걸 바로 알아차리고는 다시는 크게 소리치지 않는다. 이것이 습관이 되다 보니 집에서뿐만 아니라 밖에서 다른 사람과 이야기를 할 때도 늘 조심하게 되어 '겸손한 아이'라는 칭찬을 들었다.

부모와 자식 간의 효과적인 커뮤니케이션 역시 감성교육에서 꼭 필요한 부분이다. 이를 위해 행동의 '한계선'을 정하고 서로의 '비밀 언어'를 만들면 아이는 그 말을 듣는 즉시 자신의 잘못을 깨닫는다. 그리고 차츰차츰 자신의 행동을 수정하기 시작해서 결국 나쁜 습관을 버리게 된다.

내가 가르쳤던 학생 중에 소우(小優)라는 아이가 있었다. 이 아이는 각종 잠재력 테스트에서 좋은 결과를 받았는데 유독 학교 성적은 좋지 않았다. 아이에게 나쁜 습관이 하나 있었기 때문인데, 소우는 선생님이 수업을 시작하면 늘 친구와 수다를 떤 반면, 수업이 끝나면 오히려 말을 하지 않았다. 보다 못한 이 아이의 엄마는 나에게 일대일 상담을 요청했다. 나는 우선 아이의 상황에 대해 설명을 듣고 단둘이서 이야기를 나누었다.

"소우야, 너는 너희 선생님이 너를 좋아하길 바라니?"

그러자 아이는 당연히 그렇다고 했다.

"그럼 내가 너에게 글자 두 개를 알려줄게, 네가 이 글자대로만 하면 분명히 너희 선생님이 다시 너를 좋아하게 될 거야."

아이는 그 글자 두 개가 무엇이냐고 물었다.

"그 글자가 무엇인지는 지금 가르쳐 줄 수 없단다. 네가 돌아가서 직접 찾아보렴. 큰 덕을 지닌 고승(高僧)들이 사는 곳에 가면 이 두 글자가 항상 쓰여 있단다. 뒤의 글자는 '어언(語言, 언어)'의 '어(語)'야. 앞글자가 무엇인지는 스스로 찾아보길 바란다."

아이는 그렇게 하겠다고 했다.

그리고 그 다음 날, 나에게 와서는 이렇게 말했다.

"선생님이 말한 두 글자가 '지어(止語)' 맞지요?"

나는 그렇다고 하면서, 아이에게 이 두 글자의 의미를 설명해주었다. "이 말은 '말해야 할 때 말하고, 말하지 말아야 할 때는 말하지 않는다.'라는 뜻이란다." 그러면서 이 글자대로 실천할 수 있겠느냐고 물었다. 아이는 조금 망설이더니 이렇게 답했다.

"조금 어려울 것 같아요."

그때 나는 아이에게 이런 말을 해주었다.

"네가 변하기를 원하는 순간 이미 네 마음은 열려 있는 거란다. 실제로 그렇게 할 수 있든 없든 변하려는 마음이 있다는 것 자체가 이미 네가 더 나아졌다는 증거야. 그러니 천천히 한 번 시도해보렴. 첫째 날은 열 마디 말하고 싶은 걸 다섯 마디만 하는 거야. 그렇게 조금씩 줄여나가다 보면 언젠가는 '지어'를 이룰 수 있을 거야. 그렇게 되었을 때 네가 얼마나 대단한 아이인지 깨닫게 될 거다."

또 나는 한 가지 비유를 들어주었다.

"사내대장부는 말이 많아서는 안 된다. 동방불패(東方不敗)나서문취설(西門吹雪)에 나오는 고수들을 보렴. 그들이 수련할 때나 적수를 만났을 때 말을 했니? 단 한마디도 하지 않았어. 그저 눈빛 하나로 단번에 상대를 제압해버리지."

무협영화를 좋아하는 아이는 이런 내 말에 꽤나 흥미를 보이는 눈치였다. 대화를 마무리하면서 나는 아이에게 노트를 한 권 주었다. 그 노트에는 이런 말이 적혀 있었다.

'소우야, 너는 '지어'할 줄 아는 진정한 사내대장부다. 선생님은 너를 믿는다! 이 문제만 잘 해결하면 네 인생은 분명히 더욱 멋져질 거다.'

이때부터 '지어'는 우리 둘의 '비밀 언어'가 되었다. 그러다 보니 서로 더욱 가까워지게 되었고 아이는 나와 계속 이야기하기를 희망했다. 내가 아이의 마음에 '닻'을 내린 것이다.

내가 "우리의 두 글자를 잊지 마라."라는 말만 꺼내도 아이는 즉시 알아차리고 이렇게 말했다. "네, '지어' 할게요. 저 자신을 극복하고, 말하지 않으려 노력해 볼게요."

아이의 엄마는 어떻게 글자 두 개로 아이를 그렇게 크게 변화시킬 수 있느냐며 무척 신기해했다. 자신의 아이는 원래 집에 돌아왔을 때 가족이 무언가를 하고 있으면 꼭 끼어들어서 참견했는데, 지금은 "지어, 지어!"하고 중얼대면서 들어가서는 숙제 같은 자기 할 일에 집중한다면서 말이다.

나는 이 엄마의 물음에 이렇게 답해 주었다.

"그건 아이가 다른 부분에서는 아무런 문제도 없기 때문입니다. 그 한 가지만 고치면 다른 모든 것이 좋아질 거라고 일깨워 주었더니 아이가 스스로 자신을 통제하기 시작하더군요. 아이를 믿어주셔야 합니다. 만약 못 믿으시겠다면 여름방학 때까지 기다려보세요. 그때쯤이면 아이가 분명히 달라졌을 겁니다."

장난을 치고 시끄럽게 떠들어 대는 건 비단 소우만의 습관은 아니다. 우리 집 아이 역시 가끔 극도로 흥분할 때면 목청 껏 큰 소리로 떠들어 대곤 한다. 나는 정걸에게도 '지어'라고 쓴 쪽지를 건네주었고, 그때부터 아이는 최대한 자기를 억제하기 시작했다.

이것이 바로 자기반성이자 스스로 자신의 행동을 바꾸어 가는 능력이다. 아이가 변하지 않는다고 탓하기 전에, 아이에게 스스로 변할 수 있다는 것을, 또 부모가 그렇게 믿고 있다는 것을 알려주어야 한다.

이러한 자기반성 능력은 자제력, 의지력 등과도 연관이 있다.

예전에 정걸이 아이 패드를 잃어버린 사건이 있었다. 그때 아이는 집에 돌아오자마자 나에게 이렇게 말했다.

"엄마, 정말 죄송해요, 제가 축구를 하다가 물건을 하나 잃어 버렸는데……."

그때 나는 아이가 자기반성을 한다는 사실이 대단하게 느껴 져서 물건을 잃어버린 과거의 일 따위는 아무래도 좋았다. 그래서 나는 아이에게 그런 실수는 누구나 다 하는 것이니 더 이상 이야기할 필요가 없다고 말해주었다. 그러자 아이가 이렇게 물었다.

"근데 엄마, 제가 무얼 잃어버렸는지 왜 묻지 않으세요?"

나는 이렇게 답했다.

"무얼 잃어 버렸든 상관없다. 엄마는 네가 이렇게 무사히 돌아온 걸로 충분하다."

이것 역시 우리의 '비밀 언어'다. 내가 이렇게 말하면 아이는 엄마가 진심으로 자신을 이해했다는 사실을 알아차린다. 그리고 자신이 스스로 한 일에 책임을 지고 반성해서 앞으로 같은 잘못을 반복하지 않으리라는 걸 믿는다는 의미라는 것도 알아차린다.

아이와 함께 '꿈 게시판'을 만들어라

가장 걱정해야 할 일은 아이가 집중력이 없는 것도 공부를 못하는 것도 아니다. 바로 꿈이 없고 목표가 없는 것이다.

아이가 세상에 태어났을 때 가족들은 이 천사 같은 작은 생명을 바라보며 마냥 기뻐했다. 그때는 아이가 건강하고 행복하게 자라주는 것 외에는 그 어떤 바람도 없었다. 하지만 아이가 점점 성장하면서 우리는 아이의 미래를 위해 사랑 말고 또 어떤 것을 줄 수 있을지 고민하기 시작한다.

우리 아버지는 인내심을 키워주려고 하셨고, 나는 아이에게 꿈을 주고자 했다.

러시아의 유명한 소설가 막심 고리키(Gorky)[01]는 이런 말을 했다.

"추구하는 목표가 높을수록, 재능은 빠르게 발전한다."

나는 심리학을 공부했고 10년 넘게 엘리트 교육을 연구해 온 사람으로서 이 말에 깊이 동감한다. 가슴속에 바라는 것이 있으면 무슨 일이든 용감하게 해낼 수 있는 법이다. 가장 걱정해야 할 일은 아이가 집중력이 없는 것도 공부를 못하는 것도 아니다. 바로 꿈이 없고 목표가 없는 것이다.

어린 시절 아이에게 꿈을 심어주는 일은 부모가 반드시 해

---

01) 막심 고리키(Maxim Gorki) : 러시아 사회주의 리얼리즘을 창시한 소설가.

야 하는 필수 과제 중 하나다. 비록 아이의 꿈이 실현 불가능할 정도로 크다 하더라도 그것 역시 아이가 성장하는 데 원동력이 된다.

정걸이 어렸을 때 우리는 농담 삼아 아이를 '김 총리'라고 불렀다. 그 당시 우리는 남자아이가 평생에 걸쳐 이루어야 할 것은 바로 '영광'이며, 자신을 영광스럽게 할 뿐만 아니라 가족과 국가를 영광스럽게 해야 한다고 생각했다. 그래서 아무리 어린 아이라도 반드시 이런 책임감을 지녀야 한다고 여겼다. 이렇게 긍정적인 신념을 심어주면 아이는 어떤 문제 상황에 부딪혀도 "나는 미래에 총리가 될 사람이다. 그렇기에 해서는 안 되는 일이 있고, 따지지 않고 꼭 해야만 하는 일이 있다."라고 생각하게 될 테니 말이다. 자연스럽게 남다른 마음가짐과 행동양식을 지니게 되는 것이다. 설사 끝내 총리라는 꿈을 이루지 못한다 하더라도 아이에게 전혀 해가 될 것이 없었다.

그렇다면, 아이가 꿈을 가지게 하기 위해 부모는 무엇을 해야 할까?

가장 먼저 할 일은 아이와 꿈에 대해 이야기를 나누는 것이다. 단, 이때 아이에게 어떤 꿈을 가져야 한다고 명령하거나 요구해서는 안 된다. 이는 부모가 원하는 것이지 아이가 원하는 것이 아니다. 그리고 아이의 타고난 성향에 맞게 지도해 주어야 한다.

나는 경축일 같은 특별한 날을 기회로 삼아 아이와 꿈에 대해 이야기를 나눴다. 또 아이가 어떤 성과를 이루면 이렇게 묻곤 했다.

"자, 다음 계획은 무엇이니?"

그러면 아이는 자연스럽게 자신의 미래에 대해 생각했다.

정걸이 학교에 들어간 후부터 우리는 매년 어린이날이 되면 아이를 위한 선물을 준비했다. 그리고 아이에게 선물을 주면서 이렇게 물었다.

"어린이날을 축하한다. 어린이날도 되었으니 우리 한 번 상상해볼까? 미래에 네가 이루고 싶은 꿈은 무엇이니? 엄마는 이런 꿈이 있단다. 내년에 미국에 가서 네가 미래에 다니게 될 대학에서 며칠 지내면서 네 미래의 생활을 미리 느껴보는 거야."

아이는 내 말에 자극을 받았는지 미래의 인생목표를 생각하기 시작했고 하나하나 적어 나갔다.

다음은 정걸이 10살 어린이날에 적은 꿈 목록이다.

① 나보다 뛰어난 전문가와 함께 투자를 한다(워런 버핏Warren Edward Buffett이나 찰리 멍거Charles Thomas Munger 같은 사람들과 팀을 이룬다).

② 세계 모든 나라의 수도에 집을 한 채씩 마련한다.

③ 다른 나라가 빈곤에서 벗어나도록 돕는다.

④ 화목한 가정을 꾸린다.

⑤ 재단을 창립한다.

⑥ 초등학교, 중고등학교, 대학교를 설립한다.

⑦ 국제적인 무역회사를 세운다(이 목표를 세운 이유는 자신이 현재 외국어를 세 가지 할 수 있기에 국제적인 일을 하는 데 유리하기 때문이라고 했다).

⑧ 100살까지 산다(한 집에 4대가 모여 살면 정말 행복할 것 같아서 세운 목표라고 했다).

⑨ 미국대학에 진학한다. 하버드대학에서 박사학위를 취득한다.

⑩ 세계 평화 대사가 된다(이건 또 무슨 이유에서 적었느냐고 물으니, 세계가 평화롭지 않으면 돈을 아무리 많이 벌어도 소용없기 때문이라고 말했다).

아이의 꿈 목록을 본 뒤 내가 다시 물었다.

"모두 멋진 꿈이구나. 그런데 만약 미래의 어느 날 이 모든 것이 이루어진다면, 그다음에는 어떻게 할 거니?"

그러자 아이는 다시금 성공한 이후에 하고 싶은 일에 관한 목록을 만들었다.

① 50명의 학생을 내가 설립한 학교에서 무료로 공부하게 해준다.
② 언론사를 세운다(언론사는 왜 세우느냐고 물으니, 무역회사로는 역부족이며 언론매체가 있어야 더 많은 사람에게 영향을 줄 수 있기 때문이라고 했다).
③ 유엔 자선재단에 매년 100달러씩 기부한다.
④ 매년 가수 10명과 계약한다(이건 광고비를 절약하기 위해서라고 했다).
⑤ 매년 100만 위안을 빈곤 지역 초등학교에 기부한다.
⑥ 큰 집 두 개를 사서 형제들이 살 수 있게 한다(이 집은 자신의 직원이 살 곳이 아니라, 엄마가 퇴직하고 나서 입양한 아이들이 살 곳이라고 했다).

아이의 목표 목록을 보면서 나는 아이가 생각이 넓을 뿐만 아니라 상상력 또한 풍부하다고 느꼈다. 아이는 학업, 생활, 사업, 자선 및 공익사업 등 다양한 방면에서 꿈을 가지고 있었다. 물론 10살 아이의 꿈이다 보니 지나치게 이상적인 부분이 있긴 하지만, 인생의 큰 방향이나 장기적인 목표로 여기면 될 것 같았다.

아이의 꿈을 현재의 성장과 좀 더 밀접하게 연관시키려면 아이 자신이 가장 바라는 목표를 단계적으로 자주 설정해보게 해야 한다. 매년, 매월, 심지어 매주 목표 목록을 만들어서 하나하나 실천해 나가게 한다. 이렇게 한 달이 지나고 6개월, 1년, 3년, 5년이 흐르다 보면 어느 순간 미래의 자신이 되어 있을 것이다.

그렇다면 아이는 어떤 목표를 가져야 할까?

12살 이전의 아이라면 다음과 같이 분류해서 목표를 정하도록 도와준다. 학습목표, 경제적 목표, 정신적 목표, 건강 목표가 바로 그것이다.

정결이 고등학교에 진학한 11살 때부터 우리는 매년 1월1일이면 함께 앉아서 각자의 목표를 세우곤 했다. 나는 먼저 내 올해 목표를 종이에 적은 다음, 아이에게 보여주면서 이렇게 물었다.

"새로운 한해가 시작되었구나. 올해 새로운 계획이 있다면 엄마에게 알려주겠니?"

아이는 내 목표 목록을 보더니 역시 무언가를 줄줄 적어 내려갔다. 나는 먼저 아이에게 이렇게 일러주었다.

"네가 쓴 목표를 엄마가 보기는 하겠지만, 그 어떤 질문도 하지 않을 거란다. 어떤 목표를 정할지는 전부 네 자유다."

그런 내 말에 아이는 한결 마음이 가벼워졌는지 신나게 목록을 작성해 나갔다.

아이가 13살이 된 2012년에 작성한 목표의 목록은 다음과 같다.

1. 학습 목표:

　연말까지 토플 100점 받기

2. 경제적 목표:

　A. 투자나 시합을 통해 6만 위안 벌기

　B. 아동심장병재단에 5천 위안 기부하기

3. 정신적 목표:

　A. 올 한해 책 1,000권 넘게 보기

　B. 음악회, 전람회에 각각 6번씩 참가하기

　C. 7월에 미국, 8월에 일본과 한국 가서 각각 15일씩 공부하기

4. 건강목표:

　건강지수 6만 넘기(중국의 건강표준 지수는 5만이다)

아이가 이렇게 목표를 정할 때 일정 부분에서 부모의 지혜나

도움이 필요할 수 있다. 이때 절대 강요해서는 안 되며, 어디까지나 자연스럽게 전해주는 방식이어야 한다.

먼저 학습목표에 관해서인데 나는 아이의 행복이 우선이라는 생각에 한 번도 다른 아이와 비교해본 적이 없다. 또, 아이에게 이런 말도 해본 적이 없다.

"다들 공무원 시험을 준비하니 너도 그 시험을 준비해라." 또는, "다들 하버드 대학을 목표로 하니 너도 그렇게 해라."

짧은 인생에서 다른 사람의 목표를 자기 목표로 삼는 것은 다른 사람의 삶을 살며 자신의 생명을 낭비하는 것이나 다름없다. 중요한 건 아이가 진정으로 이루기를 원하는 목표가 무엇인가 하는 점이다.

경제적 목표에 관해서는 아이가 돈의 지배를 받는 사고방식이 아니라, 돈을 다스릴 줄 아는 도량을 키우도록 지도했다. 합법적이기만 하다면 아이가 어떤 방법으로 돈을 벌든 상관없었다. 중요한 건 그 돈을 어떻게 올바르게 사용하느냐다.

우리 아이는 돈을 벌면 가장 먼저 기부부터 하는 습관이 있는데, 매년 자신이 번 돈의 대부분을 공익사업에 기부해왔다. 나는 이것을 무척 기쁘게 생각한다. 사회를 위해 자신이 가진 사랑을 나눌 줄 안다는 건 훌륭한 일이기 때문이다.

정신적 목표에 관해서는 부모가 먼저 '모범'을 보이고 아이와 함께 '나누는 것'이 중요하다고 생각한다. 그래서 나는 책 읽기에 관해 다음과 같은 계획을 세웠다.

'2012년 한 해 동안 500권의 책을 읽고 나서 그 가운데 재미있다고 생각되는 50권을 골라 아이에게 추천해준다.'

책 외에도 매년 이런 목표도 세웠다.

'올 한해 최소한 50회 이상의 강연을 들은 뒤 그 내용을 잘 필기해 두었다가 아이와 공유한다.'

이렇듯 정신적 목표를 이루는 방법은 다양하므로 아이에게 독서만을 강요하는 것을 바람직하지 않다. 우리 아이 역시 매월 음악회나 전람회를 각각 한 차례 이상 다녀오는 걸 목표로 삼고 꾸준히 그 즐거움을 누리고 있다.

이전에 아이가 미국에서 공부하다 돌아왔을 때, 내가 그곳에서 느낀 바가 무엇인지 물어본 적이 있다. 그때 아이의 대답 가운데에 이런 말이 있었다.

"예전에는 자본주의 국가의 미국인들은 돈 버는 것과 야근밖에 모른다고 생각했어요. 그런데 직접 가서 보니 오후 5시가 넘으면 다들 브로드웨이로 가서 오페라를 보거나 음악을 감상하더라고요. 물질적인 것 외에도 정신적으로도 무척 풍요로워 보였어요."

보아하니 아이는 더욱 큰 정신적인 목표를 세운 것 같았다.

건강목표에 관해서는 다음과 같이 간단히 이야기해 볼 수 있다. 우리 아이는 어려서부터 '가만히 있기'와 '움직이기'를 모두 좋아했다. 예를 들어 차분히 앉아 바둑을 둘 줄 알면서 태권도 연습도 꾸준히 했고 고등학생이 돼서는 매일 1시간 넘게 공을 차기도 했다. 그러다 보니 담임선생님이 아이에게 운동시간을 조금 줄이는 게 어떠냐는 제안을 할 정도였다. 선생님은 그렇게 하면 성적이 더욱 좋아질 거라고 했지만 놀랍게도 아이는 자신에게는 점수보다 즐거움이 더욱 중요하다고 대답했다.

자, 이제 아이가 목표를 세웠다면 그다음에는 어떻게 해야 할까?

부모가 알고 있으면 되는 걸까? 당연히 그렇지 않다. 목표를 세우는 이유는 바로 실천하기 위해서다. 목표를 세우고 그대로 누워 잠만 자는 사람은 아무도 없다.

그러면 어떻게 실천해야 할까?

꿈 게시판을 만들면 목표를 더 명확하게 시각화하는 효과가 있다. 이는 아이가 꿈을 실현하는 데 많은 도움을 준다. 자신의 목표를 하나하나 구체적으로 꿈 게시판에 적은 다음 잘 보이는 곳에 걸어두면, 시간이 지나면서 목표가 점점 희미해지는 것을 막을 수 있다.

우리 아이의 경우, 꿈 게시판을 만들어서 자기 방의 가장 왼쪽 벽에 걸어두었다. 그리고 매일 아침 일어나자마자 자신이 오늘 무얼 해야 하는지 확인하곤 했다. 거기에는 구체적인 항목이 한가득 채워져 있었는데, 예를 들어 자신이 돈을 벌어서 사고 싶은 물건의 사진을 붙여놓는 식이었다. 구체적으로 사고 싶은 자전거 사진이나 보러 가고 싶은 음악회 포스터가 붙어 있기도 했다. 그렇게 반복적으로 자신의 목표를 바라보면서 끊임없이 자극을 받다 보면 그것이 자신을 움직이는 원동력으로 작용하게 된다.

목표를 실천하게 만드는 또 하나의 효과적인 방법은 바로 '대중적인 약속'을 하는 것이다.

가능한 많은 친구가 자신을 감독하고 응원한다면 그것 또한 목표를 이루는 힘이 된다. 그러한 맥락에서 나는 내 꿈 게시판을 만들어서 내 방이 아닌 아이의 방에 걸어 두었다. 아이가 바로 '내 꿈의 증인'이기 때문이다.

이렇게 부모는 아이 앞에서 그리고 아이는 부모 앞에서 목표를 세움으로써 서로 도울 수 있다.

부모는 아이에게 목표를 세우라고 요구하기 전에 먼저 자신의 목표를 정해야 하며 그것을 반드시 이루어내야 한다! 나는 13년간 엄마로 지내면서 아이에게 바라는 일이 있으면 먼저 나부터 그것을 실천하기 위해 노력해왔다. 알고 보면 부모가 모범을 보이는 일은 그리 어렵지 않다.

　이렇게 아이는 자신의 꿈과 목표를 구체화하면서 자신이 꿈꾸는 성공적인 삶에 조금씩 다가가는 것이다.
　다음은 2013년 정걸이 고등학교를 졸업하면서 만들었던 '꿈 게시판'이다.

<나의 꿈 게시판>

　인생은 산과 같다. 높은 봉우리가 있는가 하면 깊은 골짜기도 있다. 그래도 나는 언제나 다음과 같은 사람이 될 것이다. 지혜로운 사람, 선량한 사람, 운동을 사랑하는 사람, 에너지가 넘치는 사람, 조국을 사랑하는 사람.

학습목표:

① 대학의 모든 수강 과목에서 B+이상 받기

② 아이비리그(Ivy League)에서 석사 학위 받기

③ 하버드대학에서 박사 학위 받기

사업목표:

① 세계적인 대기업의 CEO 되기

② 중국에 도움이 되는 기업 창설하기

③ 국제적인 자선사업에 참여하기

생활목표:

① 세계 최고의 스포츠카 10대를 보유한 차고 마련하기

② 친구들과 함께 생활할 수 있는 별장 단지 짓기

서명: 김정걸 / 일시: 2013년 7월 / 증인: sing

아이의 꿈 게시판을 통해 나는 아이가 점점 성장하면서 자신의 진짜 꿈을 완성해 나가는 모습을 확인할 수 있다. 비록 지금의 그 꿈은 그동안 여러 차례 수정되어오면서 처음에 적었던 유치한 꿈과는 완전히 다르게 변했지만, 그 안에는 아이가 어린 시절 가졌던 유치하고 이상적이기만 한 꿈의 흔적이 여전히 남아 있다.

그 흐릿하고 어설프기만 했던 꿈이 결국 아이가 진정한 꿈에 닿도록 만들어 줄 것이다.

왕과 거지 체험

아이가 '성년'이 된 것(고등학교 졸업)을 축하하는 의미에서 2013년 노동절 연휴 때 나와 아이는 태국여행을 떠났다. 그곳에서 2주 동안 편안하게 지내면서 몸과 마음을 쉴 수 있었다.

우리는 방콕의 설용장(說榕樁) 호텔에 머물며 5성급 호텔보다 훌륭한 서비스를 받고 깜짝 놀라기도 하고 또 한없이 행복해 하기도 했다. 예를 들어 우리의 호텔방 안에는 차를 마시면서 쉴 수 있는 별도 공간이 마련되어 있어서, 매일 오후가 되면 방안에서 여유롭게 티 타임을 즐길 수 있었다. 또 매일 아침 눈을 떠 보면 옷이 정성스레 개여 있었고, 매일 다른 꽃과 과일이 우리를 기다리고 있었다……. 아이의 표현을 빌리자면 이번 여행은 그야말로 '왕의 삶'을 만끽하는 여행이었다.

2주간의 왕 같은 생활은 감탄과 감사함 외에도 우리가 자신을 돌아보며 여러 가지 생각을 하는 기회가 되었다.

첫째, 만족이란 우리가 원하는 모든 것을 기대치 이상으로 얻는 것이라는 사실을 깨달았다. 둘째, 손님을 끊임없이 행복하게 만드는 방법에 대해 깊이 고민해보았다. 셋째, 돈이 풍족할 때 어떤 방식으로 삶을 누려야 할지 생각해 보았다.

이렇게 다양한 생활을 경험해보는 것 역시 아이의 감성지능을 높이는 데 반드시 필요하다. 아이는 일상을 벗어나 낯선 환경과 마주하면서 여러 가지 감정을 느끼기 때문이다.

정치 무대에서 세 번 밀려났지만, 다시 세 번 일어난 등소평(鄧小平)이나 자신이 창업한 회사에서 쫓겨났지만 결국 회사가 다시 자신을 찾게 만든 스티브 잡스 같은 일명 '큰 성공'을 거둔 사람들에게는 공통된 특징이 하나 있다. 그것은 바로 살면서 어떤 상황에 부닥치든 때로는 강하게 때로는 약하게 대처할 줄 알고, 또 때로는 올라서고 때로는 내려설 줄도 안다는 점이다.

나는 학생들을 가르칠 때 이런 말을 자주 하곤 한다. 진정한 풍족함이란 물질, 정신 그리고 지혜가 모두 풍족한 상태다. 살면서 높은 곳에 머물 줄도 알고 때로는 낮은 곳에서 지낼 줄도 알아야 한다. 왕의 생활을 즐길 줄도 알고 또 거지의 생활을 견뎌낼 줄도 알아야 한다.

나는 우리 아이를 비롯해서 내가 가르치는 학생들이 태국여행 같은 '왕의 삶'을 한 번쯤 경험해 보기를 바란다. 성공한 삶이 어떤 모습인지 미리 경험해 봐야 한다고 생각하기 때문이다.

나는 그동안 돈을 많이 벌어서 물질적으로는 풍족하지만 어떻게 삶을 즐겨야 하는지 모르는 이들을 많이 봐 왔다. 이 세상에는 노력한 결과 성공했고 그래서 경제적인 조건을 갖추었지만, 돈을 어떻게 써야 할지 모르는 사람들이 의외로 많다.

물질적으로 풍족해진 다음에는 정신을 풍요롭게 하고, 그러한 정신적 풍요가 다시 물질적 풍요로 이어지는 선순환이야말로 가장 바람직한 삶의 모습이 아닐까 한다. 아이에게 '왕의 삶'을 보게 하거나 경험해보게 하는 이유 역시 아이의 정신적 성장에 분명히 도움이 된다고 믿기 때문이다. 비록 그것이 물질적으로 풍요로운 삶을 흉내 내는 것에 불과하다고 해도 말이다.

같은 맥락에서, 물질적인 풍요에 익숙한 아이에게 철저한 밑바닥 생활을 경험해보게 하는 것 또한 아이의 성장에 큰 도움이 된다.

예전에 나는 학생들을 데리고 창의적인 생활체험수업의 일환으로 '구걸하기'를 진행해본 적이 있다.

티베트로 여행을 간 우리는 첫째 날은 특급호텔에서 '왕의 삶'을 마음껏 누렸다. 그리고 둘째 날에는 돈 한 푼 없이 거리에서 하루를 지냈는데, 그때 사용했던 주요 생존 방법이 바로 '구걸'이었다.

이러한 체험수업을 계획한 이유는 학생들이 극단적인 상황에서 자기 자신을 이겨내고 삶의 진정한 의미를 느껴보게 하기 위해서였다. 짧은 체험수업이었지만 나 역시 많은 것을 얻었다.

나와 함께 여행을 온 6명의 학생은 첫째 날 왕의 삶을 누릴 때는 아무 문제없이 호텔의 훌륭한 서비스를 맘껏 즐겼다. 그런데 '거지되기'를 체험하기로 한 날이 되었을 때 학생 한 명이 나를 찾아와서는 이렇게 말했다.

"선생님, 저는 평생 거지가 될 일은 없으니 그런 체험을 할 필요가 없다고 생각해요."

나는 내 아이에게도 그리고 학생들에게도 언제나 자기 주관이 뚜렷해야 한다고 강조해왔기에 그 학생의 선택을 존중해 주었다. 그래서 거지 체험을 포기한 그 학생을 호텔에 남겨두고, 다른 학생들과 함께 '거지되기'를 경험하러 거리로 나왔다.

그때 나는 학생들에게 이렇게 말해주었다.

"비록 '거지되기'를 할 거지만, 나는 여러분이 보통 거지와는 다른 특별한 '거지'가 되기를 바란다. 우리 창의력을 최대한 동원해보자."

그날 나는 이런 방법을 사용했다. 거리에서 만난 사람에게

다가가 진지하게 이렇게 말하는 것이다.

"저는 원래 선생님인데 지금 곤란한 상황에 처해 있습니다. 비록 지금 당신한테 구걸하고 있지만, 그냥 공짜로 돈을 바라지는 않습니다. 저는 지식이 풍부한 사람입니다. 만약 당신의 걱정거리를 제게 알려주시면 답을 드리도록 하겠습니다. 제 답이 만족스럽다면, 1위안만 주십시오!"

그러자 정말로 많은 사람이 내게 다가오더니 함께 이야기를 나누고는 돈을 조금씩 주었다. 그런데 이상하게도 현지인들이 건네는 돈은 모두 일위안이 아닌 1모(毛)[01]였다. 나는 그 이유를 물었다가 또 한 가지 가르침을 얻었다.

당시 티베트는 티베트의 전통 역법상 4월에 접어든 차였는데 그곳 사람들은 그 달을 '살알달와(薩嘎達瓦)'라고 불렀다. 석가모니가 탄생하고, 돌아가시고, 성불하신 것이 모두 이 시기라고 했다. '살알달와에 선한 일을 한 가지 하면, 일만 가지 공덕을 쌓게 된다'는 말 때문에 사람들은 은행에서 큰돈을 모두 1모로 바꿔서는 최대한 많은 사람에게 보시한다는 것이다.

이러한 풍습을 알게 되었기에 나는 다음의 일을 겪었을 때, 더욱 감동했다. 티베트족 할머니 한 분이 나에게 다가오더니 5모를 주면서, 잠잘 곳이 없다면 자신의 집으로 함께 가도 좋다고 한 것이다. 고작 5모라고 우습게 봐서는 안 된다. 한 사람에게 1모밖에 주지 않는 시기에 무려 5모를 주었으니 그 할머니는 나에게 정말 큰 친절을 베푼 셈이었다. 그걸 알기에 나는 깊이 감동할 수밖에 없었다.

호텔로 돌아온 나는 학생들에게 오늘 어땠는지 이야기를 나눠보자고 했다. 학생들은 각기 나름대로 자신들의 감회를 나누

---

01) 1모(毛): '1위안(元)'의 십 분의 일

기 시작했는데 거기에는 한 가지 공통적인 깨달음이 있었다.

학생들은 이번 거지체험을 하며 태어나서 처음으로 남 앞에서 고개를 숙이며 진정으로 자신을 낮추었다. 그런데 이러한 경험을 하고 자신의 삶의 문제를 되돌아보자 하지 못할 일은 아무것도 없다는 깨달음을 얻었다고 했다.

학생들의 이런 깨달음이야말로 이번 체험을 통해 얻은 가장 값진 수확이었다. 또한 학생들은 어떤 면에서 우리 역시 거지와 같다는 점을 알게 되었다. 우리 모두는 때로 감정을 구걸하고, 때로는 건강을 구걸하고, 때로는 물질적 재산을 구걸하고, 때로는 명예를 구걸하고, 또 때로는 즐거움과 행복을 구걸한다.

이렇게 태어나서 처음으로 모든 체면을 내려놓고 '거지되기'를 체험했던 학생들은 자신의 이야기를 하던 중 감격한 나머지 눈물을 흘렸다. 나에게도 학생들의 감동이 고스란히 전해졌고, 늘 웃으면서 수업을 하던 내가 이번엔 울면서 수업을 하는 경험을 하게 되었다. 나는 이렇게 울면서 한 수업을 평생 잊지 못할 것이다.

나 역시 학생들에게 오늘 내가 얻은 깨달음에 대해 이야기해주었다. 바로 체면을 내려놓고, 허황된 생각을 내려놓고, 허영심을 내려놓으면서 남을 차별하는 마음 역시 내려놓게 되었다는 점이었다. 이것이 바로 '거지되기'가 내게 준 지혜였다.

나는 나에게 5모를 준 티베트 할머니에게 감사하며, 또 나를 다양하게 평가해준 사람들에게도 감사한다. 그 사람들을 통해 나는 사람됨의 참된 의미를 느낄 수 있었다.

그날 나와 5명의 학생은 거지체험을 통해 귀하고 귀한 깨달음을 얻었다. 허영심을 완전히 벗어버리고 더 이상 체면 따위는 생각하지 않고 세상과 마주할 수 있을 때만이 우리의 '거지되기' 체험은 성공하게 되는 것이다. 오늘 우리가 구걸한 것은 분명히 '왕의 삶'과 '거지되기' 체험은 아이로 하여금 한계에 도전하게 만든다. 이렇게 다양한 인생을 체험한 아이만이 결국 사회에서 살아남는 강한 생존력을 갖출 수 있다. 이러한 능력을 소위 '사회지능'이라고 부른다.

예를 들어 시험에서 늘 꼴찌를 해서 선생님에게 혼나기만 하는 아이에게는 아이가 가장 잘하는 컴퓨터게임을 통해 자신이 가진 기술의 중요성을 깨닫게 해줄 수 있다. 또한 바둑에서 늘 이기기만 하는 아이라면 자신보다 고수를 만나게 해서 실패가 무엇인지를 경험하게 할 수 있다. 이러한 것들이 모두 아이의 감성지수를 높여 주는 효과적인 방법이다.

우수함을 넘어서는 탁월함은 다양한 사고에 달렸다

스승이 누구인지에 따라 당신이 얼마나 멀리 갈 수 있을지가 결정된다. 맞서는 상대가 누구인지에 따라 당신이 얼마나 빨리 발전할 수 있을지가 결정된다. 단, 우수함을 넘어서 탁월한 수준에 도달하려면 자신만의 생각에서 벗어나 다른 각도에서 바라볼 줄 알아야 한다.

아이들의 마음은 타고난 천성에 가깝다. 그래서 어른들이 삶의 기술에만 집중할 때 아이들은 우리의 삶을 예술로 만들어 준다. 아이들이 자신만의 독창적인 생각을 하도록 어른들이 도와야 하는 이유가 바로 여기에 있다. 아이들이 문세를 바라보는 시각은 어른들의 틀에 박힌 사고방식과 달리 참으로 재미있을 뿐만 아니라 때로는 어른들에게 큰 가르침을 준다.

정걸이 12살이었을 무렵, 어느 주말에 나는 아이와 함께 북경 대학 캠퍼스로 산책을 나왔다. 그때 나는 아무 생각 없이 이렇게 말했다.

"여기가 중국 최고의 대학이란다."

그러자 아이가 바로 이렇게 말하는 것이 아닌가.

"엄마, 미국에 세계 최고의 대학이 있어요."

내가 어떤 말을 해야 할지 몰라 머뭇거리는 사이에 아이는 말을 이어갔다.

"엄마, 토끼와 거북이 경주에서 토끼가 진 가장 큰 이유가 무엇인지 아세요? 그건 거북이를 우습게 봐서가 아니에요. 처음부터 자신의 상대가 안 되는 거북이를 경쟁상대를 골랐기 때문이에요."

아이의 이 말에는 경쟁에서 이기기 위해 꼭 알아야 하는 중요한 원칙이 숨어 있다.

'스승이 누구인지에 따라 당신이 얼마나 멀리 갈 수 있을지가 결정된다. 맞서는 상대가 누구인지에 따라 당신이 얼마나 빨리 발전할 수 있을지가 결정된다.'

나는 가정교육에서 가장 중요하게 다루어야 할 세 가지가 지혜, 변화, 논리라고 생각하다. 즉, 아이가 이원론적 사고에서 벗어나 제3의 시각을 갖도록 하는 것이다. 문제를 보는 시각과 방식을 새롭게 함으로써 또 다른 깨우침을 얻는 것, 이것이 바로 감성교육을 통해 얻게 되는 지혜라고 할 수 있다.

정걸은 북경 외대 부속 외국어 학교에 다니면서 학교 바둑단에 들어갔다. 나날이 실력이 일취월장하더니 연말에 열리는 바둑 승급대회에 참가신청서를 냈다. 이번 승급대회는 북경기원에서 주최하는 것으로 대회 장소는 통주(通州)였다. 우리 집에서 가려면 두 시간 가까이 걸리는 먼 곳이라 우리는 새벽 다섯 시 반에 출발했다.

대회날짜가 하루인 관계로 승급대회는 오전 오후로 나누어 각각 다섯 판씩 진행되었고, 총 여섯 판을 이겨야 승급할 수 있었다. 이날 아이는 경기를 잘 풀어나갔고 결국 오전에 둔 다섯 판을 모두 이겼다. 이제 오후에 한 판만 더 이기면 확실히 승급할 수 있는 상황이었다.

점심을 먹으면서 나는 아이에게 날씨도 춥고 갈 길도 머니 오후 첫 번째 경기에서 이기면 곧장 집으로 돌아가자고 말했다. 그런데 의외로 아이가 강하게 반대하고 나서는 게 아닌가.

그 이유를 묻자 이렇게 답했다.

"엄마, 제가 만약 오후 첫 번째 경기에서 이긴다 해도, 남은 네 경기도 포기할 수 없어요. 북경기원에서 이렇게 많은 바둑 고수들을 모으는 건 쉽지 않은 일이에요. 또 이렇게 여러 사람과 바둑을 둘 기회가 그리 많은 것도 아니잖아요. 그러니 할 수 있는 한 최대한 많이 참가해봐야지요.”

듣고 보니 일리가 있는 말이었다. 이원론적 사고를 주로 하는 어른의 시각에서 보자면, 필요한 것은 성적이므로 아이가 대회에서 이미 좋은 성적을 거두었다면 그 즉시 집으로 돌아가는 게 맞다. 하지만 아이의 시각은 우리와 달랐다. 아이가 원하는 것은 경기 자체였다. 즉 아이에겐 여러 상대와 바둑을 두면서 배우고 즐기는 과정이 중요했던 것이다. 결국 이미 여섯 판을 이겨서 승급이 보장되었음에도 아이는 나머지 네 판에도 모두 참석했다.

우수함을 넘어서 탁월해지는 건 기술 차원의 문제가 아니다. 그건 다른 사람들이 습관적으로 당연시하는 일을 남과 다른 ‘독특한 시각과 논리로 볼 수 있느냐’ 하는 문제다. 이는 ‘자신이 가진 사고의 틀을 깨는 지혜’라고도 할 수 있다.

나는 인생경험이 많고 지식이 풍부한 사람일수록 자신의 ‘고정적인 사고의 틀’에서 헤어 나오지 못하는 경우를 많이 봤다. 이것이 바로 수많은 우수한 인재들이 결국 탁월함의 경지에 이르지 못하는 이유 중 하나일 것이다.

나 역시 아이와 함께하고 싶은 마음에 바둑을 배웠다. 하지만 아이가 가진 그런 진정한 힘이 없어서인지 생각만큼 바둑 실력이 빨리 늘지 않았고, 결국 아이의 상대조차 안 되는 실력에 머물게 되었다. 이런 상황에서 내가 생각해낸 묘책은 바로 도움을 요청하는 것이었다. 나는 끊임없이 아이와 바둑을 함께 둘 친구를 찾아주었고 또 프로와 경기를 해 볼 기회도 마련해 주었다.

이 일을 통해 나는 어떤 일이든 성공하는 건 그리 어렵지 않지만, 대성공을 거두려면 반드시 도약적 사고가 필요하다는 사실을 깨닫게 되었다. 도약적 사고란, 새로운 것을 탐색하고 받아들일 줄 아는 용기이며, 습관적으로 해오던 일에도 아이와 같은 호기심과 열정을 갖는 것을 말한다. 또한 어떤 일이든 과감하게 틀리고 실수해 보는 것인데, 그러한 실패의 경험이 우리를 자신만의 '사고의 틀'에서 벗어나게 해준다.

도약적 사고를 할 줄 아는 아이들은 자신과 다른 배경과 생각을 지닌 사람과도 원만하게 어울린다. 그건 어느 하나만을 옳다고 고집하는 마음이 없기 때문이다. 이들은 중국 최고의 대학이 세계 최고의 대학이라고 단순하게 생각하지 않는다. 또한 이미 원하는 성적을 거두었으니 남은 경기는 더 이상 참가할 필요가 없다는 의견에 암묵적으로 동의하지도 않는다.

이러한 사고를 지닌 사람들은 다른 사람에게서 자신의 성장에 필요한 지혜를 찾아내 자신의 것으로 만들 줄 안다.

예를 들어 정걸은 주말에 많은 사람과 바둑을 두면서, 그들이 지닌 장점이 무엇인지 열심히 연구했다. 그리고 다음 날이면 어김없이 그 사람의 기술을 그대로 따라 해 보였다.

또 한 번은 아이와 함께 한국음식점에 갔다가 그곳에서 종업원으로 일하는 내 한국인 제자와 마주친 일이 있었다. 나는 무척이나 놀랐다. 내가 알기로 그 학생의 집은 경제적으로 충분히 풍족했기 때문이다. 내가 왜 그곳에서 일하고 있느냐고 묻자 그 학생은 혼자 힘으로 사회와 맞서보고 싶어서라고 했다. 그러자 옆에서 그 말을 들은 정걸이 이렇게 말했다.

"형, 정말 멋져요. 그런 용기를 내다니 정말 대단해요."

그 해 여름방학 때 정걸 역시 자원해서 골프장에서 공 줍는 아르바이트를 했다. 또한 2012년 런던올림픽이 막을 내렸을 때, 정걸은 무언가에 감동 받은 듯 이렇게 말했다.

"엄마, 만약 미국에서 대학을 졸업하게 된다면, 월스트리트에 가서 금융 관련 일을 하고 싶어요. 그 분야의 전문가가 되는 게 제 목표에요."

내가 그 이유를 묻자 아이는 이렇게 대답했다.

"모든 분야에서 성공할 필요는 없으니까요. 이번 올림픽에서 금메달을 딴 엽시문(葉詩文)[01]이나 마이클 펠프스(Michael Fred Phelps)[02]같이 한 분야에서만 최고의 수준에 올라도 기적을 이룰 수 있잖아요."

이렇듯 이원론적 사고에서 벗어나면 아이는 점점 다양하게 생각하기 시작한다. 시각이 넓어지다 보니 새로운 것도 쉽게 받아들이고, 끊임없이 성장해서 모든 일과 사람에게서 성공의 원인을 찾아낼 줄 알게 된다.

또한 이런 아이들은 공부든 노는 일에서든 직극직이고 긍징적인 태도를 보여서 더욱 많은 즐거움을 맛본다.

2012년 어느 주말 내 친구가 아이를 데리고 우리 집에 놀러 와서 모두 함께 카드놀이를 하고 있었다. 카드놀이를 한 차례 한 뒤 정걸은 무언가를 발견한 듯 내 친구의 아이에게 이런 말을 했다.

"네가 왜 멋지게 살지 못하는지 아니? 그건 네가 즐겁지 않기 때문이야."

그리고는 내 친구에게도 이런 말을 했다.

"이모, 왜 이모 아이가 즐겁지 않은지 아세요?"

그 말에 놀란 친구가 잘 모르겠다고 하자 아이는 이렇게 답

---

01) 엽시문(葉詩文): 런던올림픽에서 금메달을 딴 중국 수영선수.
02) 마이클 펠프스(Michael Fred Phelps): 런던올림픽에서 금메달 네 개, 은메달 두 개를 딴 미국 수영선수.

했다.

"이모가 너무 심각하기 때문이에요. 카드놀이는 원래 즐기려고 하는 건데 굳이 그렇게 진지할 필요가 있어요?"

정걸이 생각하기에 경기나 놀이를 할 때 가장 중요한 것은 결과가 아니라 그 과정 자체를 즐기는 것이었다. 물론 좋은 성적이나 결과를 얻는다면 금상첨화겠지만, 그것이 유일한 목적이 되어서는 안 된다고 생각한 것이다.

친구나 가족끼리 경기나 놀이를 하는 이유는 서로의 실력을 평가하거나 이기기 위해서가 아니라, 놀이 자체를 즐기기 위해서이다. 따라서 스트레스를 받을 필요가 없으며 승부에 연연하지 말고 그저 가볍고 편하게 즐기면 되는 것이다.

공감능력과 자존감 키우기

공감능력이란 자신의 마음을 미루어 다른 사람의 마음을 헤아리는 능력이다. 이를 위해 중요한 것은 자신의 생각과 다른 사람의 생각이 다른 것이 극히 정상임을 깨닫는 것이다.

감성교육의 목표 중 하나는 아이에게 친사회적인 행동을 가르치는 것이다. 〈사랑의 교육(愛的敎育)〉이라는 잡지에서 이런 이야기를 읽은 적이 있다. 어떤 아버지가 거리에서 거지를 만날 때마다 돈을 주었다고 한다. 그 이유는 옆에 있는 아이가 그대로 배우도록 하기 위해서였다.

이와 비슷한 이야기가 몇 가지 더 있다. 오스트레일리아에 사는 한 남자아이가 병에 걸려 약물치료를 받다 보니 머리가 모두 빠져 버렸다고 한다. 그런데 퇴원을 하고 학교에 가보니 같은 반 친구들이 모두 머리를 밀고 앉아 있는 것이다. 알고 보니 아픈 아이가 자신만 다른 모습인 걸 속상해할까 봐 담임선생님이 반 아이들을 설득해서 그렇게 한 것이었다. 또 다른 이야기는 미국의 전 대통령 부시가 그의 직원 한 명과 함께 머리를 전부 깎은 일인데, 이 역시 그 직원의 아이가 약물치료를 받고 나서 그들의 농장에 놀러 오기로 했기 때문이었다.

이러한 방법은 모두 아이에게 공감능력을 키워줄 수 있다. 공감능력은 타고나는 것이기도 하지만, 이렇게 후천적인 교육이나 훈련을 통해 기를 수 있으며 이는 무척 중요하다. 많은 부모가 속상해하는 이유는 사실 아이가 뛰어나지 못해서가 아니라, 자신이 아이를 위해 얼마나 애쓰고 있는지를 아이가 느끼지 못하고 감사할 줄 모르기 때문이다.

얼마 전 내 친구가 몹시도 화가 났던 일에 대해 털어놓았는데 다음과 같은 이야기였다. 하루는 집에 늦게 들어온 아이에게 따로 밥을 차려주고 있었는데, 고추를 썰다가 그만 고추가 눈에 들어갔다고 한다. 순간 너무 아파서 비명을 지르면서 아이에게 수건을 좀 가져다 달라고 말했다. 그런데 자신보다 머리 하나는 더 큰 아들이 화를 내면서 느릿느릿 수건을 가져오더니 이렇게 쏘아붙였다는 것이다.

"나한테 일을 시킬 때는 좀 부드럽게 말하면 안 돼?"

그 말에 친구는 정말 어이가 없었다고 했다. 게다가 눈까지 아프니 생각할수록 속이 상해서 나에게 전화로 하소연을 한 것이다.

엄마가 힘들게 밥을 차려주다가 이렇게 됐는데 어떻게 걱정하거나 감사하는 말은 단 한마디로 하지 않고 오히려 엄마의 말투만 탓할 수 있느냐면서, 그 순간 너무 화가 나서 칼을 한쪽에 던져두고는 밥을 차려주지 않았다고 했다.

나는 친구를 위로하면서 그 상황에 대해 이렇게 분석해주었다.

"먼저 진정해봐. 내가 보기에 너희 집 아이는 공감능력이 떨어지는 것 같아. 공감능력이 뛰어난 아이들은 자신과 전혀 상관없는 사람이 못을 밟는 것만 봐도 함께 비명을 지르거든. 그런데 부모가 자신 때문에 고생하는 것이 눈앞에 보이고 게다가 다치기까지 했는데 어떻게 아무런 느낌이 없을 수 있지?"

만약 아이가 자신의 시각으로만 문제를 보고 부모가 원하는 그 어떤 피드백도 주지 않는다면, 그건 아이의 공감능력에 문제가 있다는 신호일 수 있다. 다행히도 이 능력은 후천적으로

도 충분히 기를 수 있기에, 변하고자 하는 의지만 있다면 언제
든 늦은 건 아니다.

공감능력이 뛰어난 아이가 감성지능도 높은 법이다. 만약 아
이가 부모의 입장에서 그리고 다른 사람의 입장에서 생각할 줄
안다면 교육 역시 큰 효과를 거둘 수 있다. 그렇다면 아이의 공
감능력은 어떻게 길러줄 수 있을까?

방법이야 많겠지만, 핵심은 바로 이것이다. 자신이 비정상
적이라고 생각했던 일이 사실은 극히 정상임을 깨닫는 것이다.

이 부분에 관해서는 우리 아이에게 실제로 일어났던 일 몇 가
지를 통해 설명해 보겠다.

정결이 초등학교에 다니고 있을 때, 어느 날 나에게 오더니 이
런 말을 했다.

"엄마, 제가 다른 사람들은 모르는 사실 하나를 깨달았어요. 그
래서 이세는 어떤 안 좋은 일을 겪는다해도 마음이 복잡하거나 괴
롭지 않을 것 같아요."

내가 무엇인지 묻자 아이는 이렇게 대답했다.

"모든 사람이 저를 좋아할 수는 없다는 사실이에요."

"그걸 어떻게 알게 되었는데?"

"저도 분명히 싫어하는 사람이 있는데, 다른 사람이 모두 저를
좋아하기를 바라면 안 되잖아요? 그래서 이제는 누군가 저를 좋아
하지 않아도 그게 정상이라고 생각하기로 했어요. 그런데 많은 아이
가 가족 그리고 선생님과 친구들 모두가 자신을 좋아해야만 한다
고 생각해요. 그러다 보니 다른 친구들은 모두 자신을 모범학생으
로 뽑았는데 단 한 명이 뽑지 않았다고 무척 괴로워하더라고요. 하
지만 저는 이제 그런 일로 괴로워하지 않을 거예요."

정결은 모든 사람이 자신을 좋아하는 건 '비정상적인 일'이라는 걸 깨달은 것이다. 입장을 바꿔 생각해볼 때 자신도 싫어하는 사람이 있기에 그런 정상적인 일로 고민할 필요가 없다는 걸 알게 되었다고 말하는 것이다.

다음은 정결이 바둑을 막 배우기 시작했을 때 있었던 일이다. 그 당시 정결은 바둑단의 다른 아이들보다 나이도 어리고 바둑을 시작한 시기도 늦다 보니, 실력 차이가 많이 나서 시합에서 지기 일쑤였다. 보아하니, 자신이 이긴 날은 신이 나서 기원문을 뛰어나오는 반면, 시합에서 진 날은 문을 나설 때부터 이미 얼굴이 눈물범벅이었다. 그리고는 집으로 돌아가는 길 내내 아무리 달래도 울음을 그치지 않았다.

나는 아이가 이런 태도를 보이는 건 승부에 대해 '비정상'적으로 이해하고 있기 때문이라고 생각했다. 자신은 언제나 이겨야만 한다고 생각하기에 지는 것을 견디지 못하는 것이다.

나는 아이에게 이렇게 물었다.

"만약 네가 늘 이기기만 한다면, 상대방은 어떻게 하니?"

아이는 잠시 생각하더니 곧 내 말뜻을 알아차렸다. 그 이후부터는 어쩌다 시합에서 진다 해도 그렇게 슬퍼하거나 하지 않았다. 상대를 잘못 고르지 않은 한 두 사람의 급수가 같을 수는 없기에, 자신은 늘 이기고 상대방은 항상 지는 건 비정상적인 일이라는 사실을 깨달은 것이다. 그러다 점점 자신이 졌을 때도 즐거운 얼굴로 이렇게 말할 정도가 되었다.

"엄마, 이번엔 제가 졌어요."

패배를 받아들이는 아이의 태도 변화를 지켜보면서, 나는 아이가 좌절과 실패를 감당해낼 때 그만큼 정신적으로 성숙한다는 사실을 깨달았다. 아이가 상대방의 입장에서 생각할 줄 알게 되면 무엇이 우연이고 무엇이 필연인지를 이해하게 된다.

누군가는 자신보다 뛰어날 수 있다. 좋은 조건을 타고났고 노력도 많이 하기 때문에 그들의 바둑 실력이 뛰어난 건 필연적이며 정상적인 일이다. 이 사실을 인정하는 순간 아이는 더 이상 괴롭거나 힘들지 않게 되어 자신이 앞으로 어떻게 노력해야 할지 또 그 노력을 과연 지속할 수 있을지 진지하게 고민하게 된다.

세 번째 이야기는 2008년 올림픽 때 있었던 일이다. 그 당시 중국 선수들이 참가하는 경기의 입장권은 무척 구하기 어려웠는데, 우리 역시 류상(劉翔)이 참가하는 육상 경기표를 단 한 장 구할 수 있었다. 다 함께 상의한 끝에 내가 직접 경기를 보러 가기로 했고, 대신 다른 가족들은 집에서 TV로 생방송을 지켜보게 되었다.

그런데 예선 첫 번째 경기에서 류상이 다리 부상으로 그만 경기를 기권한 것이다. 집에 돌아와서도 나는 내내 기분이 안 좋았다. 그렇게 멀리까지 경기를 보러 갔는데 기분만 상해서 돌아왔기에 기대했던 나머지 경기도 더 이상 보고 싶지 않았다.

아이 역시 류상의 팬이었는데, 풀이 죽은 나를 보더니 함께 이야기를 나누자고 했다. 그리고 나는 아이가 이번 일을 나와는 완전히 다르게 생각한다는 사실을 알게 되었다. 나는 이렇게 실망스러운 마음을 표현했다.

"어떻게 류상은 경기를 포기할 수 있니?"

그런데 9살 아이가 나에게 이렇게 되묻는 것이 아닌가.

"류상은 왜 경기를 포기하면 안 되는데요?"

아이의 말에 나는 순간 정신이 번쩍 들었다. 맞아. 류상이라고 왜 경기를 포기하면 안 되지?

이것이 바로 공감능력이다. 그저 화만 내는 나와 달리 아이는 류상의 마음을 이해하고 있었던 것이다. 오랜 시간 열심히 준비해왔는데 결국 기권을 했으니 그 누구보다 류상 자신이 가장 괴로울 것 아닌가. 또한 그에게는 엄연히 경기를 포기할 권리가 있다.

다른 사람의 감정과 생각을 이해하고 그 사람의 시각에서 문제를 바라보게 되면, 지금까지 비정상적이라고 여겼던 일이 원래는 정상이라는 사실을 깨닫게 된다.

이를 깨닫는 순간 우리는 정신적으로 성숙하게 되며, 강한 자아를 지니기 위한 첫걸음을 내딛게 된다.

이렇게 생각할 경우, 모든 일이 간단하게 정리되면서 인생의 고민 가운데 상당수가 사라진다. 많은 사람이 성공에 이르지 못하는 이유가 바로 실패를 두려워하기 때문이 아닐까? 또 실패가 두려운 건 다른 사람이 자신을 어떻게 생각할까, 어떻게 평가할까에 지나치게 신경 쓰기 때문이 아닐까?

스스로 크는 아이

최고의 선물, 자신감

미소를 띤 채 자신감을 보일 때 아이는 자신의 탁월함을 맘껏 발휘하게 된다. 자신감만 있다면, 세상을 전부 가질 수 있다.

10년 후 아이는 어디에 있을까? 부모라면 누구나 아이의 미래를 한 번쯤 그려보았을 것이다. 그렇다면 아이가 긴 인생길에서 최종적으로 어디에 다다르게 될지 결정해주는 사람은 과연 누구일까?

나는 부모야말로 아이 인생의 연출자라고 생각한다. 아이 앞에 놓인 어려움을 먼저 인식하고 '울타리'를 쳐주면서 아이가 꿈을 키워나갈 수 있도록 도와주어야 한다. 그런 다음 가능한 한 빨리 아이에게 적합한 환경을 찾아주고, 그 속에서 제 몫을 다 하는 '인재'로 성장하도록 이끌어 주는 것이 바로 부모의 할 일이다.

다시 말해, 절대적인 높이보다 높이, 그리고 상대적인 높이보다도 훨씬 높이 올라가도록 도와줘야 한다.

더욱 직접적으로 표현한다면 '같은 나이 아이들보다 뛰어나도록……' 또한, '나이와 상관없이 똑같이 해야 하는 사회 경쟁 속에서 이기도록……' 도와주어야 한다.

이 과정에서 부모는 아이에게 진정한 '성공 비결'을 가르쳐주어야 한다. 어떤 상황에서든 자신이 결국 성공할 거라고 굳게 믿는 것이 중요하며, 방법이나 연습은 그다음 문제임을 알려주는 것이 그것이다.

2009년 여름 방학 때 나는 미국, 한국, 일본 가정의 아이 3명을 우리 집에 초대했다. 다들 아이큐가 150 이상인 천재들이었다.

나는 우리 아이를 포함해서 4명의 아이가 함께 생활하는 모습을 관찰했다. 그 결과 한 가지 놀라운 사실을 발견했다. 원래 아이들은 각기 다른 취미를 가지고 있었는데 어느 순간 한 가지 일을 함께하면서 무척 즐거워하는 것이었다.

예컨대 처음에 4명의 아이는 기분이 안 좋을 때 자기 기분을 푸는 방식이 모두 제각각이었다. 미국 아이는 농구를 했고, 일본 아이는 기타를 쳤고, 한국 아이는 축구를 했다. 그리고 정결은 자신이 투자해서 번 돈을 세어보며 감정을 다스렸다. 그런데 며칠 함께 지내더니 4명의 아이가 모두 같은 선택을 하게 되었다. 즉 아이들은 심심하거나 기분이 안 좋을 때면 모두 농구를 하기 시작한 것이다.

나는 재미있어서 이렇게 물었다.

"너희 대체 어떻게 된 거니? 자기가 각자 좋아하는 일을 안 하고 다들 농구를 하다니 말이야. 혹시 가장 키가 큰 미국 형이 너희를 협박해서 다들 형을 따라 하기로 한 거니?"

그러자 정결이 이렇게 대답했다.

"엄마, 아니에요. 그건 미국 형이 우리보다 훌륭한 리더십을 가지고 있기 때문이에요."

"왜 그렇게 생각하는데?"

"미국 형은 정말 적극적이거든요. 어떤 상황에서든 강한 의지로 해결방법을 찾아내서 마치 무슨 일이든 다 해낼 것 같다니까요. 형과 함께 있으면 왠지 든든해서 우리 모두 형을 따라 하게 된 거예요."

이 대화를 통해 우리는 '자신감'이 얼마나 중요한지 잘 알 수 있다. 자신감은 아이의 마음의 크기나 인간적인 매력을 결정짓는다. 그래서 자신감의 정도에 따라 자신이 속한 '그룹'에서 어떤 지위에 오를 수 있느냐가 결정된다.

나는 대학에서 다년간 근무하면서 많은 청년 엘리트들의 성장을 지켜봤다. 그들 중 단체생활에서 남다른 능력을 발휘하는 이들은 대부분 자신감이 넘치는 청년들이었다.

나는 실제로 이런 경험을 한 적이 있다. 대학 동아리 신입생 환영회에서 신입생들이 '자기소개'를 하고 있었다. 한 여학생이 지명되어 일어나더니, 무척 수줍어하며 떨리는 목소리로 자기소개를 시작했다.

"저는 A입니다. 이 동아리에…… 참가하게 되어…… 무척 기쁩니다…… 제가 좀 내성적이에요…… 하지만 여러분과 잘 지내고 싶어요…… 우리 친하게 지내요!"

이어서 남학생 한 명이 아직 이름이 불리지도 않았는데 사진해서 일어나더니 웃음 띤 얼굴로 이렇게 인사를 했다.

"여러분 안녕하세요. 저는 B입니다. 저는 장점이 참 많은 사람입니다. 함께 지내다 보면 여러분도 분명히 알게 되리라 믿습니다. 앞으로 저와 친하게 지내면서 제 장점을 많이 발견해주세요."

학기가 끝나갈 무렵 첫 번째 여학생은 친구도 많이 사귀지 못했고 학교생활 역시 무미건조하게 보내고 있었다. 하지만 남학생의 경우, 마치 물 만난 물고기처럼 동아리에서뿐만 아니라 학교 전체에서 유명인사가 되었고, 그 능력을 인정받아 학교의 추천으로 대학 2학년 때 홍콩대학에 교환학생으로 가는 특혜를 누리기도 했다.

이 일을 통해 나는 다음과 같은 사실을 깨달았다. 그건 바로 미소를 띤 채 자신감을 보일 때 아이는 자신의 탁월함을 맘껏

① 자신감이 넘치는 아이는 새로운 것에 과감하게 도전해서 일찌감치 자신의 흥미와 재능을 발견하고 발전시켜 나간다. 또한 지금 배우는 것과 자신의 미래 인생을 연관 지어 생각할 줄 알기에 시행착오를 덜 겪는다. 정걸의 경우 북경 외대 부속학교에서 외국어를 선택할 당시, 자신의 미래 목표는 영어, 한국어, 스페인어를 할 줄 아는 금융전문가라면서, 동시에 세 가지 외국어를 배우기 시작했다.

② 자신감 넘치는 아이는 약속을 소중히 여기며 끝까지 지킨다. 또한 다른 사람을 신뢰하고 자신이 속한 단체를 위해 자신의 최고치를 발휘한다. 정걸은 8살 때부터 매년 여름캠프에 참가했다. 비록 참가자들 중 가장 어렸지만, 오히려 다른 아이들을 격려하면서 팀에 많은 도움을 주었고, 결국 우수한 성적으로 캠프를 마쳤다.

③ 자신감 있는 아이는 자기 주관이 뚜렷하다 보니, 또래 아이들은 상상도 하지 못하는 일을 해내기도 한다. 정걸은 초등학교 때부터 투자하기 시작했고, 돈을 관리하는 게임을 즐겼다. 그러다 보니 11살 때 투자로 벌어들인 수익금이 금융 분야를 전공한 엄마보다 훨씬 많았다.

④ 자신감 있는 아이는 강인한 성격을 지녔으며 모든 어려움을 극복하고 결국 자신이 승리할 거라고 굳게 믿는다. 정걸은 고등학교 졸업 후 마지막 여름방학 때 자신이 제작한 꿈 게시판에 이런 글귀를 적어 놓았다. '내 인생은 산과 같다. 높은 봉우리도 있고, 깊은 골짜기도 있다.' 그래서 당시 아이의 목표는 반드시 하버드대학에서 박사 학위를 받는 것이었다. 그리고 학점은 B+ 이상 받으면 충분하다고 정했다.

나는 아이에게 늘 이렇게 이야기했다. '엄마가 이 세상에서 너에게 줄 수 있는 최고의 선물은 바로 자신감이다. 자신감만 있다면 세상을 전부 가질 수 있다.'

아이는 14년을 살아오면서 힘든 일도 많이 겪었지만 이룬 것 역시 많았다. 매년 '책 100권 읽기, 5,000위안 기부하기'라는 또래 아이들은 상상하기조차 어려운 목표를 세웠고 늘 달성해냈다.

11살 때는 대학 강당에 모인 2천 명의 사람들 앞에서 영어로 연설했으며 당시에 이미 여러 연령대의 성공한 사람들을 친구로 두고 있었다. 그 사람들과 침착하게 대화할 줄 알았고, 자신에게 익숙한 것이 아닌 상대방에게 익숙한 것을 화제로 삼아 이야기 나누기를 좋아했다. 그리고 2013년 북경에서 최연소로 고등학교를 졸업한 학생이 되었으며 우수한 성적으로 졸업해서 기자가 취재를 하러 오기도 했다.

이렇게 자신감과 즐거움은 아이의 성장에 매우 중요한 역할을 한다. 하지만 그것만으로는 아직 부족하다. 아이에게는 자신의 '인생경력'에서 영원히 기억할 만한 일이 반드시 필요하다. 이것이 꼭 엄청나게 중요하거나 어마어마한 일일 필요는 없다. 하지만 그 나이 때에 아이가 가장 하고 싶은 일이자 다른 사람에게 자신 있게 자랑할 수 있는 일이어야 한다.

예를 들어, 동네에서 벼룩시장을 열어 자신의 장난감을 성공적으로 팔았다든지, 지진재난지역에 성금을 보내기 위해 처음으로 여름방학 동안 아르바이트를 해서 돈을 벌었다든지 같은 일이다.

이런 특별한 일을 할 때 아이는 자신의 한계를 극복하고 자신의 능력을 맘껏 선보인다. 이것이 바로 많은 부모가 나에게 물었던 '아이의 자신감을 높여 줄 비교적 쉬운 방법은 없을까요?' 라는 질문에 대한 나의 첫 번째 답이다.

바로 아이가 스스로 자부심을 느낄 만한 일을 할 기회를 주는 것이다.

나는 그동안 부모들이 자신의 아이에 관한 문제를 풀어가는 걸 옆에서 도우면서, 아이들에게 자신감을 불어 넣고 또 높여 줄 수 있는 가장 효과적인 방법을 찾아냈다. 그 방법은 바로 다음과 같다.

먼저, 부모는 아이가 자신의 장점에만 집중하게 할 것이 아니라, 다른 사람의 장점을 찾아보도록 격려해야 한다. 다른 사람의 장점을 발견하고 자신의 것으로 만들 줄 아는 사람이 진정으로 지혜로운 사람이다.

나는 학생들을 가르칠 때 수업과정을 마무리하면서 언제나 다음과 같은 특별한 지시를 내리곤 한다.

"여러분, 먼저 옆의 동료에게 감사하는 마음을 가지세요. 그런 다음 종이를 한 장 꺼내서 여러분이 가장 좋아하는 사람의 장점을 적어 보십시오. 누군가를 칭찬할 때, 여러분 역시 성장하는 법입니다."

일시적으로 다른 사람의 장점을 말로 칭찬하기보다는 눈에 보이는 방법을 사용할 경우, 아이는 더욱 분명하게 자신의 성장을 확인하게 된다.

우리 집에서는 '동그라미 세 개'를 활용한다. 가장 안쪽 동그라미 안에는 아이가 혼자 할 수 있는 일을 적고, 중간 동그라미 안에는 부모가 도와주었을 때 할 수 있는 일을 쓴다. 그리고 가장 바깥쪽 동그라미 안에는 지금은 해내지 못하는 일을 적어 넣는다. 그러면 아이가 혼자서 해낼 수 있는 일이 많아질수록, 가장 안쪽 동그라미는 점점 커지는 반면 바깥쪽 동그라미는 갈수록 작아진다.

이렇게 눈에 보이는 그림을 통해 자신의 능력을 확인하면서, 아이는 점점 더 큰 자신감을 갖게 된다.

또 한 가지 방법은 부모가 먼저 열정적인 모습을 보이고, 아이가 이를 배우도록 하는 것이다. 열정적인 태도는 인생을 성공으로 이끄는 중요한 요인 중 하나다. 매일 한 번씩 아이를 안아주고 기쁘게 해주는 것이 바로 부모가 자신의 아이에 대한 열정을 표현하는 방법이다.

아이는 기숙사에서 금요일이면 집에 온다. 나는 매일 목요일 저녁이 되면 금요일 오후에 아이에게 어떤 즐거움을 선사할지 열심히 고민하면서 준비하곤 한다. 아이를 사랑하기 때문에 어떻게든 아이를 기쁘게 해주려 애쓰는 것이다. 아이 역시 엄마를 사랑하기에 엄마를 기쁘게 해주려고 최선을 다한다. 이렇게 아이의 삶이 열정으로 가득 찰 때, 자신감 역시 생겨난다.

마지막 방법은 '폭풍 머리회전'을 통해 아이가 자신이 해야만 하는 일의 '동기'를 발견하게 하는 것이다. 아이의 꿈을 찾는 방법이 바로 이것이다.

2013년 고등학교를 졸업한 정걸은 왜 꼭 미국 대학에 진학해야 하는가 하는 문제로 심각하게 고민하고 있었다. 우리는 '폭풍 머리회전'을 시작했다.

아이는 미국에 가서 대학을 다닐 경우, 얻을 수 있는 장점은 무엇인지 스스로 분석하기 시작했다. 단체 생활을 경험할 수 있고, 세계 일류 인재가 될 수 있고, 자유로운 환경에서 공부할 수 있고, 미국인만의 사고방식을 느껴 볼 수 있고…….

결국 아이는 자신의 꿈 게시판에 이렇게 적어 넣었다.

'하버드대학에서 박사학위 취득하기'

'세계적인 기업의 CEO되기'

'전문적으로 중국에 도움을 주는 회사 세우기'

Chapter 3

물고기 잡는 법

최고의 교육은 학습 방법을 가르치는 교육이다. 바로 '물고기 잡는 법'을 알려주는 것이다. 부모는 아이가 공부할 때 먼저 다음의 세 가지를 확실히 하도록 도와주어야 한다.

첫째, 왜 공부해야 하는가.

둘째, 누구를 위해 공부해야 하는가.

셋째, 어떻게 공부해야 하는가.

아이가 이 세 가지를 확실히 인지할 경우, 아이는 더 이상 기계적으로 동일한 학습 지시에 따르지 않아도 되고, 흥미가 없는 일을 반복할 필요도 없으며, 무기력한 분위기 속에서 스트레스를 받지 않아도 된다. 아이가 스스로 찾아서 능동적으로 공부할 때 공부는 자연히 즐겁고 편안한 일이 된다.

어머니의 한마디

아이가 천재가 되는 방법은 세 가지가 있다.

부모가 천재이거나, 선생님이 천재이거나 혹은 친구가 천재이어야 한다. 더 압축한다면, 부모는 천재일 필요가 없다. 선생님 역시 천재일 필요는 없다. 하지만 아이가 즐겁게 성장할 수 있는 '인간관계'는 반드시 필요하다. 좋은 친구가 필요한 이유이다.

14살에 미국 대학에 지원한 이유

교육적 선택을 할 때 중요한 점은, 부모가 일반적인 상식의 틀에서 벗어나 아이를 믿으면서 아이의 천부적인 재능을 키워줄 지혜와 용기가 있는 지다.

아이가 미국 대학에 지원했을 때 면접관은 이런 질문을 했다.

"왜 올해 우리 대학에 지원했습니까? 내년도 아니고 내후년도 아니고 왜 올해지요?"

간단한 질문 같아 보이지만, 내답하기엔 결코 쉽지 않은 질문이다. 14살이라는 나이가 아이의 상점이지만 단점도 될 수 있기 때문이다. 면접관은 어린 중국 아이가 과연 혼자서 공부해 나갈 수 있을지 판단하기 위해 이런 질문을 던진 것이다. 또한 이 질문 이면에는 또 다른 질문 하나가 숨어 있다. 대학에 합격한 다음에 어떤 계획과 목표가 있는지 등을 함께 묻고 있는 것이다. 간단명료하면서 동시에 면접관의 인정을 받을 만한 대답을 하는 것이 관건이었다. 하지만 '우뇌가 발달'한 정결은 크게 고민하지 않고 바로 대답했다.

"제가 올해 대학에 가기로 결정한 이유는 제 나이를 고려해서가 아니라 제 어머니 나이를 고려해서입니다. 저희 어머니는 올해 41세입니다. 앞으로의 제 계획은 2013년에 대학에 진학하고 나서 아이비리그에 속한 대학 중 한 곳에서 석사과정을 이수하고, 마지막으로 하버드대학에서 박사학위를 받는 것입니다.

그렇게 대략 8년 후에 졸업하고 나면 직장에 들어가 1년 정도 근무하면서 돈을 모을 생각입니다. 그러면 저희 어머니가 50세가 되었을 때 제 생계를 스스로 책임지면서, 어머니의 세계 일주 계획에 금전적으로 도움을 드릴 수도 있습니다. 그렇게 되면 어머니는 일찍 은퇴하셔서 편안히 지내실 수 있을 겁니다. 중국에 이런 말이 있습니다. '자식이 부양하고자 할 때 이미 부모는 곁에 없다.' 저는 저희 부모님이 제가 성공하기를 기다리다가 늙어버리기를 원하지 않습니다. 이것이 바로 제가 더 나이가 들어서 대학에 지원하지 않고 올해 지원하게 된 이유입니다."

엄마로서 나는 우리 아이의 대답에 무척 감동했고 최고였다고 생각한다. 면접관 역시 아이가 독창적인 사고와 확실한 목표를 지녔다고 생각하고 무척 만족스러워했다.

아이가 지원한 대학은 미국 유일의 4년제 청소년대학이었다. 이 대학에 다니는 아이들은 16살 이상의 미국 아이들로, 10학년이나 11학년 때 고등학교 과정을 마친 후 미리 이 대학에 진학한 우수한 학생들이다. 그렇게 보면 14살의 정걸은 이 대학의 합격생 중 가장 나이가 어린 동양학생인 셈이다.

아이가 이뤄낸 성취가 더할 나위 없이 자랑스러웠지만, 한동안은 아이의 성공이 혹시 우연이 아니냐는 다른 사람들의 말에 꽤나 신경을 썼었다. 이렇게 평가하는 사람도 있었다.

"김정걸은 학교교육 체제의 그물을 빠져나간 물고기다."

혹은 아이의 학업적 성취에 관심이 많은 친구가 이렇게 묻기도 했다.

"개인의 성공경험을 똑같이 복사해 낼 방법은 없을까?"

개인의 경험은 그것만의 독특한 특성이 있고 우연적 요인도 있다는 것을 나 역시 인정한다. 하지만 나는 개인의 경험에서도 어느 정도의 법칙을 귀납해낼 수 있다고 생각한다. 예를 들어 우리 아이의 8년간의 학습과정을 뒤돌아보면 중요한 시기마다 모든 일이 대체로 순조롭게 풀려나갔다. 그 우연 중에는 분명히 필연도 있었을 것이다.

나는 여기서 우리 아이의 '학업과정'을 한 번 되돌아보려고 한다. 첫 번째 이유는 정걸이 어떻게 지금의 자리에 오르게 되었는지 많은 이들과 공유하기 위해서다. 그리고 두 번째 이유는, 그 안에 숨겨진 성공의 법칙을 찾아내기 위해서다.

나는 다른 아이들 역시 정걸이 해낸 일을 충분히 해낼 수 있다고 믿는다. 모든 아이는 천재다. 최소한 특정 부분에서 천부적 재능을 타고났다. 그러므로 교육적 선택을 할 때 부모가 일반적인 상식의 틀에서 벗어나 아이의 천부적인 재능을 키워줄 지혜와 용기가 있는지가, 아이의 성장을 판가름 짓는 중요 요인이 된다.

2012년 어머니 날[01] 나는 아이에게 카드 한 장을 받았다. 거기에는 쓰여 있는 말이 나를 무척 감동시켰다.

"엄마, 감사드려요. 엄마가 제 타고난 재능을 현명하게 잘 지켜주서서 오늘의 제가 될 수 있었어요."

나는 이 말을 세상 모든 엄마에게 들려주고 싶다. 우리가 아이의 타고난 재능을 알아보고 그것을 지켜줄 때 아이들이 이처럼 기적을 창조해낸다는 것을 알려주고 싶다!

정상적인 '학력'에 대해 말하자면, 정걸 역시 다른 아이들과 마찬가지로 초등학교 입학, 중학교 진학, 시험을 통한 고등학

---

01) 어머니 날(母親節) : 중국의 어머니날은 매년 5월 둘째 주 일요일이다.

교 합격[02]이라는 세 단계를 거쳤다. 그 기간 동안 좋은 기회도 많이 만났지만 어려운 일 역시 수없이 겪었다. 되돌아보면 감개무량한 시간이다.

첫 번째 단계, 초등학교 입학 시기에 아이는 하마터면 입학조차 하지 못할 뻔했다. 그 당시 아이는 거의 6살이 될 때까지 내 사정 때문에 중국과 한국을 오가야 했고 어쩔 수 없이 영어 유치원에 다녔다. 그래서 나는 영어가 익숙한 아이를 북경 서성(西城)에 있는 육영(育榮)영어초등학교에 보내기로 결정했다. 그런데 입학원서를 내러 간 날 나는 선생님에게서 아이를 입학시킬 수 없다는 얘기를 들었다. 그동안 말을 배우거나 그림을 그린 것 외에는 전혀 배운 것이 없다 보니, 아이는 아는 한자가 별로 없었고 쓰는 건 더더욱 안 됐기 때문이었다. 선생님에게 아이들이 초등학교에 입학하기 위해 보통 몇 글자 정도를 배워 오는지 묻자 최소한 100자에서 200자까지 알고 온다고 했다. 그래서 나는 아이에게 꼭 그만큼의 글자를 가르쳐 오겠다고 약속하고 그 즉시 그림으로 글자를 익히는 책을 한 권 사서 아이를 가르치기 시작했다.

특별히 그 책을 고른 이유는 우리 아이가 우뇌가 특히 발달했다는 걸 알고 있었기 때문이며 아이는 어려서부터 그림도 꽤 잘 그렸다. 결국 아이는 그림을 통해 글자를 배우는 방법으로 300자가 넘는 한자를 외웠고, 순조롭게 원하던 초등학교에 입학했다.

여기서 내가 강조하고 싶은 것은, 아이에게 성급하게 뭔가를 외우게 하거나 하는 등의 주입식 교육을 시켜서는 안 된다는 점

[02) 중국에서 고등학교에 진학하려면 치열한 고입시험인 '中考'를 봐야 한다. 높은 점수를 받아야 명문고에 들어갈 수 있다.

이다. 보통의 아이라도 아이의 잠재력이 발현되는 순간, 웬만한 지식 정도는 전혀 걱정할 거리가 못 된다. 아이가 공부하려는 의지가 있고 적절한 방법을 사용한다면 기초 지식 정도는 쉽게 익힐 수 있다.

나는 줄곧 '영재교육'을 공부했지만, 정걸이가 6살이 좀 넘을 때까지 우리 아이에게서 그 어떤 특별한 재능도 발견하지 못했다. 그런데 초등학교에 입학한 후부터 아이는 빠르게 발전하더니 연속해서 세 차례나 월반을 했고, 결국 9살 때 중학교에 진학했다.

그걸 지켜보면서 나는 우리 아이에게 지식 교육을 일찍 시키지 않은 것이 탁월한 선택이었다고 생각했다. 사실 아이가 두 돌쯤 되었을 때 자폐 성향을 조금 보여서 가족들은 아이에게 더 관심과 사랑을 쏟으려 노력했다. 그러다보니 초등학교 입학 전까지 아이에게 간단한 감성교육과 경제교육, 그리고 올바른 습관을 길러 준 것 외에는 다른 선행 교육들은 일절 시키지 않았다.

아이의 월반에 얽힌 재미있는 이야기가 있다. 사실 아이의 월반은 우리가 힘들게 애써서 이루어 낸 결과가 아니다. 아이가 처음으로 월반한 것은 초등학교 2학년 때의 일이다.

그 당시 교실에는 책을 볼 수 있는 작은 도서 코너가 있었는데, 아이는 글자를 많이 알다 보니 그곳에 있는 책을 읽는 걸 좋아했다. 그렇게 자기네 반 책을 다 읽은 어느 날, 자기보다 높은 학년 형의 반에 가서 놀다가 거기에는 책이 더 많다는 사실을 발견했다. 그리고 집에 돌아와서는 그 반 학생이 아니면 책을 빌려주지 않는다면서 그 반에 들어가고 싶다고 했다.

나는 그 형의 반은 3학년 반이기 때문에 가고 싶다고 해서 마음대로 옮길 수 있는 것이 아니라고 알려주었지만 아이는 선생님을 찾아가 한 번만 부탁해 달라고 하는 것이었다. 결국 선생님을 찾아가 물으니 그런 일은 교장선생님과 의논해야 한다고 해서 다시 교장선생님을 찾아갔다.

다행히 그 학교는 비교적 개방적인 학교여서 월반이 가능했다. 단, 교장 선생님은 먼저 시험을 통과해야 한다고 하셨다. 시험과목은 국어, 수학, 영어, 체육 이렇게 4과목이었다. 우리는 시험을 보겠다고 했고 아이는 좋은 성적을 거두었다.

국어 시험의 경우 그동안 책도 많이 읽고 매일 집에서 연설 연습도 한 덕분에 표현력도 좋아서 전혀 문제될 것이 없었다. 또한 그 당시 주식투자와 카드놀이를 즐겨 하고 있었기에 수학실력 역시 나쁘지 않았다. 마지막으로 영어 역시 어려서부터 영어 유치원에 다녔으니 더 말할 것도 없었다. 그렇게 시험을 모두 통과하고 나서 아이는 수월하게 초등학교 3학년으로 월반했다.

그리고 3학년 반에 있는 책을 모두 읽은 다음, 또다시 다른 학년으로 올라가고 싶어 했다. 이미 한 번 경험한 일이라 두 번째로 교장선생님을 찾아갔을 때는 학년을 바꾸기가 더 쉬웠다.

그렇게 세 차례 월반을 한 결과 아이는 9살에 중학교 진학을 하게 되었다. 아이가 지원한 학교는 북경 외대 부속중학교로 그 학교는 매년 2천 명이 지원해서 200명만 합격하는 명문 학교다. 그러다보니 떨어지는 아이가 수도 없이 많았다. 걱정스러운 마음에 당시 입학시험을 보고 나오는 아이에게 시험은 어땠냐고 묻자 아이는 이렇게 대답했다.

"식은 죽 먹기였어요."

그런데 학교에 입학하자마자 또 예상치 못한 일이 벌어졌다.

합격은 했지만, 다른 아이들보다 어리다 보니 학교에 제대로 적응하지 못할까 봐 늘 노심초사했는데, 결국 입학한 지 얼마

안 돼서 담임선생님에게서 전화가 걸려왔다. 아이가 어리다 보니 수업시간에 자꾸 장난을 한다는 내용이었다.

전화를 받고 나서 내가 가장 먼저 한 생각은 이 문제를 어떻게 해결할까가 아니라, 더 근본적인 문제에 관한 것이었다.

지금껏 나는 아이에게 가장 필요한 것은 '명문학교'가 아니라 '훌륭한 선생님'이라고 생각해 왔다. 다시 말해 학교의 조건이 아무리 우수하다 해도 좋은 선생님을 만나지 못하면 아무 소용이 없다고 생각하고 있었다. 즉 아이만의 특징을 이해하고 그것에 맞추어 가르치는 '훌륭한 선생님'을 만나느냐가 무엇보다 중요하다고 생각한 것이다.

그래서 나는 월반을 할 때마다 일일이 아이의 선생님들을 찾아다니며 우리 아이의 특징을 설명했다.

"저희 아이가 좀 특이하다 보니 손을 움직여서 실제로 해봐야만 배운 걸 이해하는 버릇이 있습니다. 그러니 아이의 이런 이상한 행동을 좀 이해해 주시길 바랍니다. 혹시라도 이 일로 인해 문제가 발생할 경우, 아이를 직접 제지하지 마시고 바로 제게 말씀해 주십시오. 부디 우리 아이가 앞으로 선생님의 기대에 어긋나지 않는 훌륭한 학생으로 성장할 거라고 믿어주시기 바랍니다."

다행히 북경 외대 부속중학교의 선생님들은 비교적 생각이 깨어 있는 분들이다 보니 내 말을 이해하고 지지해주셨다. 이것이 바로 아이가 반에서 가장 어린 데도 선생님이 가장 좋아하는 학생이 된 이유 중 하나다.

2010년 중학교 2학년이었던 정걸은 성적이 꽤 괜찮은 편이었기에 나는 아이에게 고등학교에 대해 알려주고 미리 고등학교 진학 준비를 시켜야겠다고 생각했다. 마침 우리 옆집에 살고 있던 한국 아이가 고등학교에 진학하기 위해 특정 학교의 입학

시험을 준비하고 있었다. 나는 정걸에게 어차피 내년에 똑같이 겪을 일이니 미리 한번 경험해본다는 의미에서 그 누나와 함께 시험장에 가보는 게 어떻겠냐고 제안했다.

시험 전날, 아이는 한국 누나와 함께 시험장인 북경왕부학교로 답사를 갔다. 막상 가보니 교정도 멋지고 공자(孔子)의 동상까지 있는 걸 보고 아이는 그 학교가 무척 맘에 들었던 모양이었다. 직접 학교 직원을 찾아가 시험에 관한 정보를 가르쳐 달라고 하면서 시험 참가비가 200위안이라는 것까지 알아냈다. 그리고 자신이 시험에 참가할 수 있는지 묻고는 가능하다는 답변을 듣고 그 즉시 시험에 등록했다. 그렇게 그냥 한 번 해보자는 마음으로 다음 날 시험에 참가하게 되었다.

그런데 시험을 본 날 오후 2시, 전혀 생각지도 못한 일이 벌어졌다. 북경왕부학교 선생님이 전화를 해서는 김정걸의 필기시험 점수가 높으니 면접에 참가해도 좋다고 통보를 해온 것이다. 우리는 모두 무척 놀랐다. 아직 중학교 3학년도 다니지도 않았는데 시험에 통과했다고? 우리가 분석해 본 결과 수학과 영어 실력이 월등히 높은 것이 합격의 주요 원인이었다.

아이는 어려서는 영어 유치원에 다녔고, 중학교 때는 내내 라이스 영어센터에서 공부했다. 그러다 보니 시험을 보기 며칠 전 라이스 총회의 보조 연구원으로 뽑힐 정도로 유창한 회화 능력을 갖추고 있었다. 수학은 더욱 말할 것도 없었다. 잠재력 테스트에서 수학지능이 8대 지능 가운데 가장 높은 것으로 나타났고, 어려서부터 돈을 관리하는 법을 배우고 현금게임과 주식투자를 즐긴 덕분에 논리적인 사고력 또한 지니고 있었다.

이렇듯 학교에서 공부한 시간은 길지 않지만, 일상생활에서 많은 능력을 키우면서 풍부한 지식을 접해온 것이 중학교 2학년 때 고등학교 합격이라는 결과로 이어진 것이다.

면접을 보기로 한 날 오후 우리는 아이와 함께 면접 장소에 도착했다. 왕부학교에서도 이렇게 어린 학생을 받아 본 적이 없기에 우리와의 면접을 무척 중요하게 생각하는 듯했다.

교장을 포함하여 선생님 세 분에 교무부 선생님까지 동원하여 아이의 면접을 진행했다. 나는 밖에서 기다리면서 조그만 창문을 통해서 아이가 일어섰다 앉기를 반복하면서 끊임없이 손동작을 하는 모습을 지켜보았다.

면접은 장장 한 시간 반이나 계속 되었다. 알고 보니 면접관들이 아이의 사고의 독립성, 성숙도, 분석력 및 문제해결력, 그리고 감성지수 등을 파악하기 위해 이런저런 문제들을 자세히 물어보다 보니 시간이 그렇게 흐른 것이었다. 결국 면접관 전원이 아이의 대답에 만족했고, 첫 번째로 면접을 보러 들어갔던 정걸은 가장 먼저 합격증을 받았다.

왕부학교는 국제 고등하교이다. 그러다 보니 교장선생님은 미국 명문대학 입시를 준비할 특별반을 만들 계획이었다고 한다. 그런데 자발적이면서 자신만의 생각을 지닌 아이들이 많지 않다는 걸 알게 되었고, 그 와중에 11살 정걸을 만나게 된 것이다. 그들은 아이를 무척 마음에 들어 했고 면접이 끝나자마자 그 자리에서 바로 아이의 합격을 결정했다. 게다가 몇몇 선생님을 따로 지정하여 정걸에게 가장 적합한 학습계획을 세우도록 했다. 나는 왕(王) 교장 선생님의 의도를 대충 알 것 같았다. 11살 고등학생 정걸을 통해 정걸보다 나이가 5살이나 많은 학생들을 자극할 계획이었던 것이다.

이렇게 해서 아이는 11살에 고등학생이 되었다.

정걸의 학창시절을 뒤돌아 볼 때, '전통적인 학교교육 체제의 그물을 빠져나간 물고기'라고 보기보다, 비교적 운이 좋은 아이라고 보는 편이 맞을 것 같다. 8년이라는 학창시절 동안 12년의 기초교육과정을 모두 이수할 수 있었던 것은 가정, 학교, 사회라는 세 꼭짓점이 서로 협력하여 필수적인 교육 임무를 초과하여 달성해낸 덕분이었다. 예를 들어 아이는 기초 학문인 국어, 수학, 영어의 성적이 언제나 우수했는데, 이는 학교에서 열심히 공부한 덕택이기도 하지만 가정에서 그와 관련된 수많은 연습을 꾸준히 해온 결과였다.

책을 읽고 연설을 하고, 여행을 다녀온 후 느낀 점을 나누고, 돈 관리나 증권투자 같은 것들을 꾸준히 해오면서, 아이는 일상생활에서 이미 다양한 지식과 실전 경험을 쌓아 온 것이다. 게다가 정걸은 학습을 목적으로 학원에 다녀본 적은 없지만 많은 사회기관에서 체계적인 교육을 받아왔다.

이렇듯 사회교육은 학교교육을 충분히 보완해줄 수 있다. 예컨대 아이는 초등학교 때 영어 여름캠프에 여러 차례 참가하면서 영어실력과 더불어 독립심과 협동심을 키웠다.

중학교 때는 매주 주말 라이스 영어센터에 가서 영어공부를 하면서 리더십도 함께 길렀고, 9살 때는 중국과학원의 심리학 연구소에서 심리학을 공부하기도 했다. 또한 독서학회에서 속독 속기법을 배우는가 하면, 데이비스 여름캠프에 참가하여 골프를 배우면서 영어회화를 연습했다. 고등학생이 되어서는 여름방학 때마다 해외여행을 갔는데 일본, 한국, 미국의 아이비리그에 다녀왔다.

무엇보다 아이의 가장 특별한 학습경험은 내 주변 친구들에게서 배운 일이었다. 나는 늘 아이와 내 일 모두를 위해 다양한 사람들과 인간관계를 맺어 왔다. 각 분야의 수많은 '고수'들과 친분관계를 유지하면서 나 자신도 발전할 수 있었고, 이들을 아이에게 소개해 줌으로써 아이 역시 자신도 모르는 사이에 이들에게서 지혜를 배울 수 있었다. 또한 우리 힘으로 도저히 해결할 수 없는 문제에 직면했을 때 언제든 이런 사람들에게 도움을 청할 수 있었다.

이렇게 전문가들이 아이의 의문을 풀어주는 것이 바로 내가 그동안 강조했던 '다른 사람의 어깨 위에 서기'의 지혜라고 할 수 있다. 이것 역시 중요한 학습능력 중 하나인 것이다.

아이가 수많은 '전문가'들의 어깨 위에 올라설 때, 아이의 성장 속도가 얼마나 빠를지 상상이 가는가?

이렇게 풍부하고 다양하면서 효과적인 학습 방법과 경험이 바로 아이의 오늘을 만들었다고 나는 생각한다.

2013년 6월, 기자 두 명이 북경의 최연소 고등학교 졸업생인 14살 김정걸의 졸업식에 참가했다. 그리고 아이를 취재하며 멋진 대화를 나누었다. 기쁜 마음으로 다른 부모들과 그 중 일부를 나누고자 한다.

기자: 정걸 학생 안녕하십니까. 당신이 생각하는 고등학교 3년 동안의 가장 큰 수확을 세 가지만 말씀해 주시겠습니까?

정걸: 첫 번째 수확은, 세계적인 꿈을 갖게 된 것입니다. 왕부고등학교에서는 매월 세계적인 대학자와 동기부여 연설가들의 강연을 들을 수 있었습니다. 수많은 강연을 들으면서 저 역시 세계적인 꿈을 향해 매일 전진할 수 있었습니다!

두 번째 수확은, 학교에서 지낸 3년 동안 아시아 최고의 선생님들을 많이 만나 뵐 수 있었다는 점입니다. 양개은(梁凱恩) 선생님, 임위현(林偉賢) 선생님, 안준평(安俊平) 박사, 정우인(丁愚仁) 사부, 도덕학당의 형제들이 바로 그들입니다. 이분들은 제게 큰 깨우침을 주셨습니다. 제가 세상에 태어난 이유가 바로 이분들처럼 많은 사람을 도우며 이 세계를 위해 의미 있는 일을 하기 위해서라는 걸 깨우쳐 주셨습니다.

세 번째 수확은, 어떤 상황에서든 긍정적으로 생각하는 마음가짐을 지니게 되었다는 점입니다. 저는 이점을 매우 기쁘게 생각합니다.

기자: 같은 또래 친구들에게 해주고 싶은 말이 있습니까?

정걸: 여러분, 어려서부터 여러분보다 훌륭한 여러 분야의 사람과 많이 사귀도록 하세요. 그럴 때 여러분의 인생은 확실히 달라질 것입니다!

〈김정걸의 미국 대학 자기소개서〉

입시 담당자님께.

안녕하십니까. 저는 김정걸입니다. 올해 13살입니다. 13년이라는 짧은 인생 동안 제게 큰 영향을 준 사람이 세 명 있습니다. 저는 그분들께 깊이 감사드립니다. 그분들이 제게 어떤 영향을 주었는지 알게 된다면, 어떻게 지금의 제가 있는지 깨달으실 수 있을 겁니다.

첫 번째로 감사하고 싶은 사람은 저희 어머니입니다. 어머니의 말씀 두 가지가 제게 큰 영향을 주었습니다. 첫 번째는 제가 6살 때 초등학교에 입학하기 전날 저녁에 하신 말씀입니다. 남자가 성공하기 위해서 반드시 갖춰야 할 세 가지가 있는데, 그건 총명함, 근면함 그리고 남의 충고를 잘 듣는 자세라고 하셨습니다. 저는 이 말을 일상생활 속에서 꾸준히 실천해 나갔습니다. 제 아이큐가 154이기는 하지만 부지런하지 않다면 '잔꾀나 부리는 사람'이 될 것이라는 걸 알고 있습니다. 그래서 학교에 입학한 그날부터 매일 10시에 자고 6시 반에 일어났고, 지금까지 한 번도 어긴 적이 없으며 주말에도 똑같이 실천했습니다. 또한 저는 어른들이 저보다 지혜롭다고 믿기에, 그분들의 충고를 감사히 받아들였습니다. 다른 사람의 의견이 제 생각보다 합리적이라고 판단되면 망설임 없이 수용했고 그 결과 시행착오를 줄일 수 있었습니다.

두 번째는 제가 7살 때 바둑을 배우러 가기 전날 저녁에 어머니가 하신 말씀입니다. 당시 저희 집에는 잠자기 20분 전에 그날 있었던 일을 이야기하는 시간이 있었습니다. 그날 저녁 어머니는 이렇게 말씀하셨습니다. "전 세계 사람들의 80%는 큰 성공을 거두지 못한다. 길을 잘못 선택해서 그렇게 된 경우도 있고, 올바른 선택을 했는데 끝까지 견뎌내지 못해서인 경우도 있지. 엄마는 네가 너의 선택을 끝까지 지켜나가서 20%의 성공한 사람이 되길 바란다." 저는 언제나 이 말씀을 떠올리며, 제가 선택한 일이라면 그 무엇이든 기쁜 마음으로 완수해냈습니다(I'm happy doing what I'm doing).

이와 관련한 저의 경험담 두 가지를 들려 드리겠습니다.

제가 7살 때 바둑을 배우기 시작할 당시 기원이 집에서 가깝다 보니 즐겁게 2년을 다녔습니다. 그런데 실력이 향상되면서부터는 훨씬 더 먼 곳으로 바둑을 두러 다니게 되었습니다.

겨울에 시합이 있을 때는 새벽 6시 반에 집을 나서서 1시간 넘게 지하철을 타고 가야 했습니다. 가끔 부모님이 시간이 없어서 함께 가지 못할 때는 엄마가 늘 저를 지하철역 입구까지 데려다 주시면서 이렇게 말씀하셨습니다.

"끝까지 해보는 거다!"

저는 제가 좋아하는 바둑과 사랑하는 엄마를 위해 이를 악물고 버텨냈습니다. 그렇게 9살 때 혼자서 지하철을 타고 북경의 도심을 왕래했던 경험 덕분에 저는 독립심을 키울 수 있었습니다.

4년간 바둑을 두면서 물론 질 때도 많았습니다. 하지만 저는 한 번도 포기를 생각해 본 적이 없으며, 오히려 검은색과 흰색 돌이 만들어내는 이 세계를 갈수록 더욱 사랑하게 됐습니다. 그렇게 바둑을 배운 덕분에 높은 수학 점수를 받을 수 있었고, 강한 인내심과 꼼꼼한 성격을 지닌 사람이 될 수 있었습니다.

9살 때는 할아버지의 권유로 태권도를 배우기 시작했습니다. 남자가 큰일을 하려면 건강한 체력이 뒷받침되어야 한다는 할아버지 말씀에 태권도를 하게 된 것입니다. 2년 동안 주말마다 태권도 도장에 가서 꾸준히 연습하다 보니 지금은 파란 띠 선수가 되었습니다. 앞으로 2년 후 대학에 들어갈 때는 검은 띠 사범이 되고 싶습니다. 태권도를 연습한 덕분인지 키가 빨리 자라서 2년 동안 무려 16cm나 자랐고 성격도 용감해졌습니다.

두 번째로 감사하고 싶은 사람은 모택동입니다. 저는 매년 그와 관련된 책이나 영화를 보곤 하는데 그의 장점 두 가지가 제게 큰 영향을 주었습니다. 첫째, 모택동은 보통 사람과는 비교도 되지 않을 만큼 엄청나게 많은 양의 책을 읽었는데, 매년 500권 이상의 책을 읽었다고 합니다. 하지만 저는 처음 1년 동안 겨우 50권밖에 읽지 못했습니다. 그래서 빨리 읽는 방법을 고민하기 시작했고 9살 때 중국 속독속기협회를 찾아가 빨리 읽는 법과 빠르게 암기하는 법을 배웠습니다. 그리고 현재는 분당 2,500자 정도를 읽을 수 있는 수준이 되었으며 그러다 보니 독서량도 이전의 네 배가 되었습니다. 모택동의 두 번째 장점은 연설을 잘한다는 점입니다. 그가 중국을 통일할 수 있었던 데에는 그의 연설실력이 중요한 역할을 했습니다. 저 역시 그를 본받아 책을 읽고 나서는 주변 사람에게 제가 읽은 내용과 배운 점을 이야기하곤 했습니다. 그렇게 해서 10살이 되었을 때 2천 명이 넘는 관중 앞에서 영어로 자신 있게 연설을 했고 이는 무척 즐거운 경험이었습니다.

제가 세 번째로 감사하고 싶은 사람은 워런 버핏(Warren Edward Buffett)입니다. 저는 두 가지 방면에서 그에게 큰 영향을 받았습니다. 그와 그의 파트너 찰리 멍거(Charles Thomas Munger)는 30년간 함께 일했고, 그야말로 환상의 콤비였습니다. 만약 이런 파트너가 곁에 있다면 성공은 당연한 결과일 것입니다. 그래서 저 역시 제 팀을 조금씩 만들어 가는 중입니다.

제게는 저보다 나이가 많은 친구들이 많이 있는데, 그들 중에 매니지먼트 박사, 법률 박사, 금융 박사가 있습니다. 앞으로 2년 안에 심리학 박사를 만나든지, 아니면 제가 대학에 가서 직접 심리학과 경제학을 공부할 계획입니다. 이것 역시 제가 듀크대학(Duke University)에 지원한 중요한 이유입니다. 듀크대학의 심리학과와 경제학과는 세계 최고이기 때문입니다.

워런 버핏이 제게 준 두 번째 영향은 바로 돈에 대한 태도입니다. 그는 자신은 검소한 생활을 하면서도 380억 달러를 기부해 다른 사람을 도왔습니다. 사회적 책임감이 투철한 진정한 사내대장부라고 생각합니다. 비록 저는 아직 가진 돈은 많지 않지만, 도움이 필요한 사람들을 있는 힘껏 도와 왔습니다. 9살 여름방학 때부터 사회단체에서 꾸준히 자원봉사를 했고, 외로운 노인들을 도왔습니다. 그리고 언젠가는 저도 워런 버핏처럼 더욱 많은 사람을 돕고 싶습니다.

마지막으로 제가 지원서를 내게 된 이유 세 가지를 말씀드리겠습니다. 첫째, 귀교에서 선발한 학생들은 모두 천재라고 알고 있습니다. 저는 그들의 장점을 발견하면서 저 자신을 객관화시켜 보고 싶습니다. 우수한 그룹 안에 있을 때 제가 더욱 빨리 발전할 수 있다고 믿습니다. 둘째, 저는 대학에서 심리학을 전공하고 싶은데 귀교의 심리학 전공은 세계 최고입니다. 셋째, 저는 농구와 NBA를 무척 좋아합니다. 귀교에는 매우 훌륭한 농구단이 있고, 저는 언젠가 그 농구단의 선수가 되기를 간절히 희망합니다.

제가 귀교에 어떤 도움이 될 수 있을까도 생각해봤습니다. 이것 역시 세 가지 방면에서 말씀드리겠습니다. 첫째, 저는 여행을 무척 좋아합니다. 이미 중국의 15개 성을 가 보았고 한국과 일본에도 다녀왔습니다. 저는 함께 공부하는 학생들과 제 아시아 여행 경험을 나누고 싶습니다. 이를 위해 특별히 100장의 중국문화 소개 PPT를 제작해 두었습니다. 저는 문화교류의 사절이 되기를 희망합니다. 둘째, 저는 다양한 운동 경험이 있습니다. 중국 바둑, 중국 태극권, 한국 태권도를 배웠습니다. 함께 공부하는 친구들과 즐겁게 저의

운동경험을 나누면서 더욱 빨리 친해지고, 서로 다른 문화를 이해
해보는 기회로 삼고 싶습니다. 셋째, 저는 지금까지 많은 경험을 하
면서 목표를 끈질기게 추구하는 정신과 강한 의지력을 지니게 되었
고 동시에 미지의 세계에 대한 무한한 탐구심도 가지게 되었습니다.
저는 영어, 스페인어, 한국어 그리고 중국어를 구사할 수 있기에 다
른 나라 학생들과 활발히 교류하면서 제가 가진 이런 정신적 재산을
함께 나누고 싶습니다.

마지막은 제 좌우명으로 마무리하고자 합니다!

"만약 자신이 하는 일이 중요하고 또 옳다고 생각한다면 계속해
나가라. 목표를 끈질기게 추구하다 보면 '실패를 통해 앞으로 나
아가는 법'을 배우게 될 것이다."(Be persistent. If you know what you're
doing is important and right, Stick to it. Doggedly purse your goals. Learn
to 'fail forward'.)

〈김정걸 미국 대학 추천서〉

존경하는 Simon's Rock 입시 담당자님께.

저는 귀교에 14살 천재 김정걸을 추천하게 되어 무척 기쁘게 생각
하는 바입니다. 저는 강한 자는 갈수록 강해진다는 말을 믿습니다.

저는 북경왕부학교(Beijing Royal School) 3학년 김정걸의 담임선생님
이며 〈중국문화〉 과목의 수업을 맡고 있습니다. 거의 7년 동안 학생
들을 가르쳐 오면서 김정걸처럼 기억력이 탁월하고 매력적이며 다른
사람과 자신의 것을 나눌 줄 아는 학생을 만나 본 적이 없습니다.

수업시간에 노자가 쓴 〈도덕경〉을 외울 때의 일입니다. 〈도덕경
〉은 가장 외우기 어려운 중국 책으로, 모두 81장으로 이루어져 있
습니다. 다른 학생들의 경우, 이 책을 공부하고 외우는 데 5일이 걸
린 반면, 정걸은 단 하루 만에 모두 암기했습니다. 게다가 다른 친

구들에게 자신이 마인드맵(Mind map)[03]을 이용해서 어떻게 책을 외웠는지 차근차근 설명을 해주었습니다. 우리는 모두 너무 놀라 어리둥절했습니다. 정걸은 이렇게 자신만의 특별한 학습법을 가지고 있었기에 네 차례나 월반을 했어도 공부를 따라가는데 전혀 어려움이 없었던 것입니다.

또한 정걸은 용감하고 매력적인 학생입니다. 방학 때만 되면 리더로서 친구들을 이끌고 중국 상해나 황산, 미국 아이비리그 등 먼 곳까지 여행을 다녀왔습니다. 비록 나이가 어리지만 다른 사람을 챙기는 데는 타고난 재주가 있는 것 같습니다. 정걸은 개학을 해서 학교에 올 때마다 더욱 키가 커져서 돌아왔습니다. 그리고 반 친구들에게 방학 동안에 자신이 한 일이나 이룬 성과에 대해 들려주었는데, 그 이야기를 듣는 것은 우리 반 모두의 큰 즐거움이었습니다. 이렇게 정걸은 반 아이들에게 남과 다른 특별한 생활방식을 가르쳐주었습니다. 세계를 가슴에 품고, 용감하게 자신에게 도전하는 이 학생을 저희는 너무나 사랑합니다.

마지막으로 정걸은 다른 사람의 입장에서 생각할 줄 아는 학생입니다. 이는 우리 모두가 좋아하는 정걸의 장점입니다. 그래서 그와의 대화는 언제나 즐겁습니다. 다른 사람을 너그럽게 포용할 줄 알기에 정걸의 주변에는 언제나 함께하는 친구들이 많습니다. 정걸을 따라 바둑과 배드민턴을 배우는 것은 우리 반 친구들의 일상이라고 할 수 있습니다. 저는 정걸이 자신이 좋아하는 스티브 잡스처럼 세상을 바꾸는 사람이 될 거라고 확신합니다. 그리고 자신의 우상인 워런 버핏과 같이 수많은 사람을 도울 거라고 믿습니다.

추천교수: Chaojun, wang

03)마인드맵(mind map): 마인드맵이란 문자 그대로 '생각의 지도'란 뜻. 자신의 생각을 지도 그리듯 이미지화해 사고력, 창의력, 기억력을 한 단계 높인다는 두뇌 개발 기법이다. (시사상식사전, 박문각)

'즐거움'을 주는 교육이 최고의 교육이다

아이는 6살 때까지 유년시절을 온전히 누리면서 가족의 사랑을 듬뿍 받아야 한다. 초등학생 때는 공부가 재미있다는 걸 느껴야 하고, 중학교 때는 올바른 학습 방법을 배워야 하며, 고등학교 때는 경쟁에 참여할 준비를 해야 한다. 이것이 바로 완벽하고 행복한 교육이다.

나는 교육봉사를 하고자 전문가들을 따라 산동(山東) 마이산(馬耳山) 애동(艾東) 초등학교를 방문한 적이 있다. 그곳은 두메산골이었지만 아이들의 작은 얼굴에서는 순수함과 즐거움이 그대로 느껴졌다. 교육환경은 북경과 비교도 안 될 만큼 열악했지만, 그곳 아이들이 받는 교육 방식과 열정적인 학습 분위기는 도시에 절대 뒤지지 않았다.

누군가 나에게 '아이의 학습 능력에 가장 중요한 영향을 미치는 요인은 무엇인가?'라고 묻는다면 나는 이렇게 답하겠다. 아이의 성장과 교육에서 가장 중요한 것은 지속적인 즐거움을 주는 일이다.

그렇다면 지속적인 즐거움은 주려면 어떻게 해야 할까? 주변에서 어떻게 이끌어주느냐가 중요하다고 하겠다. 아이는 6살 전까지 유년시절을 온전히 누리면서 가족의 사랑을 듬뿍 받아야 한다. 초등학생 때는 공부가 재미있다는 걸 느껴야 하고, 중학교 때는 올바른 학습 방법을 배워야 하며 고등학교 때는 경쟁에 참여할 준비를 해야 한다. 이것이야말로 가장 완벽하고 행복한 교육이다.

가끔 나는 우리 아이에게 즉흥적으로 질문할 때가 있는데, 한 번은 이렇게 물어보았다.

"네가 생각하기에 인생에서 가장 즐거운 일 세 가지는 무엇이니?"

아이의 대답은 많은 사람을 놀라게 했다.

"인생의 세 가지 즐거움 중에 가장 큰 즐거움은 잠이에요. 잠을 잘 때 몸과 마음이 모두 편하잖아요. 두 번째 즐거움은 운동이라고 생각해요. 자신에게 활력을 주니까요. 잠도 충분히 자고 운동도 많이 했다면 남은 즐거움은 바로 공부라고 생각해요."

이것이 바로 아이가 14년을 살아오면서 깨달은 즐거움이었다. 어른들이 예상하지 못한 아이의 대답은 '건강한 몸에 건강한 정신이 깃든다.'는 격언이 딱 들어맞는 말이다.

그리고 나는, 비록 공부가 세 번째이긴 했지만 공부를 즐거운 일로 여긴다는 것만으로도 충분히 기뻤다. 그리고 궁금했다.

도대체 어떤 힘이 아이가 공부를 즐겁게 생각하도록 만들었을까? 그 동기는 무엇일까? 결국 나는 그 답을 찾았다.

아이가 공부에 언제나 열정적인 이유는, 지금 눈앞의 해야 할 일과 미래에 자신이 하고 싶은 일을 연결 지어 생각하기 때문이었다.

예를 들어 정걸은 카드놀이를 무척 좋아한다. 함께 카드놀이를 한 어른들은 이렇게 감탄하곤 한다.

"무슨 아이가 이렇게 카드놀이를 잘하니! 정말 대단하다!"

그 이유는 아이가 카드놀이를 정말로 좋아하기에 열심히 노력해서 자신만의 방법을 터득한 덕분이다. 어렸을 때부터 카드놀이를 하면서 돈에 대해 공부하다 보니 7살에 주식투자를 시작하기도 했다. 좀 더 커서는 카드놀이를 하면서 상대방을 관찰하더니 미래에 대학에서 심리학을 공부하겠다고 결심했다. 이렇게 놀면서 지금 자신이 하는 일이 미래에 어떤 도움이 될지를 생각하면, 아이는 그 놀이를 더욱 즐기게 되고 열심히 해 나갈 힘을 얻는다.

나는 소위 '문제가 있는 아이들'과 수업을 할 때 대화를 많이 나누는 편이다. 그렇게 우선 친해지고 나서 다음의 세 가지 문제를 아이들에게 확실히 인식시킨다.

왜 공부를 해야 하는가? 아이에게 매일 다음과 같은 문제를 생각해보게 한다. '오늘 배운 것을 앞으로 어디에 쓸 수 있을까?' 이렇게 계속 생각하다 보면 아이는 분명 무언가를 깨닫게 될 것이다.

누구를 위해 공부해야 하는가? 즉, 공부하는 목적을 분명히 해야 한다. 부모를 위해서 공부하는 것인가, 아니면 자신의 인생을 위해서 하는 것인가? 만약 아빠 엄마를 위해서 공부하는 것이라면, 어느 날 갑자기 아빠 엄마가 사라져 버린다면 어떻게 할 것인가?

어떻게 공부해야 하는가? 공부를 할 때는 자신만의 방법이 있어야 한다. 아이마다 방법이 각기 다를 수 있는데, 그건 자신만의 특성과 지능 성향을 가지고 있기 때문이다. 아이가 공부를 못할 때는 언제나 근본적인 원인이 있기 마련이다. 먼저 그 원인을 찾아 해결해야만 아이에게 좋은 공부 방법을 소개해줄 수 있다. 예를 들어 청각이 특히 발달한 아이라면 많이 읽게 하고, 시각이 예민한 아이라면 많이 보여주는 방법을 사용한다.

이 세 가지 개념을 확실하게 정리해 줄 때 아이는 가장 적합한 길을 찾아 갈 수 있다. 그러면 아이는 더 이상 기계적으로 동일한 학습 지시에 따르지 않아도 되고, 흥미가 없는 일을 반복할 필요도 없으며, 무기력한 분위기 속에서 스트레스를 받지 않아도 된다.

그렇게 공부가 자신의 타고난 성향을 거스르지 않을 때 아이는 편안함을 느끼고, 자신이 발전하는 것을 스스로 지켜보면서

'자부심'도 느낀다. 즉, 한 가지 일을 성공적으로 해내면 아이는 자신감과 할 수 있다는 용기를 얻으면서 자연히 공부를 즐거워하게 되는 것이다.

부모들이 가장 골치 아프게 생각하는 영어 공부를 통해 한 번 설명해보겠다. 정걸이 말을 배우는 두세 살 때 나는 일과 공부 문제로 한국과 중국을 자주 오가야 했다. 그러다 보니 아이는 중국에 돌아와 살 때는 중국어를 잘 못하고, 다시 한국으로 가면 또 한국어를 할 줄 몰랐다. 이렇게 중국과 한국을 왔다 갔다 하면서 방학을 두세 차례 보내고 나니, 아이의 언어 충돌 문제는 더욱 심각해졌다. 예컨대 친구와 놀 때 공놀이를 하려고 해도 아이는 어떻게 말해야 할지 몰라 망설였다. 하지만 나는 끝까지 아이가 혼자서 친구와 대화를 하도록 내버려 두었다. 중국어든 한국어든 아니면 영어든 의사소통만 되면 된다는 생각에서였다. 과연 아이가 6살이 되고부터 언어 문제는 자연히 해결되었다.

초등학교에 들어간 뒤, 아이는 큰사람학교의 영어 여름캠프에 참가했다. 그리고 캠프 폐막식 때 자신을 데리러 온 나에게 아이는 무슨 귀한 보물을 바치듯 우수대원 증서를 내밀었다.

그 당시 나는 아이가 어려서부터 영어를 배웠으니 우수대원 증서를 받는 건 당연하다는 생각에 그저 가볍게 칭찬해주었다.

"잘했다. 훌륭해."

그런데 집에 돌아와서 자세히 들여다보니 이 우수 증서는 중학생 팀에서 주는 증서였다. 테스트를 통해 팀을 나누었고, 아이의 영어 실력이 또래보다 월등히 높다 보니 자신보다 다섯, 여섯 살 많은 아이들과 함께 중학생 팀이 된 것이었다. 그리고 이후에 라이스 영어센터에서 미국식 수업과 강연 연습, 그리고 리더십 교육 등을 받은 결과 아이는 고등학교 팀에 배정되었다.

이러한 과정을 통해 아이는 자신이 잘하는 것이 무엇인지 정확히 알게 되었고 그 분야에 '자부심'을 가지게 되었다. 자신보다 나이가 많은 형들과 경쟁을 해서 자주 이기기까지 했으니 자부심을 느끼는 게 당연하지 않을까? 또 공부가 얼마나 재미있었겠는가.

이렇듯 적절한 방법을 찾아내어 아이가 거기서 자신만의 특별함을 발견할 수 있도록 해주어야 한다. 그러면 자연히 공부는 즐거운 일이 되는 것이다.

예컨대 특정한 때를 골라 아이를 격려하는 것 역시 효과적인 방법이다. '칭찬은 코끼리도 춤추게 한다'는 말이 괜히 있는 것이 아니다. 나는 어린 시절의 진실한 칭찬 한마디는 아이의 미래를 만든다고 생각한다. 초등학교 때 외국인 선생님은 정걸을 이렇게 칭찬해주었다.

"너의 목소리는 마치 영어를 하기 위해 타고난 목소리 같구나."

라이스 영어센터의 심사위원단도 아이를 이렇게 칭찬했다.

"너는 정말 타고난 연설가다."

이 말을 들었을 때, 10살도 안 된 아이가 얼마나 행복했을지 상상이 가는가?

그 이후 아이에게 스스로 공부 방법을 선택할 자유를 주었을 때, 아이는 자신을 더욱 발전시켜줄 방법을 찾아냈다. 학습의 적극성과 자발성은 이렇게 자연스럽게 생겨나는 것이다.

아이가 즐겁게 공부할 수 있었던 비밀이 바로 여기에 숨어 있었다. 영어만이 아니라 다른 과목 역시 마찬가지다. 아이의 내적 힘은 그 어떤 외적 힘보다도 탁월한 효과를 발휘하는 법이다.

아이의 성장과정을 지켜보면서 내가 알아낸 법칙이 하나 있다. 다시 외국어 학습을 예로 들어 설명해보면, 언어를 배울 때 가장 경계해야 하는 것은 '문을 닫고 혼자 공부하는 것'과 '읽고 외우기만 하는 것'이다. 이는 하나같이 재미라고는 전혀 찾아볼 수 없는 공부방법이다. 그래서 나는 아이를 밖으로 내보냈고, 언어가 쓰이는 현장에서 직접 몸으로 겪고 느끼면서 배우게 했다.

다음은 정걸이 직접 경험했던 몇 가지 일로, 나이는 달라도 모든 아이가 이와 비슷한 경험을 한다고 생각하기에 다른 부모들과 함께 나누고자 한다.

첫 번째 경험은 정걸이 7살 초등학교 3학년 때 있었던 일이다.

그때 나는 유학생들을 이끌고 황산 국제등산대회에 참가할 예정이었다. 아이에게 함께 가겠느냐고 묻자 잠시 생각하더니 몇 개 국가의 학생들이 가는지 물었다. 17개 국가라고 대답하자 그럼 자신도 가겠다고 했다. 그러면서 이제 엄마는 18개 국가대표의 인솔자가 되는 거라고 말했다.

드디어 황산으로 떠나는 날, 아이는 기차 안에서 많은 유학생 형 누나들과 카드놀이를 했다. 그렇게 반나절 정도 지났을 때 아이가 내게 오더니 이렇게 털어놓았다.

"엄마, 저는 제 영어 실력이 꽤 괜찮을 줄 알았어요. 그런데 오늘 카드놀이를 하면서 제가 정말 형편없다는 걸 깨달았어요."

"왜 그렇게 생각하게 됐는데?"

"제가 평소에 공부하는 영어는 일상회화잖아요. 그런데 카드놀이를 하다 보니 정말 많은 전문용어가 있는데, 저는 하나도 모르겠어요."

"그래서 어떻게 할 거니?"

"당연히 집에 가서 열심히 공부해야지요."

아이의 말에서 굳은 결심이 느껴졌다.

이것이 바로 아이를 자발적으로 발전하게 만드는 방법이다. 사실 어려서부터 영어를 배웠기에 정걸의 영어 실력 역시 그리 나쁜 편은 아니었다. 그런데 전문적인 일과 관련된 상황에 맞닥뜨리자, 아이는 자신에게 부족한 점을 스스로 발견해냈고, 그러면서 새로운 지식에 대한 강한 열망을 지니게 된 것이다.

만약 내가 평소에 아이에게 이런 전문적인 영어 단어를 많이 암기하라고 잔소리를 했다면 어땠을까? 아이가 실제로 따라주었을지는 미지수다. 하지만 직접 경험하자 내가 말을 꺼낼 필요도 없이 아이 스스로 그런 생각을 해낸 것이다.

두 번째 경험은 정걸이 9살 때 북경 외대 부속학교에 다닐 적의 일이다.

그 당시 북경시 주체로 홍라사(紅螺寺)에서 '국제학생 문화교류의 날'이 열렸다. 북경에 사는 외국학생들이 함께 모여 놀면서 친구를 사귀는 날이었다.

나는 정걸에게 한 번 참가해 보는 게 어떻겠냐고 권하면서 이렇게 말했다.

"공짜로 영어 회화를 연습할 수 있는 절호의 기회잖아."

그 결과 정걸은 그곳에 가서 많은 유학생 친구를 사귀었다. 그런데 집에 돌아와서 처음 한 말이 의외였다.

"엄마, 저 스페인어를 배우기로 결심했어요."

아이의 말에 가족들 모두 의아해했다. 아이가 다니는 북경 외대 부속학교는 외국어 학교라서 학생들은 필수적으로 제2외국어를 배워야 했다. 정걸의 경우 한국생활 경험도 있고 한국어도 조금 할 줄 알기에 우리는 아이가 당연히 한국어를 선택할 거라고 생각했었다. 나는 그 이유를 물었다.

"왜 스페인어를 배우려고 하는데?"

아이는 이렇게 대답했다.

"홍라사에서 만난 외국인 형, 누나들이 이렇게 말했어요. '스페인어를 할 줄 알고 거기다 영어도 할 줄 알면 미국에서 훨씬 많은 친구를 사귈 수 있다.' 들어보니 미국에는 스페인어를 하는 사람이 무척 많데요. 게다가 남미는 자원이 풍부한 나라니까 스페인어를 배워 둘 경우 나중에 금융업계에서 일할 때 많은 도움이 될 것 같아요.”

그러더니 아이는 진짜로 스페인어를 공부하기 시작했고 2년간 꾸준히 이어갔다.

이 일을 통해 나는 아이에게 다양한 계층의 사람과 지식을 많이 접하게 하면, 부모가 억지로 아이에게 무언가를 시킬 필요가 없다는 점을 깨닫게 되었다. 직접 경험하면서 느끼고 생각하다 보면 학습에 대한 흥미는 저절로 유발되는 것이다. 게다가 부모나 선생님이 준 임무가 아니라 자신이 선택한 일이기에 아이는 더욱 즐겁게 그 일을 한다.

세 번째 경험은 정걸이 12살 고등학교 여름방학 때의 일이다.

당시 나는 아이를 데이비스 골프 영어단어 속기 여름캠프에 등록시켰다. 곧 미국대학 지원에 필요한 토플 시험을 준비해야 하니, 그전에 좀 더 많은 영어단어를 익혔으면 하는 바람에서였다.

하지만 아이에게는 이 여름캠프가 영어단어를 익히는 데 도움이 될 거라는 말은 하지 않았다. 아이가 무슨 캠프인지 물었을 때, 골프를 배우는 캠프이며 단지 그곳에서는 영어로만 대화해야 한다고 알려주었다. 그러자 자신이 영어를 꽤 잘한다고 생각하는 아이는 무척 신이 나서 캠프에 참가했다.

일주일간의 캠프 일정이 끝나자 아이는 골프도 제법 할 줄 알게 되었다. 그리고 더불어 익힌 영어 속기는 아이의 특기 중 하나가 되었다.

제대로 '놀게 하기'

바둑은 학교 수업과는 전혀 상관없어 보일지 모른다. 하지만 바둑은 아이의 총체적인 학습능력을 높여주는 계기가 될 수 있다. 바둑을 두면서 아이는 풍부한 지혜를 얻고 다양한 경험을 하기 때문이다.

놀면서 배우기, 이는 즐겁게 공부하는 최고의 경지에 해당된다. 이를 위해 부모가 할 일은 아이에게 폭 넓은 교육환경과 방법을 제공하는 것이다. 가정교육이 오로지 아빠 엄마에 의해서만 이루어져서는 곤란하다. 부모가 아이에게 줄 수 있는 지혜와 에너지는 분명히 한계가 있기 때문이다. 즉, 학습이 폐쇄적인 환경 안에서 반복적인 연습이나 기계적인 명령에 의해 이루어져서는 안 된다. 부모는 아이의 학습력을 높여줄 다양한 실행 방안을 가지고 있어야 한다.

이것이 바로 내가 부모들과 나누고 싶은 또 다른 주제인 '어떻게 해야 아이를 제대로 놀게 할 수 있을까'이다.

2010년 일반인 가운데 재테크에 성공한 사례로, 나는 중국 최대 금융잡지인 〈전경(錢經)〉과 인터뷰를 했다. 본래 인터뷰 주제는 재테크와 투자였다. 하지만 그 당시 아이 역시 주식투자를 하다 보니 자연스레 아이 얘기를 함께 하게 되었고 육아 인터뷰가 아닌데도 이런 질문을 받게 되었다.

"아이를 키우면서 가장 감동적이었던 일은 무엇인가요?"

그 순간 나는 아이와 바둑에 관한 일이 떠올랐다.

9살 때 정걸은 북경 외대 부속학교에 들어갔다. 이 학교는 두 가지 특징이 있었는데, 중국어와 영어로 수업한다는 것과 무료로 취미를 가르쳐 준다는 점이었다. 입학하자마자 학생들의 취미에 관한 설문조사가 진행되었다. 그 당시 바둑을 배운지 얼마 안 되었던 정걸은 무슨 생각에선지 취미나 특기를 묻는 질문에 당당히 바둑이라고 적어 넣었다. 그런데 그 많은 아이 가운데 정걸 혼자만 바둑이라고 썼고, 결국 학교 바둑단의 선생님이 아이를 따로 부르셨다. 선생님은 아이가 키도 작고 영양상태도 좋지 않다고 생각했는지 몇 살이냐고 물었고 아이는 9살이라고 대답했다. 당연히 선생님은 여기는 중학교인데 어떻게 들어왔느냐고 다시 물었고 아이는 자신은 중학교 1학년 학생이라고 밝혔다. 결국 선생님은 그런 아이가 신기해 보였는지 바둑을 가르치기로 결정했다.

나이가 어리다 보니 정걸은 어린이 팀의 시합에만 참가할 자격이 주어졌다. 그런데 또래 아이들보다 학년도 높고 배운 것도 많다 보니 어린이 팀의 시합에서 모두 이겼다. 그 모습에 선생님은 무척 기뻐하며 아이를 '바둑 인재'로 키우기로 결정했다.

그런데 그 결과, 그 후로 한 달 동안 아이는 매일 울면서 집으로 돌아왔다. 왜일까?

학교의 바둑단에는 총 15명의 아이가 있었다. 다른 아이들은 모두 초등학교 때부터 바둑을 배웠기에 최소한 2, 3년의 경력을 가지고 있었고, 정걸만이 이제 막 입문한 경우였다. 그래서 선생님께서 훈련 강도를 높였을 때, 이제 겨우 9살이었던 아이는 도저히 11살이 넘은 아이들을 이길 수가 없었다. 그래서 그렇게 울면서 돌아온 것이다. 나는 아이를 달래면서, 네가 정 힘들면 그만둬도 좋다고 말했다. 그러자 아이는 절대로 그럴 수 없다면서 다음날 다시 바둑단에 갔다.

그렇게 한 달이 지난 어느 날 집에 와서는 오늘 드디어 한 명을 이겼다고 말했다. 나는 아이에게 바둑을 배운지 이제 겨우 두 달밖에 안 된 네가 어떻게 몇 년간 배운 아이를 이길 수 있었느냐고 물었다. 그러자 아이는 이렇게 말했다.

"엄마, 이거 아세요? 간절히 이기고 싶어 하면 집중력을 몇 배로 발휘할 수 있어요. 다른 아이들이 하루에 한 가지 기술을 배울 때 저는 다섯 가지를 익혔어요. 그리고 중요한 한 가지 전략이 더 있는데, 끊임없이 저보다 잘하는 사람을 찾아가 사부로 삼는 거예요. 그렇게 한 사람과 바둑을 두었으면 또 다른 사부를 찾아 바둑을 두는 거지요. 그러다 보니 실력이 빨리 늘게 된 거예요."

이 일을 통해 나는 다음과 같은 사실을 깨달았다. 목표가 있으면 아이는 이길 방법을 스스로 찾아낸다. 바로 이것이 자기주도 학습이다.

아이는 바둑을 배우기 위해 추운 겨울에도 수차례 혼자서 대중교통을 이용하여 북경의 거리를 통과해 기원에 가곤 했다. 그렇기에 아이의 9살 인생에 가장 깊은 영향을 준 것은 바로 바둑일 것이다.

아이의 표현을 빌리자면, 바둑을 계속 두다 보니 어느 순간, 이 하얗고 검은 세계를 사랑하게 되었고, 판단력과 침착함을 기르게 되었다고 했다.

바둑에서는 한 수를 둘 때마다 매번 다른 변화가 일어난다. 어떤 변화가 가장 자신에게 이득이 될지 파악하려면 판단력 외에도 정확한 계산력이 필요하다. 그래서 바둑을 두다 보면 자신도 모르는 사이에 문제를 분석하고 계산하는 능력이 길러진다.

9살 때 아이는 〈나와 바둑은 천생연분〉이라는 제목의 일기에서 자신이 바둑을 두면서 깨달은 점을 이렇게 기록했다.

예전에 나는 외국어 공부와 골프를 좋아했다. 세계적으로 경쟁력 있는 인재가 되려면 몇 가지 중요한 외국어를 능숙하게 구사하고 건강한 신체를 갖추는 것이 반드시 필요하다고 생각해서였다.

그런데 작년 여름방학 때 엄마가 나에게 <바둑소년>이라는 시디 세트를 선물해주셨다. 거기에 나오는 주인공 강류는 나보다 겨우 다섯 살밖에 많지 않은데도 이미 바둑을 무대로 자신의 실력을 펼쳐 나가고 있었다. 바둑에 관한 남다른 이해력과 큰 포부를 기반으로 많은 바둑계 고수들과 사귀었다. 게다가 중일(中日) 바둑 대회에 참가해 강한 의지력과 비범한 총명함으로 상대를 꺾고 '바둑 성인(聖人)'이라는 명성을 얻었다.

나는 지혜와 용기를 겸비한 이 작은 바둑 성인에게 반해서 연속해서 세 번이나 이 시디를 봤다. 그러면서 나도 강류처럼 바둑을 즐기는 바둑소년이 되고 싶다는 꿈을 가지게 되었다. 그때부터 나는 더욱 열심히 바둑을 배웠다.

2008년 11월 나는 풍운(風雲) 바둑협회가 주관하는 5급 승단 심사에 참가했는데 나와 시합을 벌인 상대 세 명에게서 깊은 인상을 받았다.

첫 번째 상대는 실력이 좋다 보니 다소 의기양양했다. 결국 자만심 때문에 결정적인 순간에 실수를 범해 60집을 잃고 나에게 패배했다. 이 판을 통해 나는 삶도 바둑과 같다는 사실을 깨달았다. 겸손한 자만이 최후의 승리를 쟁취하는 법이다.

두 번째 상대는 초등학교 1학년 학생이었다. 마른 체구에 키가 작은 아이를 본 순간 나는 이번 판은 쉽게 이길 수 있겠다고 생각했다. 그런데 중반에 성급하게 공격하다가 곤경에 빠지게 되었고, 결국 아주 근소한 4집 차이로 아슬아슬하게 이겼다. 이를 통해 나는 외모로 사람을 평가해서는 안 되며, 바둑에서는 어떠한 상대도 가볍게 봐서는 안 된다는 사실을 깨달았다.

세 번째 상대는 유명한 학교 선수였는데 30분도 안 돼서 나를 이겨버렸다. 과연 명불허전이었다. 나는 이 판을 통해 명성은 하루아침에 얻을 수 있는 것이 아니며, 바둑 역시 날마다 실력을 쌓아야 한다는 점을 깨달았다.

예전에 나는 서둘러 이기려고만 하다 보니 얼굴에 표정이 그대로 드러나곤 했다. 하지만 큰 승리를 거두려면 반드시 침착해야 한다는 점을 이제는 알고 있다.

갈수록 나는 이 흑백으로 이루어진 세계가 좋아진다. 비록 경기에 질 때는 낙심하기도 하지만 고통 가운데 즐겁게 성장하고 있다고 생각한다.

나의 우상 이창호 선생은 이런 말을 했다.

"저는 다른 사람보다 똑똑하지 않습니다. 단지 다른 사람보다 매일 5분 더 바둑을 두고, 매일 5분 더 생각할 뿐입니다."

나는 이 말을 가슴속 깊이 새기면서 매일 다른 사람보다 10분 더 노력할 것이다. 5년 후, 나의 바둑은 분명히 달라져 있을 것이다.

골프도 좋고 바둑도 좋다. 이런 일들이 학교 수업 내용과는 전혀 상관없어 보일지 몰라도, 분명히 아이의 총체적인 학습능력을 높여주는 계기가 될 수 있다. 이러한 활동을 통해 아이는 풍부한 지혜를 얻고 다양한 경험을 할 수 있기 때문이다.

예를 들어 바둑에는 서로 예의를 지켜야 하며, 바둑알 하나를 내려놓는데도 후회가 없어야 한다는 규칙이 있다. 이렇게 변화 앞에서 당황하지 않고 차분하게 시합에 임해야 한다는 점이 올바른 사고방식과 행동양식을 갖추는데 도움을 줄 수 있다. 또한 바둑은 이기는데도 지켜야 할 도리가 있고 그럴 듯한 책략도 세울 줄 알아야 하며, 형세가 끊임없이 변하고 그 속에 함축한 바도 많다. 그렇기에 바둑을 두는 사람은 반드시 치밀한 사고력이 필요한데 이러한 면이 문제해결 능력을 높여 줄 수 있다. 그 외에도 바둑은 반드시 승패를 갈라야 하는 경기라서 양쪽 모두 강한 승부욕을 보인다. 그 과정에서 각종 어려움과 마주치면서 자신의 의지를 단련시키고, 실패로부터 교훈을 얻는 법도 배울 수 있다. 또한 바둑에서 이기려면 처음부터 끝까지 시종일관 진지한 태도로 전체를 관망하면서 중요한 부분부터 손을 델 줄 알아야 한다. 이러한 경험을 통해 책임감과 전체를 볼 줄 아는 눈을 기를 수 있다.

아이를 '제대로 놀게 하기' 위해 그리고 함께 바둑의 세계를 경험해 보고 싶은 마음에 나 역시 바둑을 열심히 배웠다. 그리고 아이에게 한번 도전해 보았다. 그 결과 나는 바둑을 두면서 아이의 사고방식과 행동습관을 이해하게 되었고, 아이의 변화와 발전한 부분을 발견할 수 있었다. 그런 다음 아이에게 자신의 성과를 스스로 한번 정리해보게 했다.

그동안 아이는 바둑을 통해 수많은 깨달음을 얻었다. 잠자기 전 20분의 이야기 시간에 아이는 자신이 알게 된 몇 가지를 이렇게 정리했다.

① 바둑을 두는 것은 전쟁을 지휘하는 것과 같다. 바둑을 배운 사람은 장기를 배울 필요가 없는데 그건 바둑이 훨씬 복잡하기 때문이다. 마치 큰 전투를 지휘해 본 사람은 작은 전투를 지휘해 볼 필요가 없는 것과 같은 이치다.

② 바둑을 통해 남자는 화를 가라앉히는 법을 배울 수 있다. 경기가 끝나면 남자는 언제 어떤 것을 포기해야 할지 깨닫게 된다. 또한 바둑은 겸손을 가르쳐 준다.

③ 바둑은 인생과 같다. 한 수를 두기 전에 먼저 살피고 바둑돌을 내려놓아야 하는 것처럼, 인생에서도 먼저 충분히 살펴보고 나서

말하고 행동으로 옮겨야 한다. 마운(馬雲)[01] 역시 이런 말을 했다.

"보통사람은 입으로 말하고, 똑똑한 사람은 머리로 말하며, 지혜로운 사람은 마음으로 말한다."

④ 집중하면 이길 수 있다. 한눈을 팔 경우 그 결과는 패배뿐이다.

⑤ 바둑은 방향을 잘 잡아야 한다. 바둑알 두 개를 지키기 위해 뒤에서 열 개가 헛수고하는 일은 없어야 한다. 포기해야 할 때는 마땅히 포기하면서, 작은 것을 버려서 큰 것을 얻어야 한다. 세상에서 가장 어리석은 바둑은 상대방의 바둑알을 먹지도 못하면서 도리어 돕는 것이다.

⑥ 바둑에서는 한 수를 둘 때마다 목적이 있어야 한다. 우리가 하는 모든 일에 의의가 있어야 하는 것과 마찬가지다.

⑦ 마음이 편안한 사람은 바둑을 둘 때나 일을 할 때 모두 마음에 걸리는 것이 없다 보니, 다른 사람보다 빨리 성장할 수 있고 마음 역시 가볍다.

⑧ 바둑은 장난으로 두어서는 안 되며 반드시 머리를 써야 한다. 먼저 살펴보고 충분히 생각한 다음에 바둑알을 내려놓아야 한다. 그 속도가 느린 걸 걱정할 게 아니라 오히려 빠른 걸 걱정해야 한다.

⑨ 바둑은 이해력을 기반으로 한다. 이해하는 속도가 느린 경우 말을 못하거나 혹은 다른 사람들보다 늦게 말하곤 한다. 공부를 할 때 같은 선생님이 가르치는데도 학생들의 이해의 정도가 각기 다른 것과 마찬가지다.

아이가 바둑에서 얻은 많은 가르침을 보면서, 나는 아이가 바둑을 통해 문화공부만 한 것이 아니라는 사실을 알게 되었다.

01) 마운(馬雲): 중국 최대 전자상거래업체 알리바바그룹의 창업자이자 CEO.

아이는 그 과정에서 많은 지혜를 얻었으며 이는 분명히 의외의 수확이었다. 그렇기에 아이가 때때로 방과 후 프로그램에 참가하거나 게임을 하고 노는 것을 허용해주어야 하며 이는 반드시 필요한 일이기도 하다. 이러한 수업 외 활동이 아이의 학습에 대한 흥미와 잠재력을 불러일으킬 수 있기 때문이다.

이때 부모가 잘 이끌어 주기만 한다면 아이는 '놀면서'도 충분히 공부할 수 있고 또 '제대로 놀 수' 있다.

예를 들어 앞에서 언급한 바와 같이 정걸은 데이비스 캠프에서 골프를 치고 놀면서 영어 단어 속기법을 배웠는데, 그 일주일간 암기한 단어 수가 한 학기 내내 암기한 것보다 많았다. 또한 어렸을 때 '캐시플로우(Cashflow)'라는 게임을 하면서 돈을 관리하는 법을 익혔고, 10살이 안 됐을 때 증권투자를 해서 많은 돈을 벌었다. 그 외에도 7살부터 11살 때까지 거의 매주 주말 북경에 있는 여러 박물관을 돌아다니면서 교과서에 나오지 않는 다양한 지식을 얻었다. 또한 방학 때마다 다양한 하계, 동계 캠프에 참가해서 독립심과 리더십을 키우기도 했다.

공부에 관한 이야기를 꺼내면 늘 성적만을 강조하는 부모들이 많다. 그리고 대부분 아이에게 성적이 왜 이렇게 나쁘냐고 나무라면서도 그 근본 원인은 분석해 보려 하지 않고 아이를 곧장 학원에 등록시킨다. 하지만 정상적인 공부 시간에도 공부하지 않는 아이라면 학원에 보내봤자 늘 그랬던 것처럼 꾸벅꾸벅 졸 가능성이 크다.

그럴 바에는 차라리 아이에게 어떻게 '노는지'를 가르쳐 주는 편이 훨씬 낫다. 그래서 아이가 정말 제대로 놀 줄 알게 되면, 다시 제자리로 돌아와서 학교공부를 하는 것쯤은 아무것도 아닐 수 있다.

독서도 '관리'가 필요하다

부모는 더욱 지혜로워질 책임이 있다. 과학적 관점과 방법을 사용하여 아이의 독서, 학습 그리고 성장 문제에 이르기까지 효과적으로 '관리'할 줄 알아야 한다.

아직 어린아이가 가끔 심각한 말을 하거나 재미있는 글을 써낼 때가 있다. 물론 그렇다고 아이의 작문이 선생님께 꼭 인정을 받는 것은 아니다. 그런데 어떻게 그렇게 재기 발랄한 말과 글을 쓸 수 있는 걸까? 그건 바로 평소 폭넓게 독서를 했기 때문이다.

요즘 부모들은 독서의 중요성을 잘 알고 있다. 그래서 자신이 먼저 아이에게 모범을 보이고자 책을 많이 읽지만, 그 효과는 생각만큼 좋지 않다.

어떤 엄마가 이런 고민을 털어놓았다. 자신은 아이에게 모범을 보이려고 언제나 책을 끼고 살았는데, 아이가 12살이 되도록 여전히 책을 좋아하지 않는다는 것이다. 그나마 그림책을 좀 보는데 그것마저도 10분, 20분이면 바로 내려놓고, 글자로만 되어 있는 책은 거들떠도 안 본다고 했다. 그러면서 엄마가 틈만 나면 책을 보는 것에 짜증을 내기까지 한다는 것이다. 내 수업에 참여한 이 엄마는 이렇게 물었다.

"김 선생님, 무슨 좋은 방법이 없을까요?"

나는 이 엄마의 물음에 직접적으로 답하지는 않았다. 아이마다 특성이 다르기 때문이다. 나는 먼저 정걸의 어린 시절 독서 경험담을 들려주었다. 정걸은 천성적으로 그림에 민감해서 어렸을 때는 그림이 있는 책을 좋아했다. 그러다 점점 글자로만 되어 있는 책을 읽기 시작했다. 이렇듯 10분을 보든 20분을 보든 일단 아이가 책을 본다는 것이 중요하다.

우리는 모두 아이가 책을 좋아하기를 바란다. 그 소망은 바람직하지만, 방법을 조금 달리할 필요가 있다. 어른들은 보통 강한 목적의식을 지니고 있다. 그러다 보니 독서교육을 할 때도 부모 자신이 유용하다고 생각하는 책을 아이가 읽도록 한다. 이때 아이의 첫 번째 반응은 반발과 반감이다. 그렇기에 부모는 더욱 지혜로워질 필요가 있다. 수많은 연구로 밝혀진 과학적 관점과 방법을 적절히 사용할 줄 알아야 한다. 이를 통해 아이의 독서, 학습 그리고 성장 문제를 효과적으로 '관리'해야 한다.

아이에게 스스로 책을 고르도록 하는 것은 아이가 책을 좋아하게 만드는 데 많은 도움이 된다. 아이에게 선택의 자유를 주는 것이다. 그리고 아이가 서점에 가서 자신이 좋아하는 책을 사오면 먼저 혼자 보도록 한다. 그런 다음 부모가 할 일은 아이가 읽은 책의 내용을 어느 정도 파악하고서, 아이에게 책의 내용과 관련된 질문을 하는 것이다. 예를 들어 함께 산책을 할 때나 잠자기 전에 아무렇지 않게 이렇게 물을 수 있다.

"너 그 책에 이런 내용이 있었던 거 기억하니?", "엄마한테 그 이야기를 다시 한 번 들려주겠니?"

'아무렇지 않게'라는 말은 겉으로는 편안해 보이는 말투지만, 사전에 목적을 가지고 세심하게 준비한 질문이어야 한다는 의미다.

사실 아이 역시 책을 읽고 나면 다른 사람과 그 이야기를 나누고 싶어 한다. 자기가 읽은 재미나는 이야기나 교훈적인 이야기를 누군가에게 알려주고 싶은 것이다. 부모들도 그랬다.

이렇게 아이가 읽은 책의 내용에 대해 다른 사람과 대화를 나누면서 묻고 답하는 것은, '다른 사람에게 이야기한 것은 90%를 기억하게 된다'는 독서 기억력 향상 원리에도 부합된다.

우리 집은 아이가 6살 때부터 이렇게 아이의 독서를 지도해주면서 그와 관련된 연습을 꾸준히 시켜왔다. 그 당시 우리 가족은 집에서 '5분 대중연설'을 자주 했는데 그건 자신이 책에서 읽은 이야기를 가족들에게 들려주는 것이었다. 그러다 보니 아이는 책을 읽을 때 한 가지 습관이 생겼다. 그건 책에서 읽은 내용을 일생생활에서 활용하려고 한다는 점이었다.

예를 들어 '거시경제학'을 읽고 나서는, 어디를 가든 그곳에 있는 사람을 붙들고 자신에게 5분만 주면 10가지 짧은 이야기를 통해 경제학의 기본원리를 이해하게 해주겠다고 말하곤 했다. 결국 아이가 책에 좋아하게 된 건 책을 읽고 가족들에게 이야기해주던 습관에서 비롯되었다고 할 수 있다.

이렇게 아이의 독서를 '관리'해주면서, 책에 대한 흥미를 키워주는 것이 첫 번째 단계다. 이때는 아이의 심리적 특성에 맞추어 아이가 '좋아하는' 책을 선택해주어야 하며 그림책도 괜찮다. 또한 아이에게 책을 선택할 수 있는 자유를 주고, 편안하고 자유로운 독서 환경을 조성해서 아이가 독서를 지식 습득의 과정 이상의 큰 즐거움으로 여기게 만들어야 한다.

이때 지혜로운 엄마가 꼭 해야 할 일이 하나 더 있다. 바로 초등학생 아이에게 이야기를 잘 들려주는 것이다!

정걸이 아홉 살이 되기 전까지(아이는 아홉 살 때 중학생이 된 후로는 혼자서 범려(範蠡), 워런 버핏을 연구하면서 〈삼국지(三國志)〉를 읽었다) 나는 매일 아이에게 세 가지의 짧은 이야기를 들려주었다. 모두 책을 읽은 후 내가 지어낸 이야기였다.

그 당시에는 〈아이의 감성지수를 높여주는 100가지 이야기〉, 〈아이의 아이큐를 높여주는 100가지 이야기〉같은 책들이 아직 나오기 전이다 보니 나는 소위 '신(新) 천일야화'를 스스로 만들어 냈는데, 예를 들어 〈신(新) 돼지 삼형제〉같은 이야기였다. 사실 이는 내가 읽은 책에 나오는 경제 원리를 돼지 삼형제를 통해 풀어낸 것이었다.

나는 목소리를 바꾸어 아이에게 이야기를 시작했다.

"옛날에 돼지 삼 형제가 살았어. 금 돼지, 은 돼지, 그리고 게으른 돼지가 있었지…… 네 생각에 우리 주변에 있는 사람 중에 누가 금 돼지 같니? 투자를 잘하고, 그렇게 해서 얻은 수입으로 다시 돈을 버는 사람이 금 돼지란다……."

나는 이야기를 할 때 '아기 말투'를 사용하곤 했는데 아이는 내가 어떤 연기자보다도 연기를 잘한다며 좋아했다. 이 방법의 상점은 첫째는 아이가 좋아하고, 둘째는 이야기를 통해 아이에게 투자나 경제관념을 심어 줄 수 있었다. 그러자 아이는 점점 경제에 흥미를 보이면서 워런 버핏의 책을 스스로 찾아서 읽고 연구하기 시작했다. '경제관련 책을 많이 읽어야 한다'와 같은 말은 꺼낼 필요도 없었다.

이렇게 말하는 사람도 있을 것이다. '나는 이야기를 지어낼 줄도 모르고, 심지어 아이에게 해 줄 수 있는 이야기도 백설 공주밖에 없다'라고. 사실 이는 아이를 위한다면 엄마가 열심히 공부해야만 하는 부분이다. 책 내용을 어느 정도 파악했다면, '창의력'을 발휘해 이야기를 만들어 낼 줄 알아야 한다.

우리 아이는 어려서부터 책 내용을 그대로 이야기하는 걸 재미없어했다. 항상 이야기를 하는 사람이 상상력을 발휘해 원작과는 다른 이야기를 해주기를 원했다. 그러다 보니 우리는 〈백설 공주〉이야기를 할 때도 꼭 '속편'을 더해야 했다. 백설 공주와 왕자가 행복하게 살게 된 이후에 또 어떤 일이 일어났는지 지어내어 얘기해 주어야 하는 식이었다. 그런데 이러한 독서법은 아이의 학습 능력을 향상시켜주는 효과가 있다. 그 과정에서 상상력과 논리적인 사고력, 그리고 조리 있게 말하는 법을 연습하게 된다. 또 책을 읽는 것에서 끝나는 것이 아니라 다시 말해보고 따라 해보면서 필요한 지식이 자연스레 외워진다. 이 외에도 다른 사람의 글 쓰는 스타일이나 생각을 배우면서 자신도 성장할 수 있다.

그런데 현실적인 문제가 한 가지 있다. 현행 교육 체제 아래서 아이들이 극심한 경쟁에 시달리다 보니 독서에 쓸 수 있는 시간이 부족하다는 점이다. 많은 책을 여유롭게 읽으면서 다양한 경험을 하고 자신을 발전시킬 시간이 부족하다. 그러므로 아이의 독서를 '관리'하는 두 번째 단계는 어떻게 독서의 효율을 높일 것인가 하는 문제다. 다음과 같은 세 가지 방법을 사용해 볼 수 있다.

① 빠르게 읽는 법을 익힌다. 가장 기본적이면서 동시에 가장 효과적인 방법이다. 정걸은 대학 지원을 위해 쓴 자기 소개서에서 자신이 이 방면에서 어떤 방법을 사용했는지 밝히고 있다. 아이는 자신에게 가장 큰 영향을 준 사람 세 명을 언급하면서 그 중 한 사람으로 모택동을 뽑았다. 그를 존경하는 이유는 첫째, 연설에 탁월하고, 둘째, 1년에 엄청난 양의 책을 읽는다는 점이었다. 그런데 자신은 1년에 50권밖에 읽지 못하기에 책을 읽는 속도를 높여야겠다는 생각을 하게 되었다. 그래서 9살 때 직접 중국 속독 속기 협회를 찾아가서는 빠르게 읽는 법을 배웠다. 그 결과 1년간 읽는 책의 양이 그전의 몇 배가 되었다.

이렇듯 아이가 책을 읽는 약간의 기술을 익히는 것이 중요한

데 이 경우, 독서의 효율은 배가 된다.

② 부모가 자신이 읽은 책의 중심 내용을 아이와 공유할 경우, 아이는 적은 노력으로 큰 성과를 거둘 수 있다.

나는 매년 몇 백 권의 책을 읽는다. 그리고 내가 읽은 책 중에서 아이에게 도움이 된다고 생각할 경우 나름대로 이야기를 만들어 그 중심 내용과 사상을 아이에게 전달해 주었다. 그 외에 경제학 원리와 같이 반드시 공부할 필요가 있다고 여겨지는 책의 경우에는, 책의 개요와 중심 내용을 PPT로 만들었다. 이 PPT를 통해 아이는 30분 안에 책 한 권을 읽는 효과를 볼 수 있으며 그 내용을 대부분 숙지하게 된다.

물론 일부 명작의 경우에는 중심 내용만 읽어서는 안 된다. 아이 자신이 좋아하는 〈삼국지〉나 그 외 역사책들은, 여러 차례 읽고 연구하기 위해 또 읽고, 마지막에는 자신의 어른 친구들과 그 내용을 가지고 토론을 벌이기도 했다. 또한 금융 분야에 관심이 있다 보니 많은 관련 도서를 읽고 나서 거상 범려에 대해 연구하기 시작했고, 12살 때는 범려에 관한 영화대본을 쓰기도 했다.

③ 가장 효과적인 교육은 방법을 가르쳐 주는 교육이다. 독서 역시 마찬가지로 읽은 내용을 실제로 활용할 수 있어야 한다. 그러므로 아이가 배운 지식을 자신의 실제 능력으로 바꾸는 방법을 터득하도록 도와주는 것이 중요하다. 우리 집에서 아이가 책에 흥미를 갖게 하려고 사용했던 방법을 예로 들어보겠다.

나는 아이가 책을 읽고 나서 그 이야기를 다시 말하게 하거나 자신만의 '속편'을 만들어 보게 했다. 이것이 바로 배운 것을 활용하는 방법이다.

책을 좋아하는 아이는 거의 없는 반면, 컴퓨터를 좋아하는 아이는 많은 것이 현실이다. 그 모습을 지켜보는 부모는 답답한 마음에 이렇게 다그친다.

"매일 컴퓨터만 하고, 도대체 책은 언제 보려는 거니?"

문제는 아이가 '책은 왜 읽어야 하지? 컴퓨터는 또 왜 하는 거지?'라는 고민을 해 보도록 도와주지 않았다는 데 있다. 부모가 아이의 속마음을 헤아려 보면서 적절한 도움을 줄 때만이 자연스럽게 문제를 해결할 수 있다.

이런 경우, 아이의 독서에 관한 문제는 아이가 책 안에서 깨달음을 얻고 자신의 인생길을 찾아가는 문제와도 연관된다. 독서 혹은 한 권의 책은 우리의 세계관에 큰 영향을 줄 수 있다.

나는 20대 때 한국에 유학을 가서 엘리트 교육을 공부했다. 한국어를 배운지 얼마 안 되다 보니 한국어 책을 읽는 건 정말 쉽지 않은 일이었다. 장장 6개월에 걸쳐 한국 대우그룹 창시자인 김우중의 전기를 한 자 한 자 짚어가며 다 읽은 일이 아직도 생생히 기억난다. 그리고 '세상은 넓고, 할 일은 많다'라는 그의 명언은 나 자신과 내 인생에 대한 생각을 완전히 바꾸어 놓았다.

당시 21살의 나는 다음과 같은 사실을 깨달았다. 불필요한 문제로 고민할 필요 없이 내가 진정으로 좋아하는 일을 찾아서 해야 하며, 인생을 흐지부지 허비해서는 안 된다는 점이었다. 이는 내가 나의 세계관을 형성해 가는 데 가장 중요한 영향을 미쳤다.

어른보다 아이는 책의 영향을 더 직접적으로 받는 경향이 있다. 정걸이 미국 대학에 진학하고 하버드대학에서 박사학위를 취득하겠다는 생각을 하게 된 건 사실 책 한 권 때문이다.

8살 무렵 나는 아이에게 〈하버드 일기(哈佛日記)〉라는 책을 선물했다. 그 결과 작은 마을 출신으로 하버드대학의 학생이 된 남자 주인공 장양(張揚)은 아이의 우상이 되었다. 아마도 이때부터 아이는 '꼭 미국에 가서 공부하겠다'는 마음의 소리를 들었던 것 같다.

이 외에도 아이는 〈삼국지〉를 무척 좋아했다. 우리가 아이에게 어떤 인물이 가장 맘에 드는지 물었을 때 의외의 대답을 들을 수 있었다. 대부분의 사람들이 유비(劉備)나 조운(趙云) 혹은 조조(曹操)를 뽑는 것과 달리, 아이는 조충(曹沖)을 가장 좋아한다고 답했다. 어린 나이에 세상을 떠난 조충칭상(曹衝秤象)[01]의 조충을 말하는 것이다.

정걸은 조충이 13살 어린 나이에 병으로 세상을 떠났지만, 그 이름을 후세에 영원히 남겼기 때문에 좋아한다고 말했다. 알고 보니 아이는 마음속으로 '나라에 기둥이 될 인물'을 흠모해왔던 것이다.

나는 그때 아이가 또 이런 마음의 소리를 들었을 거라고 생각한다.

"어렸을 때 성공해야 한다."

그 당시 가족 누구도 아이가 14살에 고등학교를 졸업하게 될 거라고는 꿈에도 생각하지 못했다.

---

01)조충칭상(曹衝秤象): 조충이 코끼리의 몸무게를 잰다는 의미로 그의 총명함을 나타내는 고사성어. 조충(曹沖 196년~208년)은 조조의 여덟째아들이다. 조조가 아들 중 가장 총애할 정도로 재주가 뛰어났다. 자는 창서(倉舒)이고 시호는 등애왕(鄧哀王)이다.
그 이야기의 내용은 이렇다. 어느 날 조조에게 선물로 들어온 코끼리의 무게를 잴 방법이 없었다. 거대한 저울이 없었던 것이다. 수많은 신하들이 있었지만 아무도 그 방법을 제시하지 못할 때 어린 조충이 문제를 해결했다. 코끼리를 빈 배에 태우고 물에 잠기는 부분을 표시한 뒤 다시 작은 돌들을 배에 실어 그 부분까지 잠기게 한 다음, 그 돌들의 무게를 합하면 코끼리의 무게가 된다고 말한 것이다.

'1분' 집중하기

정걸을 아는 사람들은 모두 아이를 천재라고 부른다. 그리고 아이큐가 높고 이해력이 뛰어나다면서 칭찬한다. 하지만 나는 아이가 공부를 잘하는 이유가 단지 '아이큐가 높아서'라고는 생각하지 않는다. 그보다 더 중요한 것은 아이가 가진 탁월한 집중력이다.

내가 이렇게 생각하는 이유는 다음과 같다.

시간은 누구에게나 공평하다. 예를 들어 아이들의 수업시간은 모두 45분이다. 하지만 이 45분 동안 아이들은 각기 다른 학습 효율을 보이는데 그건 바로 집중력 때문이다.

집중력이 높은 아이는 공부의 효율성 역시 높다. 공부의 효율성이 높으면 상대적으로 짧은 시간 안에 더 좋은 성적을 거둘 수 있다. 또 이렇게 성적이 올라가면 친구들, 선생님, 부모가 아이를 존중하게 되어 아이는 더욱 자신감을 얻고 그 힘으로 고효율 학습을 해나간다. 이렇게 서로 긴밀하게 연결되어 선순환을 이루는 것이다.

고도의 집중력이 어떤 효과를 발휘하는지는 우리 아이를 보면 알 수 있다. 예를 들어 아이가 책을 보고 있을 때 우리가 바로 옆방에서 과일을 먹거나 차를 마시라고 부를 때가 있다. 하지만 아이는 사방이 두꺼운 벽으로 가로막혀서 차단된 것처럼 아무 말도 듣지 못한다. 아이의 말을 빌리자면 '철 옷'을 입고 '금종조(金鐘罩)[01]'를 연마한 것처럼 그 어떤 것도 자신을 방해하지 못한다고 한다. 이렇듯 고도의 집중력을 발휘하다 보니 책을 읽을 때도 높은 효율성을 보인다.

아빠는 아이의 이런 점이 어렸을 적의 나를 조금 닮았다고 했다. 생각해보면 내가 두세 살 정도 된 아이를 데리고 한국에서 공부할 때, 책을 보다가 그만 아이의 울음소리를 듣지 못한 적이 종종 있었다. 물론 이런 면은 좋은 엄마의 기준에 부합하지는 않는다. 하지만 다른 각도에서 생각해보면, 부모의 좋은 습관이 아이의 집중력 형성에 영향을 줄 수 있다는 점을 알 수 있다.

정걸은 '진입단계 1분, 고도의 집중시간 40분'을 유지할 수 있는데 그러다 보니 공부를 할 때도 남보디 높은 효율을 보여서 학교 수업 외에 학원을 다닐 필요가 전혀 없었다. 그 덕분에 반에서 가장 어린 학생임에도 다른 아이들보다 더 많은 시간을 자신이 좋아하는 바둑이나 태권도 같은 운동에 쓸 수 있었다.

왕부학교 고등학교 1학년에 다닐 때는 이런 일이 벌어질 정도였다.

어느 날 아이의 담임선생님이 아이를 부르셨다. 그리고는 네가 농구, 배드민턴 같은 운동을 매일 한 시간 반씩 하는 걸로 아는데, 운동할 시간에 공부를 더 하면 분명히 전교 10등 안에 들 수 있을 거라고 말씀하셨다. 아마도 선생님은 좋은 의도에서 한 말이었을 것이다. 아이가 고등학생이 되었는데도 하고 싶은

---

01) 금종조(金鐘罩): 무술(武術)에서의 강신술(强身術)의 일종. 창칼이 들어가지 않는 무쇠 같은 몸을 단련한 무공.

일을 부담 없이 즐기는 것을 보고, 좀 더 공부에 시간을 투자했으면 하는 바람에서 한 말일 터다. 그런데 정걸이 어떻게 대답했는지 아는가?

"선생님, 저는 점수를 90점에서 95점으로 올리는 건 그리 중요하지 않다고 생각해요. 그것보다는 제 건강이 훨씬 중요하지요. 건강하지 않으면 즐겁지도 않을 텐데 점수만 높게 받는 게 무슨 소용이 있겠어요? 그리고 몸이 건강하고 마음이 즐거워야 공부 효율도 높아지는 거잖아요!"

이런 생각은 아이가 공부와 생활 사이에서 균형을 잘 잡고 있다는 것을 보여준다. 그 후로 2년간 아이는 계속 공부와 운동 시간을 적절히 배분하여 효율을 높였기에 공부에 큰 부담을 느끼지 않았다. 상황이 이렇다 보니 나는 아이가 중학교에 들어간 이후부터 아이의 공부에 특별히 관심을 기울일 필요가 없었고, 농담 삼아 이렇게 말할 정도였다.

"아들아, 공부는 네가 할 일이야, 엄마랑은 아무 상관도 없다."

이를 보면 알 수 있듯이 공부 효율은 주의력에 정비례하지만, 시간의 길고 짧음에 꼭 정비례하는 것은 아니다.

실제로 나는 이런 상황을 자주 목격했다. 아이가 책상에 바른 자세로 앉아서 눈은 책을 향하고 있는데 30분이 지나도록 책을 한 장도 넘기지 않는다. 이런 방식의 공부는 아이에게 심리적 부담감만 안겨줄 뿐 아무런 효과도 없다.

이런 경우, 부모는 아이의 성적에만 관심을 둘 것이 아니라, 아이의 집중력이 왜 이렇게 떨어졌는지부터 살펴야 한다. 10점 만점으로 보았을 때 이 아이의 집중력은 9점일까? 아니면 8점? 그것도 아니면 더 낮을까?

만약 아이의 집중력에 문제가 있다면, 부모는 아이의 집중력을 높이기 위해 무엇을 할 수 있을까?

이와 관련해서 내 경험을 모두와 나누고자 한다. 이는 부모의 걱정을 덜어 줄 가장 효과적인 방법이다.

만약 아이의 문제가 집중력 부족이라면 해결책은 아주 간단하다. 집중력이 좋은 사람을 찾아서 아이와 교제하게 해서 아이가 자연스럽게 영향을 받도록 하는 것이다.

예전에 나는 이런 아이를 만난 적이 있다. 소우(小優)라는 아이인데, 이제 겨우 14살인데도 키가 크고 통통하고 겉으로 보기에는 전혀 문제아처럼 보이지 않았다. 하지만 그 아이의 문제는 바로 눈으로 확인할 수 있을 정도로 분명했다. 수업시간에 소우는 책상에 엎드려 수업을 듣지 않거나 아니면 두리번거리면서 친구와 잡담을 해서, 언제나 선생님에게 '지명을 당해 혼이 나는' 그런 아이였다.

나는 상황을 파악하고 나서 이런 결론을 내렸다. 이 아이를 변화시키려면 장기적으로는 아이의 학습 동기 부족 문제를 해결해야 하고, 단기적으로는 아이의 집중력을 높이는 것이 필요하다고 판단했다. 장기적인 목표의 경우, 아이와의 깊은 소통이 필요하고 체계적으로 접근해야 하지만, 단기적인 목표는 비교적 쉽게 달성할 수 있었다. 나는 이 아이에게 정걸을 소개해 주는 것으로 간단히 문제를 해결했다.

정걸은 예상대로 흔쾌히 내 부탁을 들어주었다. 둘이 함께 오전 시간을 보내고 나서 정걸은 소우가 집중력이 부족할 때 보이는 대표적 행동 두 가지를 발견해냈다.

하나는 '가만히 앉아 있지 못하는 것'이고, 다른 하나는 다른 사람이 말을 마치기 전에 '항상 끼어드는 것'이었다.

이 두 가지 문제를 해결하기 위해서, 정걸은 소우에게 우리 모자가 매일 하는 습관인 '잠들기 전 20분 대화'를 통해 자신이 깨달은 점을 전해 주었다.

이어서 정걸은 소우가 오목을 둘 줄 안다는 사실을 발견하고는 바둑을 가르치기 시작했다. 바둑이 스스로 생각하는 능력을 키워주고 수학 성적도 높여준다면서 한 번 시험 삼아 집중력을 발휘해보라고 권한 것이다. 하지만 소우는 바둑을 잘 몰라서 시작하자마자 바로 지고 말았다. 소우의 얼굴에 불만스러운 기색이 역력한 것을 본 정걸은 다시 한 번 조금 전과 똑같이 바둑을 둘 테니 한 수 한 수 어떻게 두어야 하는지 지켜보라고 말했다. 그러자 소우는 연신 고개를 끄덕였다.

나는 둘의 모습을 옆에서 지켜보면서 무척 흡족했다. 그 순간 정걸은 선생님이었고, 소우는 온 마음을 다해 열심히 수업을 듣는 학생이었다. 만약 소우가 수업시간에 하던 대로 했다면 가만히 앉아 있지 못하고 일찌감치 뛰쳐나갔을 것이다. 하지만 두 번째 판을 마쳤을 때는 이미 두 시간이 훌쩍 지나간 뒤였다.

나는 소우에게 어떤 느낌이 들었는지 물었다. 아이는 시간이 이렇게 빨리 지나갈 줄은 꿈에도 생각 못했다고 했다. 그리고 정걸의 기억력이 정말 대단하다면서 어떻게 바둑을 두었던 순서대로 똑같이 해낼 수 있느냐며 감탄했다. 그러자 정걸은 소우에게 1년만 배우면 너도 쉽게 해낼 수 있다고 말해주었다.

이는 소우가 처음으로 장시간 무언가에 집중하는 즐거움을 경험한 순간이었다. 또 자신의 능력을 처음으로 확인한 시간이기도 했다.

이와 정반대의 방법을 사용할 수도 있다. 예를 들어 자신보다 더 집중력이 떨어지는 아이와 만나게 해서, 집중력 결핍이 어떤 부정적인 결과를 가져오는지 느껴보게 하는 것이다. 만약 함께 게임을 한다면 상대방이 계속 한눈을 팔아서 같이 호흡을 맞추지 못할 테니 카드놀이든, 공놀이든 모두 지게 될 것이다. 그러면 아이는 스스로를 반성하면서 집중하는 것이 얼마나 중요한지 깨닫게 된다. 만약 이때 부모가 아이의 이러한 변화를 눈치 채고 시기적절하게 격려해준다면, 아이는 자발적으로 자신을 바꿀 방법을 찾아 나설 것이다.

만약 주변에 이렇게 도움을 줄 사람이 없다면, 부모가 직접 나서서 아이를 훈련시켜야 한다. 이와 관련해서 몇 가지 간단한 게임을 소개하겠다. 부모가 이 게임을 꾸준히 시도한다면 아이의 나이에 상관없이 분명한 효과를 볼 수 있을 것이다.

첫 번째 게임은 앞서 언급한 바둑 배우기와 관련이 있는데, 일명 '콩 집기'다. 어린 아이 특히 여자아이는 대체로 바둑에 그다지 흥미가 없다. 이런 경우, 어떻게 해야 아이의 집중력을 키워줄 수 있을까? 이번에도 우리 아이가 아이디어를 냈다. 정걸은 7살 때쯤 바둑을 배우면서 열흘 넘게 '콩 집기'를 연습한 경험이 있다. 일단 그릇 두 개를 준비한 후, 그릇 하나에만 콩을 담는다. 그리고 젓가락으로 콩을 한 알씩 집어서는 다른 그릇으로 옮긴다. 이때 아이는 다른 어떤 것에도 신경 쓰지 않고 오로지 이 일에만 집중하게 된다. 아이와 직접 한번 해보기를 권한다.

두 번째 게임은 '당신은 누구인가요?' 게임이다. 이는 정걸이 8살부터 자주 한 게임이다.

구체적인 방법은 두 사람이 마주 보고 서로에게 묻는 것이다. A가 상대방 B에게 계속해서 "당신은 누구인가요?"라고 물으면 그때마다 B는 재빨리 "나는 누구입니다."라고 대답해야 한다. 이미 한 대답을 반복해서는 안 되며, 만약 똑같은 답을 하거나 답을 하지 못할 경우에는 A가 B의 어깨를 때리고 나서 게임을 계속한다. 그러다 보면 묻는 사람이나 대답하는 사람 모두 고도의 집중력을 발휘하게 된다. 이렇게 2분 동안 똑같은 질문에 최대한 빨리 각기 다른 답을 줄줄이 말해야 하는데, 답을 구체적인 것에서 점차 추상적인 것으로 바꾸는 식으로 하면 더욱 효과적이다. 그런 다음 A와 B가 서로 역할을 바꾸어 게임을 계속한다.

처음에는 대부분 실제 정보를 이야기한다. 예를 들어 보면 다음과 같다.

당신은 누구인가요, 나는 김정걸입니다.

당신은 누구인가요, 나는 엄마의 아들입니다.

당신은 누구인가요, 나는 고등학생입니다.

당신은 누구인가요, 나는 미래의 금융전문가입니다.

……

이미 많은 답을 하고 나면 중복을 피하기 위해 눈앞에 보이는 물건을 말하기 시작한다.

당신은 누구인가요, 나는 어항입니다.

당신은 누구인가요, 나는 물고기입니다.

당신은 누구인가요, 나는 냉장고입니다.

그렇게 집안의 물건을 모두 말하고 나면, 그다음부터는 상상력을 발휘하기 시작해서 경전에나 나올 법한 대답을 하게 된다.

한 번은 내가 아이에게 이렇게 물었다.

"당신은 누구인가요?"

그러자 아이는 이런 답을 했다.

"나는 부처님 앞에 핀 작은 꽃입니다."

　이러한 게임은 아이의 집중력과 대응력 그리고 의사소통능력을 길러주며 더불어 상상력도 키워준다.

　이 외에도 우리가 집중력을 높이기 위해 자주 하는 것으로 '왕이 말하길' 게임이 있다. 이 게임은 몸동작을 해야 하기 때문에 10살 이상의 아이들에게 적합하다.

　구체적인 방법은 두 사람이 마주 보고 A가 B에게 명령을 내리는 것이다. 예를 들어 A가 "왕이 말하길 고개를 *끄덕여라*."라고 하면 B는 명령에 따라 그 동작을 한다. 그런데 만약 A가 "왕이 말하길"을 붙이지 않고 그냥 "고개를 *끄덕여라*."라고만 할 경우에는, B는 절대 그 동작을 해서는 안 된다. 요약해 보면, 명령을 받는 사람은 '왕이 정말 말을 했는지'를 정확히 분간할 수 있어야 한다. 또한 명령을 내리는 사람은 상대방이 관성적 사고의 한계로 실수하도록 자신이 할 수 있는 모든 방법을 동원해야 한다. 이 게임을 통해 게임 참가자들의 집중력은 어느 정도인지 또 대응력은 어떤지 관찰할 수 있다.

　아이와 이런 게임을 할 때는 부모도 똑같이 참가해야 한다. 그러다 보면 부모라고 반드시 잘하는 것은 아니며 실수할 때도 있다는 사실을 깨닫게 된다.

　그 결과, 부모 자신도 잘하지 못하는 일로 무턱대고 아이를 혼내기보다는 옆에 서서 응원하면서 함께 도와주어야 한다는 깨달음을 얻게 된다. 이것은 게임을 통해 얻을 수 있는 또 하나의 수확이다.

아이들은 모두 천재다. 단지 천부적인 재능이 언제 발현될지 알 수 없을 뿐이다. 그렇기에 부모는 아이에게 정신적인 선물을 주어야 한다. 그것이 아이 인생의 나침반이 되어 줄 것이다.

학습의 지름길 '도움 청하기'

부모는 아이의 성장과 관련된 문제를 수수방관해서는 안 된다. 때로는 부모 스스로 열심히 공부해서 아이를 뒤쫓아 가야 할 수도 있고, 때로는 아이에게 인생의 스승을 찾아주기 위해 도움을 청하러 다녀야 할 수도 있다.

한 친구에게서 이런 이야기를 들은 적이 있다. 친구의 아이가 영어를 배우기 시작하면서, 집에 오기만 하면 눈에 띄는 물건마다 영어로 어떻게 부르는지 물어봤다고 한다. 간단한 것은 가까스로 대답해 주었는데, 어느 날 아이가 놀이동산에 가서 '회전목마'를 영어로 어떻게 부르는지 물었을 때는 대학에서 영어를 제법 하던 친구도 대답해 주지 못했다는 것이다.

부모는 아이가 자신을 뛰어넘어 더욱 똑똑해지기를 바란다. 하지만 내심 다음과 같은 상황과 맞닥뜨릴까 봐 두려워하기도 한다. 선생님의 부탁으로 아이의 숙제를 감독하고 있는데 수학 문제 몇 개는 아무리 봐도 어떻게 푸는지 모르겠고, 아이가 공책을 들고 뛰어와 이 성어는 어떻게 사용하는지 묻는데 순간 입이 떨어지지 않고, 하굣길에 아이가 영화 수업 시간에 배운 내용을 흥미진진하게 떠들어대는데 전혀 해줄 말이 없는 그런 상황 말이다.

부모마다 자신만의 '취약점'이 있다. 그러다 보니 아이가 도움을 구하는 어떤 부분에서 무능한 모습을 보이기도 한다. 이러한 '취약점'은 앞서 제시한 예처럼 학습과 관련된 부분 즉, 영어, 수학문제, 작문 등일 수 있다. 혹은 기능적인 측면 즉, 태어난 시대와 성장환경, 사물을 보는 관점, 그리고 세대 간에 취미가 다르다 보니 어떤 분야에서의 경험이 전무 할 수도 있다.

예를 들어 부모가 '식물vs좀비(plants vs zombies)'라는 컴퓨터 게임을 할 줄 모르면, 아이에게 이렇게 무시당할 수 있다.

"어쩜 그렇게 하나도 못해요. 아빠랑 게임 안 할래요."

아니면 댄스나 바이올린, 바둑 등과 같은 예술적인 측면에서 문외한일 수도 있다. 아이가 커가면서 이러한 것들은 계속해서 등장하기 때문에 부모 역시 그에 맞추어 끊임없이 새로운 것에 관심을 가져야 한다. 취약하다고 해서 아이와 관련된 문제를 마냥 수수방관할 수만은 없다. 때로는 부모 스스로 열심히 공부해서 아이를 뒤쫓아 가야 할 수도 있고, 때로는 아이에게 인생의 스승을 찾아주기 위해 도움을 청하러 다녀야 할 수도 있다.

현실에서는 두 번째 경우, 즉 도움을 청하는 것이 훨씬 중요하다. 정걸온 11살 때 고등학교에 들어가서 미국 대학 입시 준비를 위해 AP코스[01]를 공부해야 했다. 아이는 어떤 공부를 해야 하는지 알아보고 나에게 도움을 청했다.

앞으로 금융을 전공하려면 거시경제학을 공부해야 하는데, 고등학교 3학년이 되어야 이 수업을 들을 수 있다면서 자신은 그전에 먼저 공부하고 싶다고 했다. 그런데 혼자서 공부하는 건 좀 어려울 것 같아서, 엄마에게 무슨 좋은 방법이 있나 의논해 온 것이었다.

나는 잠시 고민했다. 물론 내가 경제 원리를 가르칠 수도 있지만, 학교 선생님만큼 잘할 자신은 없었기에, 차라리 전문가를

---

01)AP Course(Advanced Placement Course, 대학과목선이수제): 미국 대학협의회에서 만든 고교 심화학습 과정. 프린스턴대와 같은 명문대에서 입학전형 시 본 과정을 수료한 학생에게 가산점을 부여하거나 입학 후 학점으로 인정하고 있음. (지식경제용어사전)

찾아서 '도움'을 받는 편이 낫겠다고 생각했다. 마침 내 친구인 진(陳) 박사가 상장회사의 사외이사였고, 그 방면에서 거의 전문가 수준의 지식을 갖추고 있었기에 나는 즉시 도움을 청했다.

진 박사는 흔쾌히 수락하고는 무려 여덟 차례에 걸쳐 수업할 수 있는 강의 PPT를 정성껏 준비해왔다. 심지어 여기에 자신이 일하면서 겪은 수많은 실제 사례도 함께 집어넣었다. 그런데 갑자기 정걸이 혹시 수업을 한 시간 안에 마쳐 줄 수 있느냐고 물었다. 그날 자신이 그 수업에 배정한 시간이 한 시간뿐이라는 이유에서였다.

진 박사는 어쩔 수 없이 거시경제학에 관한 자신의 이해를 토대로, 총 여덟 차례의 강의 내용을 다시 한 번 압축하여, 거시경제학의 10대 원리와 그게 상응하는 전형적인 사례를 뽑아냈다. 그 결과 효율성이 매우 높은 수업이 되었다.

정걸은 단번에 거시경제학의 전모를 파악해냈고, 이 학문의 가장 기본적인 '이치' 즉, '수급균형(供需平衡)' 같은 10대 원칙을 모두 암기했다. 게다가 아이는 정말 제대로 배웠는지, 그 후 며칠이 지나자 만나는 사람마다 붙들고 혹시 10대 경제 원리라는 매우 유용한 법칙을 아느냐고 물었다. 그 사람이 모른다고 하면, 자신에게 10분만 주면 이야기 10개를 통해 경제학 입문 수준에 도달하게 해주겠다고 호언장담하기도 했다.

이는 아이가 나에게 학습에 관한 문제로 도움을 구하고 내가 친구를 동원해서 효과적으로 문제를 해결해준 대표적인 사례다. 이러한 방법은 아이의 성장 속도를 높이는 데 많은 도움이 된다.

나는 언제나 내 아이와 주변 친구들에게 '다른 사람의 어깨 위에 서기'를 배워야 한다고 강조해왔다. 이것이야말로 최고의 지혜라는 생각에서였다. 만약 아이의 학습이나 처신에 문제가 생긴다면 혼자서만 끙끙대지 말고 즉시 다른 사람에게 도움을 청하도록 가르쳐야 한다. 시기적절하게 문제를 해결해야 빠른 성장이 가능하므로 이것 역시 중요한 학습능력에 속한다.

아이의 성장을 위해 가끔은 이런 '지름길'도 필요하다.

정걸이 6살 이후 8년간의 학습 과정에서 놀라운 속도로 발전할 수 있었던 것은, 어려서부터 도움을 청하는 태도를 익히고 또 그것을 통해 문제를 해결하는 법을 알고 있었기 때문이다. 아이가 14살 때 고등학교 졸업식에서 기자의 물음에 답했듯이, 그동안의 학교생활에서 얻은 가장 큰 수확은 바로 수많은 아시아 최고 교수들을 만나서 그들에게 많은 도움을 받은 것이었다.

정걸은 정말로 도움을 청하는 데 능하다. 내가 어려운 일이 생기면 다른 사람의 도움을 구해도 된다고 알려준 이후로 아이는 하고 싶은 일이 생길 때마다 언제나 최소한의 시간과 노력으로 목표를 달성하는 방법을 찾아냈다. 바로 아래와 같은 경우다.

9살에 중학교에 들어간 이후, 해야 할 공부가 부쩍 많아지다 보니 교과서 외에 자신이 읽고 싶은 책을 읽을 시간이 예전보다 줄어들었다. 하지만 아이는 더 많은 지식을 얻고 싶어 했다. 그러려면 어떻게 해야 할까? 역시 영리한 아이답게 많은 방법을 생각해냈다.

첫째는 가장 간단한 방법으로, 아이는 속독 속기를 배웠다. 이를 통해 독서의 효율은 높이면서, 독서 시간은 단축할 수 있었다. 두 번째 방법은 나에게 도움을 청하는 것이었다. 어차피 나는 매년 몇백 권의 책을 읽어야 했기에 그중 좋은 책을 발견하면 중요내용만을 PPT로 만들어 아이에게 보여주었다. 아이의 독서를 '관리'한다는 말은 바로 여기서 나온 것이다.

그중 최고의 방법은 세 번째 방법이었다. 아이는 자신이 다른 사람의 도움을 청할 줄 안다는 장점을 최대한 이용했다. 자신이 관심 있는 책을 다른 사람에게 주며 이렇게 말하곤 했다.

"이 책이 무척 괜찮다고 들었어요. 삼촌(이모), 혹시 먼저 읽어 주실 수 있어요? 그리고 다 읽고 나서 제게 어떤 내용인지 이야기해 주시겠어요?"

아이 친구 중에는 '성공한 어른 친구'가 비교적 많다 보니, 꼭 자신이 읽지 않아도 다른 사람이 읽고 나서 요점을 정리해준 걸 들을 수 있었다. 아이는 이 방법을 통해 많은 것을 배웠다. 그리고 이런 책 중에서 다들 훌륭하다고 평가하는 책이 있다면 일부러 시간을 내서라도 열심히 정독했다.

여기서 우리는 한 가지 문제에 봉착하게 된다. 아이가 도움을 청하는 법을 배우려면 한 가지 꼭 필요한 조건이 있다. 바로 아이의 주변에 도움을 청할 사람이 있어야 한다는 점이다. 이것이 바로 부모가 해야 할 일이다. 부모는 아이에게 긍정적인 도움을 줄 수 있는 '사회 집단'을 만들어 두어야 한다.

이는 부모 자신의 사회적 가치와 가정의 가치를 적절히 충족시키면서 적극적으로 긍정적인 에너지와 도움을 주고받을 수 있는 부모 집단을 구축해 놓아야 한다는 의미다. 구체적인 방법은 다음과 같다.

첫째, 부모는 다양한 분야의 사람과 알아두어야 한다(예를 들어, 내 친구인 금융전문가 진 박사 같은 사람을 일컫는다). 둘째, 아이와 함께 다양한 사회활동에 참가해서 아이가 많은 어른 친구를 사귀게 해야 한다(예컨대 정걸이 홍라사 紅螺寺에서 열린 '국제학생 문화교류의 날'에 사귄 스페인어를 할 줄 아는 형과 누나 같은 사람을 말한다). 셋째, 옛날 말에 자식을 바꾸어 가르친다는 말이 있는데 이것 역시 좋은 방법이다. 될 수 있는 한 많은 아이와 그 아이들의 부모를 사귀면 그중 분명히 당신의 아이를 도와줄 사람이 있을 것이다. 또한 당신 역시 다른 집 아이를 도울 수도 있다. 이렇게 다른 집 아이를 가르치는 문제로 고민하다 보면, 자신의 아이를 가르치는 건 그다지 어렵지 않아지는 효과도 있다.

최근에 아이가 '엮어 놓은' 친구들 중에는 바둑 친구가 한 명 있다. 북경시 아마추어 바둑 대회에서 우승한 사람으로, 나보다도 나이가 많다. 그는 세계공원(世界公園) 근처에 살았는데 우리 집에서 매우 가까웠다. 그러다 보니 매주 토요일이면 아이는 바둑을 두러 이 집에 가서는 밤늦은 시각에야 돌아왔다. 둘은 실력 면에서 우열을 가리기 어려울 정도로 막상막하였고, 심지어 새벽 3시까지 바둑을 둘 때도 있었다.

이 사람은 정걸의 바둑 스승이었지만 정작 자신의 아이는 잘 가르치지 못했다. 그 집 아이는 정걸보다 나이가 많았는데 캐나다 유학을 준비하고 있었지만, 영어 실력이 그다지 좋지 않았다. 마침 나도 바둑을 잘 못 두다 보니 정걸의 높은 요구수준을 만족시켜 줄 수 없었다. 그래서 우리는 주말에 자주 만나서 그는 정걸과 바둑을 두고 나는 그 집 아이에게 영어를 가르쳐 주었다.

다른 사람의 지혜를 빌리고 사회집단의 도움을 받는 것은, 성장하기 위한 가장 빠른 지름길이다. 나는 아이의 학습과 성공에 신경 쓰는 모든 부모에게 이런 말을 하고 싶다.

아이를 위해, 자신을 바꿔라! 자신과 아이가 더 큰 사회집단에 들어갈 수 있도록 최대한 노력하라. 당신의 동료가 누구인지에 따라 당신이 얼마나 빨리 발전할 수 있을지가 결정된다. 또 당신의 스승이 누구인지에 따라 당신이 얼마나 멀리 갈 수 있을지가 정해진다. 그렇다면 어떻게 해야 많은 친구를 사귈 수 있을까? 또 어떻게 해야 나보다 뛰어난 사람을 만날 수 있을까? 그 답은 당신이 배워서 발전하고 싶은 그곳에 있다.

가장 효율적인 사고법 '마인드맵'

가장 가치 있는 교육은 방법을 가르치는 교육이다. 즉 '물고기 잡는 법'을 가르치는 것이다. 효과적인 사고방식과 도구를 갖추고 있을 때 학습 효율은 저절로 높아진다.

예전에 정걸은 자신에게 가장 큰 즐거움이 잠, 놀이(운동), 그리고 공부라고 말한 바 있다.

2012년 여름 방학 때 아이는 토플 시험 준비를 위해 매일 한 시간씩 영어 단어를 암기했다. 나는 아이가 분명히 많이 피곤할 거라고 생각했다. 그런데 아이는 의외로 공부하는 것을 즐거워하고 있었다. 이는 내 눈으로 확인하고 직접 느낀 사실이다.

예를 들어 아이는 책상 앞에 정 자세로 앉아서 단어를 외우는 것이 아니라, 집에 있는 흔들의자에 누워서 흔들흔들하면서 단어를 암기했다. 원래 노래 부르는 걸 좋아해서 이때도 흥얼흥얼 노래를 불렀는데 전부 영어 노래였다. 게다가 더 재미있는 건 노래를 부르면서 가사를 바꾼다는 거였다. 노래의 멜로디에 자신이 방금 외운 단어들을 집어넣고 있었다.

그런 아이의 모습을 보면서 나는 깨달았다. 아이가 수차례 월반을 하고도 공부에 부담을 느끼지 않았던 이유는 첫째, 자신이 진정으로 원해서 공부했기 때문이고, 둘째, 나름대로 자신만의 공부법을 가지고 있기 때문이었다는 것을.

예를 들어 아이는 책을 빨리 읽는 속독 능력이 있었는데, 이는 일부러 속독 속기 협회에 찾아가서 배운 것이다. 또한 우뇌가 비교적 발달하여 그림으로 암기하는 법과 '두뇌 지도(마인드 맵)'을 활용한 암기법을 일찌감치 익혀두었다. 그러다 보니 방대한 정보를 정리 요약하는데 능했고, 자신이 잘하는 방법으로 기억하고 소화할 줄 알았다.

그렇다고 정결의 학교 성적이 전교 1, 2등이었던 건 아니다. 자신이 즐거워하는 잠과 놀이(바둑과 태권도, 축구 같은 운동)가 일정 시간을 차지했기 때문이다. 앞에서 얘기했지만 선생님이 운동 시간을 줄여서 그 시간을 공부에 투자해 성적을 올려 보는 게 어떠냐고 제안했을 때, 아이는 동의하지 않았다. 그리고는 선생님에게 점수를 더 올리는 것보다 중요한 것은 운동을 통해 자신이 건강해지고 즐거워지는 것이라고 대답했다.

남방과기대학(南方科技大學)의 교장인 주청시(朱淸時)가 학교를 창립하면서 이런 이야기를 한 적이 있다.

"기본적으로 공부에 소홀하지 않은 학생은 시험에서 일반적으로 70~80점을 받는다. 100점을 받으려면 몇 배의 노력이 필요하다. 실수를 하지 않으려면 반복적으로 문제 푸는 연습을 해야 하기 때문이다. 문제의 이해도가 아무리 좋아도 주어진 시간에 치르는 시험은 엄청난 숙련도를 요구한다. 따라서 100점을 받기 위해 많은 시간과 자원을 투자하는 건 마치 한 자리에 서서 똑같은 중노동을 10번 반복하는 것과 같다. 결국 이 학생은 그 외 다른 능력과 창의력을 모두 잃어버리게 된다."

아이들이 공부를 싫어하거나 혹은 못하는 데에는 다 이유가 있기 마련이다. 아이들은 각자 다른 특성이 있으므로 아이에게 맞는 학습 방법을 찾았는지부터 점검해봐야 한다. 무엇을 공부하든 학습 방법과 도구가 중요하다.

예를 들어 같은 조건에서 같은 내용을 배운다고 가정한다면,

요약, 분석, 귀납, 이해, 기억의 방법을 사용하는 아이가 더 많은 정보를 지식 체계에 집어넣을 수 있지 않을까?

이는 무척 중요한 문제라 할 수 있다.

그동안 나는 사람의 사고방식에 부합하면서 실용성 있는 학습법과 학습 도구를 찾아왔다. 그러다 결국 대뇌 정리 기술의 일종인 마인드맵을 찾아냈다. 이는 그날 듣고 배운 주요 내용을 종이 한 장에 전부 그리는 것인데, 아이와 학생들에게 설명할 때는 좀 더 형상화해서 '두뇌 지도'라고 불렀다.

내가 아이들과 수업을 할 때 가장 첫 시간에 가르치는 것이 바로 '두뇌 지도'다. 먼저 아이들에게 4절지 한 장을 준비하게 한다. 그다음 첫 단계로 종이의 중앙에 아이들이 직접 주제를 그려 넣게 한다. 이때 중요한 것은 뚜렷하고 강한 시각적 효과를 주는 것이다. 내 경우, 아이들에게 중앙에 동그라미를 하나 그려서 그 안에 '8월 16일 복습 내용'이라고 적게 했다.

그런 다음 아이들에게 동그라미 바깥쪽을 향해서 확장시켜 나가면서 가지치기를 하도록 지시한다. 나무의 모습을 상상하면서 각 항목의 요점을 배열하는 것이다. 중심 주제에서부터 바깥쪽으로 확장시킨 다음, 다시 중심에서부터 관련된 요점사항들을 가지치기해 나간다. 중앙에 가까운 가지일수록 비교적 큰 주제이며 이와 관련된 세부 주제들은 화살표를 이용해 연결한다. 이때 각 가지의 내용을 '키워드'로 표현해야 한다는 점에 주의한다.

아이들은 그날 선생님의 수업내용을 떠올리며 계속 그림을 그려나간다. 예를 들어 제1교시, 왜 변해야 하는가, 중점사항 1, 2, 3……. 제2교시, 논리란 무엇인가, 중점사항 1, 2, 3……. 이렇게 순서대로 그려나가다 보면, 중심에서 수많은 가지가 뻗어나간 그림이 완성된다. 왼쪽에서 오른쪽으로, 또 위에서 아래로 점점 더 풍성해지고 입체적으로 변한다.

나는 아이들에게 '두뇌 지도'를 그리는 목적은, 지도를 통해 중심내용을 파악함으로써 더 쉽게 기억하기 위해서라고 알려 주었다. 더 효과적으로 기억하기 위해 부호, 색깔, 문자, 그림 및 기타 이미지를 사용하여 표현해 볼 수도 있다.

이외에도 나는 아이들에게 상상력을 최대한 발휘해서 자신만의 창의적인 방법으로 마인드맵을 그려보도록 했다. 그러자 아이들은 각자 창의력을 발휘해서 물고기가 뿜어내는 거품을 마인드맵의 구조로 삼는가 하면, 내용을 채워 넣는 틀로 조개와 진주를 그리기도 했다. 그런 다음 색연필을 사용해서 마인드맵 나무의 '주요 줄기'와 '가지'를 이어 나갔다.

'두뇌 지도'를 세밀하게 그리는 데는 10분 정도 걸리는데, 중요한 내용을 빠뜨리거나 그림이 다소 산만해도 전혀 문제가 되지 않는다. 중요한 점은 아이가 이렇게 '정리', '분류', '요약'을 하면서 그날 있었던 일의 80%를 이 '두뇌 지도' 위에 되살려 본다는 데 있다. 더욱 중요한 점은 이렇게 연습하는 과정을 통해 아이의 사고 능력을 기를 수 있다는 것이다.

요즘 아이들은 학습량이 워낙 많다 보니 기억해야 할 지식도 많다. 망각 곡선에 따르면 처음 1시간 후에는 배운 내용의 80%를 기억하고, 하루가 지나면 60%를 기억하며, 3일이 지나면 50%, 일주일이 지난 후에는 30%만 기억한다고 한다. 그런데 '두뇌 지도'를 그리면 아이가 배운 내용의 80%를 집중적, 논리적으로 기억할 수 있고 이후에도 지도를 볼 때마다 기억을 되살릴 수 있다고 한다. 참으로 과학적인 방법 아닌가?

게다가 이러한 방법은 대뇌 피질의 모든 지능 즉, 어휘, 형상, 숫자, 논리, 음률, 색깔, 공간감각 등을 활성화해서, 아이가 중요 정보를 효과적으로 정리하고 기억할 수 있도록 돕는다. 꾸준히 연습하다 보면 나중에는 종이나 연필 없이도 머릿속으로 마인드맵을 그려가며 생각할 수 있게 될 것이다. 이렇게 마인드맵 방법을 일상의 다른 영역까지 확대해서 사용하면 대뇌 활동이 극대화되어 효과적인 학습이 가능하다.

나 역시 '두뇌 지도'를 사주 사용한다. 종이 한 장에 오늘 내가 한 중요한 일 다섯 가지와 각각 어떻게 실행했는지, 무슨 문제가 있었는지, 어떻게 해결했는지, 어떤 결과를 얻었는지 등을 그려 나간다. 이렇게 매일 반복하다 보면, 자신의 인생에서 이룬 성장과 그 결과물이 종이에 한 장 한 장 기록된다.

나는 지금도 매일 마인드맵을 그린다. 이렇게 일상을 한 장 한 장 구체적으로 형상화하다 보니 1년 365일 동안 내가 언제 누구를 만났는지, 그 사람과 어떤 대화를 했는지, 무엇을 배우고 느꼈는지를 모두 기억할 수 있다.

Chapter 4

습관이 아이의 미래를 바꾼다

구체적인 교육 방법이나 교육 도구만이 유용한 교육법은 아니다. 크게는 '완벽함'이나 '성공'에 대한 추구, 작게는 습관 역시 유용한 교육법일 수 있다. 아이가 성공하기를 바란다면, 다음의 일곱 가지 습관을 체득하게 해야 한다.
1. 적극적으로 나서기 2. 중요한 일 먼저 하기 3. 감사할 줄 알기 4. 큰 꿈 가지기 5. 모두에게 이익이 되는 생각하기 6. 하루에 한 가지 착한 일 하기 7. 끝까지 참고 견디기가 바로 그것이다.

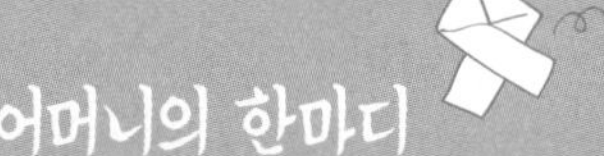

어머니의 한마디

여섯 살 이전의 아이에게 주는 사랑과 자신감은, 앞으로의 아이 인생에서 최고의 재산이 될 것이다.

적극적으로, 자신이 흥미로운 일을 하라

정결을 만난 대부분의 사람은 이렇게 생각한다. '정말 흥미로운 아이다. 자신의 삶에 충실하면서 다른 사람과 나눌 줄도 알고 게다가 모든 일에 열정적이기까지 하다.'

혼히 미국 아이들은 감성지능이 높고 리더십이 강하다고들 한다. 나는 이러한 주장이 사실인지 확인하기 위해 유학시절 미국의 초·중등학교를 방문했다가 피부로 직접 느낀 적이 있다.

내가 지금까지도 생생히 기억하는 일이 한 가지 있다. 현장 참관단을 따라 미국 소도시의 초등학교를 방문했을 때의 일이다. 놀고 있던 아이들이 갑자기 일어서더니 두 줄로 늘어서서는 우리의 방문을 환영해 주는 게 아닌가. 나는 무척 놀랐다. 그 학교 방문은 즉석에서 정해진 것이어서 학교에는 아무런 사전 통지도 하지 않았기 때문이다. 이어서 나를 더욱 놀라게 만든 일이 일어났다.

8살도 안 돼 보이는 작고 귀여운 여자 아이가 내 앞으로 걸어오더니 자기가 학교를 안내해줘도 되겠느냐고 물었다. 내가 자신의 도움이 필요한 것처럼 보인다면서 말이다. 그 순간 나는 이런 생각이 들었다.

'앞으로 이 아이는 얼마나 멋진 사람으로 성장할까. 이렇게 어린 나이에 벌써 다른 사람을 자발적으로 도울 줄 알고, 적극적으로 책임을 질 줄 알다니 정말 놀랍다.'

이것이 바로 내가 우리 아이와 학생들이 기르기를 바라는 첫 번째 습관인 적극성이다.

즉 다른 사람과 적극적으로 소통하면서 자신을 표현할 줄 알고, 자발적으로 행동하면서 자신의 가치를 실현해 나가는 것이다.

매사에 적극적으로 임하는 것은 아이의 성장에 무척 중요하다. 동시에 부모들이 가장 관심이 있는 문제이기도 하다. 내가 개인적으로 통계를 내 본 결과, 최근 내 공개강좌나 '위챗(Wechat)' 채팅창을 통해 부모들이 가장 많이 물어본 아이의 교육문제는 다음과 같은 것들이었다.

'게으르고 소극적입니다.'

'적극적 나서서 해보려 하지 않고 언제나 미루기만 합니다.'

'인생 목표가 없다 보니 공부에도 흥미를 느끼지 못합니다.'

'TV와 휴대폰 외에는 모두 재미없어합니다.'

심지어 많은 부모가 아이를 변화시킬 수만 있다면 자신이 가진 돈을 전부 내놓는다 해도 전혀 아깝지 않을 것 같다고 토로하기도 했다. 나는 이 문제에 대해 다음과 같이 생각한다.

먼저, 아이가 적극성을 보이지 않는 것은 눈에 보이는 표면적인 문제다. 그렇다면 그 뒤에 감춰진 원인이 무엇인지 생각해본 적이 있는가?

내가 관찰한 바에 따르면, 아이가 적극성이 없는 것은 어려서부터 부모가 너무 많은 것을 대신 해 주었기 때문이다.

예를 들어 대다수의 아이는 지금껏 집안일을 한 번도 해 본 적이 없다. 아이에게는 공부가 우선이며 다른 일은 할 필요가 없다는 부모들의 생각 때문이다. 또한 자신의 집의 가정형편이 어떤지 한 번도 신경 써본 적이 없다. 부모들이 그런 고민은 어린 아이가 하는 게 아니라고 생각해서 아예 알려주지 않기 때문이다. 심지어 여태껏 자신의 미래를 걱정해 본 적이 없다는 아이도 있다. 이미 부모가 다 정해 놓았기 때문이다…….

이렇게 되면 아이는 일상에서 스스로 책임을 지는 연습을 해볼 기회를 전부 놓치게 된다.

사실 이 경우, 해결 방법은 아주 명확하다. 아이가 스스로 책임을 지게 하는 것이다. 내가 수업 첫 시간에 제시하는 키워드가 바로 '변화'인데 아이들에게 다음과 같은 '생활 숙제'를 내주곤 한다.

① 집에 돌아가서 신발장을 정리한 후 사진을 찍어서 다음 날 친구들에게 보여주기.
② 숙제를 하기 전 1분 동안 책상 정리를 깨끗이 하고 그 모습을 사진으로 남기기.
③ 잠자기 전에 내일 해야 할 중요한 일 다섯 가지를 적은 후 다음 날 다른 사람에게 보여주기.

이런 생활 '연습'을 며칠 하다 보면 아이는 자신도 스스로 할 수 있는 일이 있으며 이런 사소한 습관이 큰 도움이 된다는 것을 깨닫게 된다.

신발장을 정리하는 작은 일로 아빠 엄마의 인정을 받을 수 있다! 깨끗한 책상 위에서 공부하니 집중이 더욱 잘 돼서, 학습 효율이 부쩍 높아진다! 내일 해야 할 일을 미리 생각해두니, 내일이 더욱 기대된다…….

이렇게 좋은 점이 많은데 자발적으로 하게 되는 것도 당연하지 않은가?

다음으로 고쳐야 할 것이 바로 나태하고 산만한 습관이다. 보통 아이의 이러한 습관을 고치기가 몹시 어렵다고 생각한다. 하지만 앞서 언급했던 것처럼 이것 역시 표면적인 문제일 뿐이다. 이 문제를 해결하려면 아이가 자신을 바꾸고 싶게 만드는 동기를 찾아내야 한다.

내가 관찰한 바에 의하면, 아이가 어떤 일에 흥미를 느끼지 못하는 것은 우리 부모가 아이를 제대로 이끌어 주지 못한 탓이다. 즉 아이가 자신도 충분히 재미있는 일을 할 수 있다는 걸 깨닫도록 도와주지 못했기 때문이다.

요즘 부모들은 대부분 아이가 하나나 둘이다 보니 절대 아이 교육에 실패해선 안 된다는 강박관념에 시달린다. 그래서 아이가 공부를 열심히 하지 않으면 마치 세상이 끝난 것처럼 절망한다. 만약 아이가 조금이라도 나태하거나 소극적인 면을 보이면 부모들은 일단 긴장부터 하고 덜컥 겁을 내면서 아이가 적극적이지 않다고 원망하곤 한다. 그리고는 다른 아이들과 비교하기 시작하는데 그 결과, 아이 앞에서 늘 아이의 '문제'만을 중얼거리게 된다.

'혹시 어디가 아픈 것은 아닐까?', '왜 학습 의욕이 없는 거지?', '왜 이렇게 소극적인 거지?'

사실 생각을 좀 바꾸어 볼 필요가 있다. 아이가 게으르고 산만한 것이 마음에 들지 않는다면, 아이가 그런 모습을 보일 때 우리가 원하는 행동을 시키면 된다.

예를 들어 아이가 공부는 안 하고 소파에 누워서 TV만 보고 있다고 하자. 이럴 경우, TV를 못 보게 하면서 공부하라고 강요해봤자 아무 소용없다. 이럴 땐 방법을 좀 달리할 필요가 있다.

우선 아이에게 엄마가 머리를 자르러 가는데 함께 가서 점심이나 먹고 오자고 제안한다. 그런 다음 미용실에 도착해서는 이렇게 말한다.

"사람이 많아서 한참 기다려야겠다. 우리 이렇게 하자. 너는 맞은 편 서점에 가서 좀 돌아다니다 오렴. 괜히 엄마 기다리느라

습관이 아이의 미래를 바꾼다

고 시간 낭비하지 말고. 정오에 레스토랑 앞에서 다시 만나자.”

이렇게 방법을 바꾸면 대부분의 경우, 목표를 달성할 수 있다. 최소한 아이가 주말 내내 TV 앞 소파에 누워있는 모습을 보며 괴로워하지 않아도 된다.

사실 이는 아이를 적극적으로 행동하게 만드는 근본 동기와도 관련이 있다.

나는 아이들에게 이런 말을 하곤 한다.

“사람이 받을 수 있는 최고의 찬사는 바로 ‘참 흥미로운 사람이다’라는 말이다. 여기서 ‘흥미롭다’는 영어로 ‘Interesting’이라고 한다. 이는 그 사람이 자신만의 생각과 판단력, 그리고 일에 대한 남다른 열정과 풍부한 경험까지 가지고 있어서, 남다른 관점과 사상으로 다른 사람들에게 영감을 불러일으킨다는 의미다.”

예를 들어 흥미로운 사람은 책을 읽을 때도 어리석은 선택을 하지 않는다. 연애소설이나 무협소설에만 빠져 있는 것이 아니라, 막언(莫言)이나 워런 버핏의 책을 고르고 다 읽고 나면 이 책에서 배운 지식을 어떻게 더 많은 사람에게 전할 것인지 고민한다.

음악을 들을 때도 록이나 사랑 노래만 찾아 듣지 않는다. 진정 흥미로운 사람은 노래 가사에서 느껴지는 아름다운 정취를 즐길 줄 알며, 어떤 노래가 자신의 몸과 마음에 가장 도움이 되는지도 잘 안다.

흥미롭다고 느끼는 대상이 꼭 공부일 필요는 없다. 가령 컴퓨터를 해도 애플 하면 스티브 잡스를 떠올리고 스티브 잡스 하면 애플을 떠올리듯이 그 분야에서 세계 최고가 된다면, 절대 쓸모없는 일이 아니다.

그렇기에 나는 아이가 컴퓨터를 하는 건 나쁘고, 책을 읽는 것만이 좋다고 생각해 본 적이 없다. 아이가 하는 일 자체로 좋고 나쁨을 판단해서는 안 된다. 중요한 점은 아이가 그 일을 하면서 흥미로워하고 즐거워하는지 또 그 일이 아이의 장기적인 발전에 도움이 되는가 하는 것이다.

정걸을 만난 대부분의 사람들은 그 아이가 무척 '흥미롭다'고 말한다. 그건 아이 자신이 흥미로워하는 일을 하기 때문이다. 다시 말해서 정걸은 일상에서 하는 일과 자신이 미래에 할 중요할 일을 연결 지어 생각할 줄 안다.

예컨대 아이가 카드놀이를 하는 건 그저 시간을 보내기 위해서가 아니다. 물론 카드놀이가 즐겁기도 하지만 그보다는 카드놀이와 재정 관리(승패 확률 분석, 누구와 팀을 이루어 협력해야 할까, 돈을 걸어 투자할 만한 가치가 있는 사람은 누구인가) 및 심리학을 연결 지어 생각하기 때문이다. 그러니 당연히 흥미롭지 않겠는가?

아이는 카드놀이를 하면서 상대의 마음을 읽어내고, 그 사람의 행동을 보고 성격을 분석해낼 줄도 안다. 예를 들어 나의 대학 친구 몇 명이 우리 집에 놀러 온 적이 있었다. 친구들은 정걸과 오후 내내 카드놀이를 했는데 헤어질 때가 되자 아이는 친구들의 '잘못된 점 바로잡기'를 시작했다.

"삼촌, 제 생각에 삼촌은 일 할 때 후방에서 근무하는 편이 나을 것 같아요. 카드놀이에서 방어형에 속하니까요. 이모, 이모는 아마 집에서 모든 결정을 내리는 편일 것 같아요. '화목란(花木蘭)[01]'처럼 공격을 좋아하는 걸 보고 느꼈어요. 하지만 그런 점은 좀 고쳐야 할 것 같아요. 반드시 방어하는 법을 배우셔야 해요.

01) 화목란(花木蘭, 물란): 중국 문학작품에서 부친을 대신하여 종군한 영웅으로 등장하는 여성. (네이버 지식백과)

방어는 최고의 공격이라고 하잖아요……."

아이의 이 말에 다들 크게 웃음을 터뜨렸다.

흥미로운 사람은 평소에 늘 하는 일상적인 일들 가운데 자신의 미래 성장에 도움이 되는 부분을 찾아내고 적극적으로 임할 줄 안다. 단지 그 일이 어렵고 잘 못한다고 해서 포기하지 않는다.

정걸은 배드민턴을 할 때 자신의 '어른 친구들'을 이겨본 적이 없지만, 늘 즐긴다. 심지어 먼저 나서서 배드민턴을 하자고 조르면서 이렇게 말하기도 했다.

"제가 배드민턴 기술은 약할지 몰라도, 인내심만은 분명히 더 강할 걸요? 배드민턴을 2시간 쳐서 결국 이기지는 못하더라도 제 의지력만은 단련시킬 수 있어요."

상황이 이렇다 보니, 나는 한 번도 '배드민턴 할 시간에 차라리 책 보고 공부해라.'라는 식으로 아이를 제지한 적이 없다.

마지막으로, 매사에 적극적으로 임하는 습관을 들이려면 아이가 스스로 나서서 움직였을 때, 주변 사람들이 인정해주어야 한다.

간단한 예로, 정걸이 금융 분야를 좋아하게 된 이유는 주변 사람들이 이 분야에 천부적인 재능과 탁월한 능력이 있다고 계속 인정해주었기 때문이다. 아이는 그 영향으로 어려서부터 워런 버핏의 책을 읽고 범려(範蠡)를 연구해서 나중에 자신의 필명을 '도주공(陶朱公)[02]'이라고 바꿀 정도였다. 우리가 만난 성공한 사람들도 아이와 이야기를 해보고는 이렇게 인정해주었다.

"너는 미래에 금융가가 되는 게 가장 잘 맞을 것 같다."

02) 도주공(陶朱公): 중국 춘추 시대의 월왕(越王) 구천(句踐)의 신하인 범여(范)의 다른 이름.(브리태니커)

이렇게 가족뿐만 아니라 학교와 사회로부터 인정받자 아이는 자신이 금융 분야를 공부하는 것이 당연하다는 굳은 믿음을 가지게 되었다(11살 때 아이는 경제잡지와 인터뷰를 했다).

여기서 알 수 있듯이 아이는 사람들의 인정을 받을수록 그 일이 자신이 진정으로 원하는 것이라 생각하게 된다. 물론 아이 스스로 그 일을 즐거워하는 것이 무엇보다 중요하다. 즐거움이야말로 아이가 일상생활이나 공부에서 적극성을 보이게 하는 원동력이기 때문이다.

꿈이 클수록, 신발끈부터 정리하라

만약 우리가 우리의 인생 행적을 그림으로 그린다면, 인생은 평범한 시간으로 채워지는 것이 아니라, 찬란한 순간으로 이루어진다는 사실을 발견하게 될 것이다.

아이가 성장하는 데는 자신감과 적극성 모두 중요하지만, 그보다 중요한 것은 다른 사람의 인정을 받는 것이다.

정걸은 8살 때 장기대회에 참가해 초등학생 조에서 1등을 차지했다. 그러자 심사위원 가운데 한 선생님이 아이를 이렇게 칭찬해 주었다.

"김정걸, 너는 장군이 될 사람이니까 바둑을 배우도록 해라."

아이는 장군이 되는 것과 바둑이 무슨 상관이 있는지 이해할 수 없었기에 이렇게 물었다.

"선생님, 바둑을 배우면 무엇이 좋은데요?"

그러자 선생님을 이렇게 답해주었다.

"바둑을 두려면 장기보다 훨씬 많은 경우의 수를 봐야 한단다. 그래서 장기보다 바둑이 전체를 관망하는 안목과 공간 감각을 기르는 데 적합하지. 장기를 북경이라는 하나의 도시라고 한다면 바둑은 중국이라는 나라라고 할 수 있단다. 네가 장차 큰일을 하고 싶다면 꼭 바둑을 배우길 바란다."

이때부터 바둑과 정걸의 질긴 인연이 시작되었다. 과연 바둑은 아이가 지혜로운 사고를 하고 더 나아가 자신의 인생관을 세우는 데 깊은 영향을 주었다.

이 나이 때 아이들은 대부분 큰 꿈을 꾸지만, 구체적이지 않은 경우가 많다. 그런데 정걸은 장군이 되겠다고 결심하고 나서 포용력을 기르려는 모습을 보였다. 가령 아이는 수업을 들을 때 선생님이 사투리가 심하다거나 옷차림이 지저분하다고 해서 불평하지 않았다. 그러다 보니 수업을 듣는 태도도 훨씬 좋아졌다. 아이는 자신이 장군이 될 사람이므로 선생님의 모든 결점을 포용해주어야 한다고 생각했던 것이다.

이렇듯 아이는 꿈을 갖게 되면 인생의 구도와 사물을 보는 관점이 완전히 달라진다. 만약 우리가 우리의 인생 행적을 그림으로 그린다면, 인생은 평범한 시간으로 채워지는 것이 아니라, 찬란한 순간으로 이루어진다는 사실을 발견할 수 있을 것이다.

서양 속담에 이런 말이 있다.

'Always reach for the star but keep your feet firmly on the ground. 별에 닿을 만큼 큰 꿈을 꾸어야 한다. 하지만 그 꿈은 반드시 현실에 발을 디디고 있어야 한다.'

우리가 흔히 말하는 '꿈은 높게, 발은 여기에'도 바로 이 뜻이다.

이 말의 첫 번째 의미는 원대한 목표를 가져야 한다는 것이다.

정걸은 11살 때 친구에게 도자기를 선물 받았다. 그 친구는 아이의 '어른 친구'로 무석(無錫)에서 도자기를 제조하는 일을 해서 매년 아이에게 선물로 보내곤 했다. 일반적으로 도자기에는 글자를 새기는데 그 친구는 정걸에게 무슨 글자를 새길지 물어왔다. 그러자 정걸은 대답은 바로 이것이었다.

'성연천하(盛宴天下: 성대한 연회가 온 세상을 덮는다)'

나는 아이에게 그 글자를 새기려는 이유가 무엇인지 물었다. 아이는 언젠가 자신이 워런 버핏처럼 큰 부자가 되면 자신이 가진 모든 것을 사회에 환원하고 더 많은 사람을 도울 것이기 때

습관이 아이의 미래를 바꾼다

문이라고 했다.

그 당시 아이의 꿈은 금융가가 되는 것이어서 자연히 워런 버핏을 자신의 우상으로 삼게 되었다. 워런 버핏이 어떻게 지금의 워런 버핏이 되었는지 연구하다 보니, 동양의 거상 범려까지 공부하게 되었는데, 정걸은 12살에 범려와 관련된 극본을 써서 이 고대 갑부의 상인으로서의 일대기를 분석하기도 했다. 그리고 자신의 필명을 범려의 다른 이름인 '도주공'이라고 바꾸었다. 즉 '도주공'이 되어 워런 버핏처럼 자선을 베풀겠다는 뜻에서 '성연천하'를 새긴 것이다. 정말 원대한 꿈이었다.

아이는 나이에 따라 꿈이 달라진다. 따라서 부모는 아이와 자주 꿈에 대해 이야기를 나누어야 한다. 꿈은 대공사에 해당된다. 벽돌 한 장 한 장으로 터를 닦은 다음 천천히 쌓아 올리다 보면 언젠가 현실이 된다.

다음은 정걸이 8살 때 썼던 〈나의 꿈〉이라는 제목의 짧은 글이다.

미래에 나는 이런 사람이 될 것이다.

1. 하버드 같은 일류 대학에 다닌다.

2. 좋은 직장에 다닌다. 예컨대 다국적 기업의 CEO가 되어 높은 월급을 받고 아빠 엄마를 잘 모신다.

3. 일도 잘하고 특히 좋은 인간관계를 유지한다. 다른 사람이 의기소침해 있을 때 그 사람을 격려한다.

4. 내 장점을 최대한 발휘하고, 단점은 고쳐나간다. 수학을 잘하고 특히 정확하게 할 줄 안다.

5. 유용한 기술을 습득하고, 도움이 되는 책을 많이 본다.

6. 최신 전자기기를 능숙하게 사용할 줄 알고, 전문적으로 중국에 도움을 주는 회사를 창립한다.

1. 가장 먼저 아빠 엄마를 기쁘게 해 드린다.

2. 더욱 열심히 공부한다. 최대한 아프지 않게 주의하며, 친구들과 말다툼을 하지 않는다.

3. 나의 장점을 충분히 발휘하고, 친구와 함께 말하기 연습을 많이 한다.

4. 열심히 수업을 듣고 다른 장난은 하지 않는다.

5. 반에 새로운 친구가 오면, 그 친구가 모든 수업을 잘 따라갈 수 있도록 돕는다.

6. 쉬는 시간에는 다음 수업 교과서를 미리 준비해 두고 논다. 이렇게 하지 않는 것은 선생님을 존경하지 않는다는 의미다.

7. 곡식을 낭비하지 않는다. 모든 곡식은 농부들이 힘들게 고생하며 키워낸 것이다.

8. 책을 사랑하고 소중히 여긴다. 고리키는 이런 말을 했다. '책이야말로 인류를 진보로 이르게 하는 계단이다.'

- 2007년 8월 24일 김정걸

꿈에서 멀어지는 지름길은, 생각만 하고 아무 행동도 하지 않는 것이다. 이는 우리를 괴롭게 만드는 원흉이다.

꿈을 이루려면 한 발짝 한 발짝 걸어 나가야 한다. 미래의 원대한 목표를 바라보면서, 또 그 원대한 목표를 이루는 데 도움이 되는 오늘의 작은 목표를 바라보면서 걸어 나가는 것이다.

이른바 '꿈이 클수록, 신발끈부터 정리하라'는 말은, 사람이 우수함을 넘어서 탁월해지는 건 작은 습관에 달렸다는 뜻이다.

예전에 내가 가르쳤던 친구의 아들은 25살에 미국에서 석사

습관이 아이의 미래를 바꾼다

를 졸업하고 귀국해서 중관촌(中關村)[01]의 IT 회사에 다니고 있었다. 하루는 그 아이에게 내 컴퓨터 정리를 부탁했다.

우리의 약속 시간은 9시였는데, 그 아이는 8시 58분에 도착했다. 과연 이공계 남자답게 시간을 잘 지키는 좋은 생활 습관을 가지고 있었다.

우리는 아파트 출입구에서 만나서 함께 올라왔다. 나는 현관문을 열고 후다닥 신발을 갈아 신고는 거실로 들어갔다. 문득 뒤를 돌아보니 그 아이가 웅크리고 앉아서 벗어 놓은 운동화를 문쪽을 향해 왼쪽 오른쪽 맞춰서 정리하는 게 아닌가. 이 사소한 행동 하나에서 또 한 번 아이의 올바른 생활 습관을 엿볼 수 있었다.

그때 나는 이런 생각이 들었다 '이렇게 세심한 성격을 가진 아이이니 내 컴퓨터를 맡겨도 안심할 수 있겠다.'

과연 생각했던 대로 그 아이는 내 컴퓨터를 전면적으로 꼼꼼하게 점검하고 수리해주었다. 내가 이미 발견한 문제를 비롯해 아직 눈치 채지 못한 문제까지 전부 해결해 주었던 것이다. 정말 대만족이었다! 사실 이전에 컴퓨터 판매업에 종사하는 옆집 사람이 내 컴퓨터를 여러 번 봐준 적이 있다. 그 사람은 매번 이렇게 말했다.

"당신 컴퓨터는 문제가 너무 많아요. 다 고치려면 상당히 힘들 것 같아요. 차라리 시스템 프로그램을 다시 설치하는 게 나을 것 같아요!"

내가 그 이유를 물었더니 그 사람은 설명해주어도 잘 모를 거라고 했다. 그런데 이 귀국 유학생은 내 컴퓨터가 괜찮은 상

---

01)중관촌(中關村): 1988년 5월 중국 최초로 지정된 첨단 기술 개발구이다. 공식 명칭은 '베이징시 신기술 산업개발시험구(北京市 新技術 産業開發試驗區)'다. (위키백과)

태이며 큰 문제도 없다고 했다. 과연 그 아이가 꼼꼼히 살펴보고 시스템상의 약점 몇 가지를 해결하자 컴퓨터는 바로 정상으로 돌아왔다.

나는 이 일이 해이(海尔) 그룹[02]의 총수가 면접 때 사용했던 방법과 비슷한 경우라고 생각한다. 그는 로비에 쓰러져 있는 빗자루를 누가 세워놓는지 지켜본다고 했다. 이렇듯 작은 습관 하나가 큰 미래를 이루어내는 법이다! 이것이 바로 사람 간의 차이다.

25살의 IT 엔지니어와 컴퓨터 판매상은 같은 일에서 서로 다른 태도를 보였는데 이는 엔지니어가 어린 시절 가정교육을 통해 엄격한 습관을 기른 것과 연관이 있다. 그 습관이 내재화되어 우수한 소프트웨어 엔지니어가 갖춰야 할 필수 요소인 세심하고 인내심 있는 성격과 행동양식을 겸비하게 된 것이다.

나는 내 아이와 학생들을 가르칠 때 신발장 정리나 책상 정돈하기 같은 생활과제를 자주 내준다. 정걸이 앞에 있는 물건을 정리하지 않고 아무렇게나 던져두면 나는 우선 몇 차례 주의를 준다. 그런데도 개의치 않는다면 재차 이렇게 주의를 준다.

"만약 숙제를 시작한 지 10분이 되도록, 네 책가방이 제자리에 놓여 있지 않다면, 이 가방이 너에게 중요하지 않다는 뜻으로 알고 밖에다 내다 버릴게. 그래도 되니?"

이렇게 말하면 보통 아이는 문제의 심각성을 인식하고 이렇게 대답한다.

"엄마, 아니에요. 제가 바로 정리할게요."

이렇듯 나는 아이에게 '선택'의 기회를 주고 될 수 있는 한 직접 명령하지 않는다. 어른들 역시 이러한 작은 생활 습관을 지

키지 못하는 경우가 많다는 것을 알고 있기 때문이다. 이들은 아이가 자신의 물건을 잘 정리하지 않는다고 불평하면서, 본인 역시 같은 잘못을 반복하고 있다는 사실을 깨닫지 못한다. 아이의 경우, 아직 어리기 때문에 일부러 돌려서 말하는 방법을 사용한 것이다.

예컨대 먼저 아이에게 '놓다'라는 개념을 가르치고 나서, '잘 놓을 것'을 요구한다. 또 '정리'의 개념을 알게 한 후에, '잘 정리할 것'을 요구하는 식이다.

'신발을 잘 정리 합시다'

우리 집 현관 벽에는 이렇게 쓴 종이 한 장이 붙어 있다. 이것은 정걸이 7살 때 쓰고 붙인 것이다. 이 종이는 다음과 같은 사실을 알려준다. 첫째, 집에 대한 아이의 사랑과 책임감을 엿볼 수 있다. 가족을 사랑하기에 가족들의 신발이 잘 정리되어 있는지에 관심을 가지는 것이다. 둘째, 아이가 깨끗하고 정리정돈이 잘 되어 있는 것을 좋아한다는 점이다. 이는 아이가 바람직한 위생 습관을 가지고 있음을 보여준다.

정걸은 지금 스스로 많은 일을 할 줄 안다. 어려서부터 이런 습관을 길렀으니 당연한 결과다. 내가 11살이 조금 넘은 아이를 혼자서 미국에 보낼 수 있는 것도, 아이가 충분히 자신의 생활을 스스로 꾸려나갈 수 있다는 걸 알기 때문이다. 만약 이렇게 가장 기본적인 조건조차 갖추지 못했다면, 아이가 아무리 천재라 하더라도 경쟁 사회에서 살아남기 힘들 것이다.

핵심사항 파악을 최우선으로 하라

> 핵심사항이 무엇인지를 가장 먼저 파악하라. 이는 종자(粽子)[01]를 묶은 실 끄트머리를 잡아당기면, 나머지 긴 실이 줄줄이 풀리는 것과 같은 이치다. 항상 핵심사항을 먼저 파악한 다음 일을 진행하면, 더욱 쉽고 편하게 일을 할 수 있는 법이다.

나를 잘 아는 친구들은 이렇게 물을지도 모르겠다.

"너는 매일같이 많은 사람을 만나고, 학교에서 학생들을 가르치고 부모들도 가르치고, 게다가 가족들을 돌보면서 책을 그렇게 많이 읽을 수 있다니…… 도대체 어떻게 시간을 내는 거니? 그리고 그런 엄청난 에너지는 또 어디서 생기는 거니?"

또 정결에게 이렇게 물어보는 사람도 있을 것이다.

"너는 외국어를 세 가지나 배우고, 바둑과 태권도를 연습하고, 매일같이 최소한 한 시간씩 운동을 하고, 게다가 1년에 책을 100권이나 읽고, 〈삼국지〉도 스무 번 이상 읽고…… 공부를 하면서 어떻게 그렇게 시간을 많이 낼 수 있는 거니?"

나는 이렇게 대답할 것이다.

"그건 시간을 잘 관리하기 때문이다. 사람마다 바라보는 관점이 다르겠지만 나는 투자의 각도에서 시간을 관리한다. 시간은 우리의 자산이고, 내가 해야 할 일은 투자항목이라고 보는

---

01) 종자(粽子): 찹쌀을 대나무 잎사귀나 갈대잎에 싸서 삼각형으로 묶은 후 찐 음식. 단오절에 굴원(屈原)을 기리기 위한 풍습이다.

것이다. 여기서 중요한 점은 어떻게 해야 투자의 효과를 극대화시킬 수 있을까 하는 것이다."

사람의 체력과 정신에는 분명히 한계가 있기에 24시간 일하는 건 불가능하다. 또한 남은 시간 전부를 일에만 쏟아 붓는 것도 불가능하다. 그래서 나는 매일 내가 만나야 할 사람과 해야 할 일을 그 전날 저녁 모두 적어 놓는 습관을 들였다. 또 말을 하거나 일을 할 때도 최대한 간단명료하게 하려고 노력한다. 이렇게 계획을 세우고 시간을 관리하면 일의 효율은 자연히 배로 증가한다.

이것이 바로 효율성을 최대한 높이기 위한 중요한 습관 중 하나인 '핵심사항 파악을 최우선으로 하라(要事第一)'이다. 이는 전통적인 시간 관리법과는 달리 결과 지향적인 사상이다.

① 해야 할 일을 순서대로 나열해 목록으로 만든다. 이렇게 하면 잊어버려서 할 일을 못 하는 상황을 방지할 수 있다. 나의 경우, 노트 한 권에 목록을 작성했다.
② 자신의 기준에 따라 중요도와 긴급한 정도를 따져보고, 그것에 따라 해야 할 일을 분류한다. 예를 들어 내가 매일 가장 먼저 해야 할 일은 중요한 사람 다섯 명을 만나는 것이다.
③ 그날의 가장 중요한 일 한두 개를 먼저 하고, 그 외의 다른 일들은 조금 미뤄두어도 괜찮다.
④ 가능한 모든 상황을 고려해서 계획을 짜고 행동으로 옮긴다. 내일이나 그 주 계획을 미리 세워두는 것도 좋다. 한 달이나 일 년 계획을 세울 수도 있지만, 이는 조금 어려운 일이다.

여기서 가장 중요한 일은 매일 해야 할 중요하고 긴급한 일이 무엇인가를 파악하는 것이다.

나와 정걸은 '중요한 일을 최우선으로 하라'는 시간 관리법을 이렇게 실천했다. 우리는 매일 목록을 만드는 습관을 들였는데 잠자기 전에 '내일 가장 먼저 해야 할 중요한 일이 무엇인지' 미리 파악하여 정해놓는 식이었다.

예를 들어, 나는 하루에 보통 다섯 사람을 만나서 다섯 가지 일을 처리해야 한다. 이런 경우, 각각의 일 처리에 쓸 수 있는 시간을 계산할 수 있기에 오전에 두 사람, 오후에 두 사람, 그리고 저녁에 한 사람을 만날 계획을 짠다. 그리고 그 외에 남는 자투리 시간에는 사무적인 일을 처리한다. 이렇게 해야 내가 투자한 시간당 소득이 가장 커진다.

일을 파악하여 목록을 작성하는 법과 시간을 관리하는 법을 배우면 아이의 주관이 뚜렷해진다. 자신에게 중요한 일이 무엇인지 알게 되므로 첫째, 적극적으로 그 일을 하고 둘째, 절대 '포기'하지 않고 끝까지 해내기 때문이다.

내가 바둑을 배운지 한 달 정도 되었을 때 코치가 나를 따로 부르더니 이런 말을 했다. 나의 바둑 실력은 앞으로도 계속 이 수준일 것이고 더 좋아지기 어렵다고 말이다. 나는 그 말을 듣고 바둑을 그만두어야겠다고 생각했다. 하지만 정걸은 달랐다. 아이는 바둑을 무척 중요하게 생각했다. 그러다 보니 오랜 시간이 지난 지금까지도 바둑은 아이의 일상에서 절대 빠질 수 없는 일부다. 나는 아이에게 이렇게 물었다.

"왜 그렇게 바둑이 중요한 건데?"

아이의 대답은 이러했다.

"우선 바둑으로 친구를 사귈 수 있어요. 또 바둑은 마치 우리 인생 같아요. 실수를 할 때도 있고 어려움에 빠질 때도 있지만 포기하지만 않는다면 충분히 이길 수 있어요."

이 일을 통해 나는 정걸이 원칙상 끝까지 해내야 하는 뭔가를 할 때 그것이 자신에게 중요한 의미가 있다고 생각되면 절대 포기하지 않는다는 사실을 발견했다. 예를 들어 아이는 토플 시험 준비를 하면서 매일 200개의 단어를 외우는 괴로움을 감수해야 했다. 하지만 그 일이 자신에게 중요하기 때문에 피하거나 포기하지 않고 꼭 완수해낼 거라고 다짐했다.

나는 학생들에게 '핵심사항 파악을 최우선으로 하라'는 말이 무슨 의미인지, 그리고 어떻게 해야 그 일의 가장 중요한 부분을 파악해낼 수 있는지 설명하기 위해 다음과 같은 짤막한 이야기를 들려주었다.

어떤 부자가 중병에 걸렸다. 이미 나을 가망은 없었고, 하나밖에 없는 아들조차 마침 멀리 타지에 나가 있었다. 부자는 자신의 죽음이 임박했음을 느꼈고 아들이 집에 없는 사이 하인이 자신의 재산을 가로챌 것이 두려워 다음과 같은 이해할 수 없는 유언을 남겼다.

"내 아들은 나의 재산 중에서 단 한 가지만을 선택할 수 있다. 그 외의 모든 것은 나의 하인에게 물려준다."

부자가 죽은 후, 신이 난 하인은 유언장을 들고 모든 재산을 잘 관리하면서 주인의 아들을 기다렸다. 돌아온 아들은 유언장을 보고 잠시 생각에 잠겨 모든 상황을 파악해 보더니 하인에게 이렇게 말했다.

"나는 어떤 재산을 고를지 결정했습니다. 그건 바로 당신입니다."

이렇게 해서 지혜로운 아들은 아버지의 모든 재산을 물려받게 되었다.

이 이야기를 통해 아이들은 지혜란 무엇이며 또 핵심을 파악하는 것이 왜 중요한 것인지를 이해하게 되었다.

핵심을 파악한다는 것은 비유하자면, 종자(粽子)를 묶은 실 끄트머리를 찾아내어 잡아당기는 것과 같다. 그렇게 하면 종자의 나머지 긴 실이 줄줄이 풀리는데 이처럼 그 일의 자초지종을 알게 되면 더욱 쉽게 일을 처리할 수 있다. 이것이 바로 지혜다.

핵심을 파악하는 일을 최우선으로 하여, 중요한 일을 먼저하는 시간 관리 습관을 기르려면 어떻게 해야 할까? 우선 중요한 일을 먼저 해야 한다는 의식을 갖고 깊이 고민하고 분석하면서 일의 경중을 따져야 한다. 이렇게 해서 중요한 것이 무엇인지 파악하고 순서를 정하면, 효과적인 시간에 가장 효율적으로 일을 해낼 수 있다.

앞에서 든 예이긴 하지만 정걸이 거시경제학을 공부할 때의 이야기를 통해 핵심을 파악하는 것을 최우선으로 하는 것이 왜 중요한가를 확인해보자.

고등학교 1학년 때, 정걸의 목표는 대학에 진학해서 금융학을 공부하는 것이었다. 그래서 AP코스 과목으로 거시경제학을 선택했다. 하지만 그 당시 아이는 경제학에 대한 기본 지식이 없었고 영어로만 진행되는 수업이어서 적응하는 데 어려움이 있었다.

그러던 어느 날, 정걸이 나에게 와서 이렇게 말했다.

"엄마, 이 과목은 다른 사람의 도움이 좀 필요할 것 같아요."

나는 즉시 내 친구인 진 박사에게 도움을 청했다. 친구는 상장회사의 사외이사였고 거시경제학을 전문적으로 연구한 박사이기도 했다. 진 박사는 내 부탁을 흔쾌히 승낙했고 수업 자료로 PPT를 제작하기까지 했다. 자료 준비가 끝나자 진 박사는 정걸에게 이렇게 말했다.

"나는 총 8일에 걸쳐 수업할 예정이고 매회 수업 시간은 2시간이다."

그런데 아이는 PPT 자료를 받아다가 예습을 하더니 다시 진 박사를 찾아가 이렇게 말했다.

"진 박사님, 혹시 강의 내용을 요약해 주실 수 있으세요? 박사님이 강의에서 강조하고 싶은 가장 중요한 내용이 무엇인가요? 그렇게 핵심만 요약해 주시면 2시간 만에 수업 내용을 모두 이해할 수 있을 것 같아요. 저는 지금 2시간씩 8일 동안이나 수업을 들을 시간적 여유가 없거든요."

아이의 말을 들은 진 박사는 몹시 당황했지만, 결국 수업 내용을 요약해서 투자의 2가지 삼각법칙과 10대 경제 원리를 최종 수업 내용으로 확정했다. 종이 두 장에다 수업 요점을 정리했고, 거기에다 40장이 넘는 PPT 자료를 첨부했다. 아이는 집에 돌아와서 교재를 참조하면서 이 '요점' 자료를 공부했다.

아이가 공부를 마쳤을 때 나는 이렇게 물었다.

"이렇게 두꺼운 책을 겨우 종이 몇 장으로 읽었는데, 이 책의 중점사항이 무엇인지 파악했니?"

아이는 이렇게 대답했다.

"이 책의 핵심 내용은 10대 경제 원리에요. 저는 10대 경제 원리 각각에 해당하는 사례를 이야기처럼 읽으면서 이해한 다음 모두 암기했어요. 이제 다른 사람에게 설명해 줄 수 있을 정도로 잘 알게 되었어요."

그 이후로 아이는 정말 자신이 만나는 모든 사람에게 이렇게 말했다.

"10대 경제 원리라는 우리 삶에 굉장히 유용한 법칙을 아세요? 저한테 10분만 주시면, 제가 10대 경제 원리를 하나하나 설명해 드릴게요."

이렇듯 아이는 이미 고등학교 1학년 때, '핵심사항 파악을 최우선으로 하라'는 시간 관리법과 사고법을 잘 알고 있었고 일상생활에서 적절히 활용할 줄 알았다.

삶의 '다이아몬드'를 준 사람에게 감사하라

당신에게 의견을 주거나 혹은 당신을 비판하는 사람이 있다면, 그들이야 말로 당신에게 '다이아몬드'를 선물하는 사람이다. 그들에게 깊이 감사해야 한다.

아이가 필요로 하는 세 가지를 채워주는 지혜로운 엄마가 있다면, 그 아이는 미래에 성공할 수 있다. 여기서 세 가지란 바로 사랑, 동행 그리고 인생의 가르침이다.

정결이 어렸을 때 나는 아이에게 책에 있는 재미있는 이야기를 자주 들려주었다. 삶의 지혜를 가르쳐주고 싶어서였다. 그리고 아이가 8살이 되면서부터는 내가 직접 경험한 일을 아이와 나누기 시작했다. 아이가 내 경험을 통해 한 인간을 성장시키는 하늘의 선물을 찾아내기를 바라는 마음에서였다.

한 번은 아이에게 나와 내 아버지에 관한 이야기를 들려준 적이 있었다.

우리 아버지는 물리 선생님이었다. 아이 앞에서도 늘 무의식적으로 선생님의 권위를 내세우다 보니, 자신의 의견에 다른 사람이 반대하는 것을 좀체 허락하지 않았다. 그뿐만 아니라 내 공부에도 무척 엄격해서 나는 아버지의 마음에 들기 위해 끊임없이 노력해야만 했다. 그래서 나는 대학을 졸업하고 석사를 마치고 나서도 다시 한국에 가서 공부하는 등, 보다 많은 지식을 얻기 위해 부단히 노력했다. 그렇게 해야만 아버지와 평

등하게 대화할 수 있고, 아버지가 나의 의견을 들어주실 거라
는 생각에서였다.

당시, 나는 여자아이가 20살 넘어서까지 학교에서 공부한다
는 건 그 자체로 정말 대단한 일이라고 생각했었다. 하지만 이
후 내가 40개국을 넘나들며 공부하고 여행한 것을 부러워하는
이들을 보면서, 내가 가진 모든 것은 사실 아버지와 '투쟁'한 덕
분에 얻게 된 성과라는 사실을 깨달았다.

나는 정결에게 이런 이야기를 들려주고 나서, 엄마의 인생을
다른 각도에서 바라볼 수 있겠느냐고 물었다. 이 이야기 속에서
하늘이 엄마에게 준 선물이 무엇인지 찾아보라고 했다. 그러자
아이는 외할아버지의 '엄격함'이 바로 그 선물이라며, 그 덕분
에 엄마가 이만큼 학문을 이루게 되었으니 외할아버지께 '마음
속 깊이 감사'해야 한다고 말했다.

아이의 말처럼 우리를 도와주고 사랑해 준 사람에게 감사할
줄 아는 것은 삶의 큰 지혜다.

나는 수업을 할 때마다 내 앞에 있는 대상이 학생이든 부모든
상관없이 항상 영국의 작가 윌리엄 메이크피스 새커리(William
Makepeace Thackeray)의 명언을 이야기한다.

"삶은 거울과 같다. 우리가 웃으면 삶도 따라서 웃고, 우리가
울면 삶도 따라서 운다. 우리가 삶에 감사할 때, 삶은 찬란한 햇
빛을 우리에게 비춰준다."

우선 우리는 우리의 부모에게 감사해야 한다. 부모는 우리에
게 생명을 주었고 오늘의 우리를 있게 했다. 또한 우리는 자신
의 아이에게 감사해야 한다. 아이들이 함께 해주었기에 우리의
인생은 행복하고 더욱 완벽해질 수 있었다.

2010년 어머니의 날에 정결은 나 몰래 선물을 준비하고는 그
옆에 감사의 편지를 함께 놓아두었다. 그 편지에는 나를 감동

시킨 수많은 말이 또박또박 적혀 있었다.

　사랑하는 엄마께.

　먼저 어머니날을 진심으로 축하드려요!

　어릴 때부터 엄마는 맛있는 음식을 좋아하는 저에게 늘 맛있는 것을 많이 만들어 주셨어요. 또 제가 멋진 옷을 입는 걸 좋아한다고 늘 그런 옷을 많이 사주셨지요. 막상 엄마 옷은 사지 않으면서요. 하지만 저는 왜 엄마가 자기 옷은 사지 않는 건지 한 번도 생각해 보지 않았어요. 또 엄마는 제가 시험이나 바둑 시합에 참가하기 며칠 전부터 항상 비서처럼 제 곁을 지켜주시며 필요한 건 무엇이든 챙겨 주셨어요. 그리고 성적을 잘 받아 올 때면 엄마 자신에게 좋은 일이 생겼을 때보다 더 기뻐하셨죠. 어쩌다 성적이 좋지 못할 때도 엄마는 저를 격려하고 위로해 주셨어요.

　그렇게 저는 학교에 다니면서 겪은 기쁜 일, 슬픈 일 모두를 엄마와 함께 나누어왔어요.

　엄마, 엄마 아들이 벌써 11살이 되었어요. 그리고 이제야 조금씩 저의 그 동안의 인생이 엄마의 노력과 희생으로 이루어진 것임을 깨닫게 되었어요. 그러면서도 한 번도 엄마에게 선물을 드리지 않았다니, 정말 불효막심한 아들이지요! 아무것도 모르는 이 아들을 용서해주세요!

　얼마 있으면 고등학교 입학시험이 있어요. 제 인생의 첫 번째 중요한 시험인 만큼 최선을 다해서 원하는 고등학교에 합격하고 싶어요. 그래서 엄마에게 자랑스러운 아들이 되고 싶어요. 좋은 소식 기다려 주세요. 엄마의 사랑에 보답하겠습니다!

2010년 5월 8일

사랑하는 아들 정걸 드림

아이가 정성껏 준비한 선물과 편지를 보면서 나는 끝내 눈물을 흘리고 말았다.

나는 '사랑을 많이 줄수록, 받는 사랑은 더욱 커진다.'는 말을 무척 좋아한다. 정걸은 자기 주변의 사람과 일에 감사할 줄 아는 아이로 성장하였고, 이런 태도가 아이를 훌륭한 인격의 소유자로 만들어줄 거라고 확신한다.

나는 늘 학생들에게 감사할 줄 아는 것이야말로 가장 현명한 처세술이라고 강조해왔다. 당신에게 의견을 주거나 혹은 당신을 비판하는 사람이 있다면, 그들이야말로 당신에게 '다이아몬드'를 선물하는 사람이다. 우리가 경험하는 모든 일에는 하늘의 선물이 숨겨져 있기에, 긍정적인 일이든 부정적인 일이든 모두 성장의 기회가 될 수 있다.

나는 아이들의 이해를 돕기 위해 이렇게 설명해주었다. '만약 이전의 우리 마음을 유리라고 한다면, 다른 사람의 의견이나 비판을 받아들였을 때 우리의 마음은 다이아몬드가 된다.'

이 세상의 80%의 사람들이 성공하지 못하는 이유는 길을 잘 선택했지만, 끝까지 견뎌내지 못했거나, 아니면 길을 잘못 선택했는데도 끝내 자기 고집대로만 밀고 나가서이다.

누군가의 비판을 받았다면 불쾌해하지 말고 오히려 기뻐해야 한다. 그 사람은 지금 당신이 어디쯤 서 있고, 어떻게 해야 더 발전할 수 있을지를 공짜로 알려주고 있기 때문이다. 그러므로 당신을 비판하는 그 사람이 바로 당신 인생의 스승이다.

소위 '큰 성공'을 거두는 사람에게는 '다이아몬드'를 주는 사람에게 감사하는 것 외에도 또 하나의 훌륭한 습관이 있다. 그건 바로 충고를 받아들일 줄 안다는 점이다.

당태종(唐太宗)은 신하 위정(魏征)이 그가 국가를 운영하면서 저지른 착오와 실수를 지적하는 상소문을 올렸을 때, 자기 뜻을 고집하지 않고 즉시 잘못된 부분을 고쳐나갔다.

정걸은 어려서부터 이런 이야기를 자주 들어서 자신이 아무리 똑똑하더라도 남의 '충고를 듣는 법'을 배워야 한다는 점을 잘 알고 있었다.

많은 부모가 자신의 아이가 감사할 줄 모른다고 불평한다. 자신이 아이를 위해서 고생하고 희생하는데도 전혀 감사할 줄 모른다면서, 어떻게 해야 당신의 아이처럼 철이 들게 할 수 있느냐고 나에게 묻곤 한다. 그러면 나는 이렇게 답해준다.

"아이가 감사할 줄 모르는 것이 아니라, 부모가 아이에게 감사할 기회를 주지 않은 겁니다."

그렇기에 아이와 대립하거나 아이를 탓해서는 안 된다. 다음의 몇 가지 방법을 실천하다 보면, 아이가 변화하는 모습을 눈으로 확인할 수 있을 것이다.

① 오늘부터 아이 스스로 할 수 있는 일은 가능한 한 혼자서 하게 내버려 두어라. 아이를 위해 지나치게 희생하거나 간섭하려 하지 말고 아이 대신 모든 일을 하려고 하지 마라. 당신은 아이의 하인이 아니라 부모라는 점을 기억해야 한다. 만약 기존에 아이를 돌보던 습관 때문에 어떤 일을 대신 해주었다면, 아이가 감사하다는 말을 하도록 가르쳐야 한다.

② 물론 가족 간에 감사하다는 말을 하는 건 익숙한 일이 아니지만, 감사하는 습관을 들이면 예의 바른 태도는 저절로 길러진다. 그러므로 꾸준한 연습을 통해 아이들이 선물이나 도움을 받을 때마다 마음에서 우러나오는 '감사'를 표현하도록 가르쳐야 한다. 습관이 성격을 만들고, 성격이 인생을 만드는 법이다. 만약 부모가 이런 습관을 길러주지 않는다면 아이는 미래에 성공할 기회를 잃을지도 모른다.

③ 아이에게 가정에 대한 책임감을 수시로 심어주어라. 아이는 자신
이 누리는 모든 것을 당연하게 생각해서는 안 되며, '함께 만들
어 가는 즐거움'을 배워야 한다. 아이가 자발적으로 나서서 가
족의 일을 도우려 할 때 '너는 가서 공부나 해라.' 같은 말로
아이를 제지하지 말고 '보답'할 수 있는 기회를 주도록 하자.

'무엇을 해 드릴까요'라고 먼저 말하게 하라

다른 사람에게 요구하기 전에 내가 먼저 줄줄 알아야 한다. 그래야만 효과적으로 소통해서 서로에게 도움이 되는 만남이 될 수 있다.

가정에서 흔히 볼 수 있는 장면이 있다. 부모가 집에 돌아오면 먼저 아이에게 이렇게 '문안 인사'를 하는 것이다.

"우리 아가, 아빠 왔다. 오늘 재미있게 지냈니?"

그런데 우리 가족은 이와 조금 다르다. 내가 한국에서 오래 공부해서 한국문화의 영향을 크게 받아서인지 나를 포함해서 아이는 집에 돌아오면 먼저 부모에게 인사를 한다.

"아빠, 엄마, 저 왔어요. 오늘 잘 지내셨어요? 혹시 제가 도와 드릴 일이 있나요?"

이렇게 서로 다른 두 가지 가정문화 가운데 어느 것이 맞고 틀리다고는 말할 수 없다. 하지만 이런 문화가 아이의 교육에 영향을 주는 것만은 분명하다. '효(孝)'라는 측면에서도 그렇고, 아이의 처세관에도 은연중에 영향을 미친다. 무슨 일에서든 먼저 상대방을 배려하며 '제가 무엇을 해 드릴까요?'라고 묻게 되는 것이 바로 그것이다. 나와 아이는 전화를 받을 때 먼저 이렇게 묻는 습관이 있다.

"무엇을 도와드릴까요?"

하지만 하루하루 바쁜 일상에 쫓기는 요즘 사람들은 '내가 저 사람을 위해 무엇을 해줄까'가 아니라, '저 사람이 나를 위해 무엇을 해줄까? 나에게 어떤 좋은 것을 줄까?'부터 생각하곤 한다.

나는 내 아이와 학생들에게 이렇게 강조했다.

"너희는 '큰 성공'을 꿈꾸는 사람들이다. 그러니 다른 사람이 어떻게 하든 먼저 '제가 무엇을 해 드릴까요?'라고 물을 줄 알아야 한다. 이처럼 당당하면서 책임감 넘치는 태도를 갖추면 앞으로 너희가 사회 조직에 들어가 인간관계를 맺거나 일을 할 때 큰 도움이 될 것이다."

내가 수업을 할 때 일관되게 강조하는 것이 바로 이렇게 '모두에게 이익이 되는 사고방식'을 지녀야 한다는 점이다. 어떤 조직에서든 다른 사람에게 요구하기 전에 내가 먼저 줄줄 알아야 한다. 그래야만 효과적으로 소통해서 서로에게 도움이 되는 만남이 될 수 있다.

우선 조직의 좋은 점은 무엇일까? 조직에 들어가면 목표를 발견할 수 있고, 나보다 훌륭한 사람을 만날 수 있으며, 더 많은 것을 배우고 스스로를 갈고 닦는 동시에 친구도 폭넓게 사귈 수 있다.

이러한 조직에서 효과적으로 소통하면서 서로에게 도움을 주는 방법이 바로 '모두에게 이익이 되는 사고방식'을 갖는 것이다. 이는 동료를 먼저 배려하고 책임을 도맡으면서 그들과 함께할 수 있다는 것에 감사하는 태도다. 즉 상대방에게 먼저 '제가 무엇을 해 드릴까요?'라고 묻는 지혜와 용기를 가리킨다. 구체적으로 조직에서 다음과 같은 태도를 보이는 것을 말한다.

첫째, 만약 당신이 상대방을 조직에 참여하게 했다면, 우선 당신부터 최선을 다해 일하며 조직에 기여해야 한다. 동시에 상대방에게 당신이 어떤 편의를 제공할 수 있을지, 어떤 도움을 줄 수 있을지 알려주어야 한다.

"제가 무엇을 해 드릴까요?"

나는 학생들을 가르칠 때도 입버릇처럼 이 말을 자주 사용하곤 한다. 그리고 수업 기간 5일 동안 꼭 하루는 이를 위한 전문적인 연습을 한다. 하루 동안 상대방이 어떤 말을 하든 첫 마디는 언제나 '제가 무엇을 해 드릴까요?'로 하는 것이다. 자기 자신을 완전히 상대방에게 내어줌으로써 신뢰를 얻는 것, 이것이 바로 조직에서 협동하기 위한 기초라고 할 수 있다.

예전에 하계 캠프에 참가한 아이들을 대상으로 A, B 두 팀으로 나누어 캠프 기간인 5일 동안 다양한 과제를 완수하는 대결을 시킨 적이 있다. 춤, 연설, 마인드맵 그리기, 서예, 경매 등이 대결 과제였다.

어느 팀에나 연설을 잘하는 아이도 있고 춤을 잘 추는 아이도 있으며 분위기 메이커를 자처하는 아이도 있기 마련이다. 그렇기에 어느 팀이 최종 승리를 거둘지는 팀원들이 얼마나 열심히 협력하고 게임 법칙을 준수하는지, 각자가 가진 모든 것을 동료에게 내어줄 수 있는지, 그리고 자신이 맡은 시합에서 최선을 다하는지에 달렸다고 할 수 있었다.

몇 차례 실험한 결과, 흥미로운 결과가 나왔다. 나이가 많고 팀원 각자의 능력이 뛰어난 팀이 승리한 것이 아니라(이 팀은 잘 협력하지 못했다) 나이는 어리지만, 협동을 잘하는 팀이 최종 승리를 거두었던 것이다.

둘째, 큰일(혹은 복잡한 일)을 계획하면서 조직의 도움이 필요할 때는 '모두에게 이익이 되는 사고방식'으로 '내가 조직을 위해 무엇을 할 수 있을까'를 먼저 생각해야 한다. 이런 생각으로 일을 진행한다면 효과적으로 팀원들의 협력을 이끌어낼 수 있고 이를 통해 조직의 힘 역시 배로 증가하게 된다.

예컨대 최근에 나는 매번 다른 도시에서 부모대학 공개강좌

습관이 아이의 미래를 바꾼다

를 개최했다. 청도(靑島)나 심양(沈陽)에서 강좌를 열기도 했는데 그 중 북경에서 가장 많이 개최했다. 그러다 보니 공개강좌를 준비하는 조직은 개방형 조직이 될 수밖에 없었다.

매번 자원봉사자와 조교가 많이 필요했기에 그전에 수업을 들었던 부모나 학생들 중 누군가가 맡아주어야 했다. 강좌 준비에 참여한 사람들은 너나 할 것 없이 모두 이렇게 먼저 말했다.

"제가 무엇을 해 드릴까요?"

나 역시 중요하거나 내가 해야 할 임무를 그들에게 떠넘기지 않았고 그들을 이해하고 싶다는 진심을 담아 "당신에게 필요한 것이 무엇인가요?"라고 물었다. 그러자 참가자들은 신뢰받고 있다는 생각에 더욱 적극적이고 즐겁게 맡은 바 임무를 완수했다.

업무 계획을 짜고, 공연을 준비하고, 직접 서예 선생님이나 댄스 선생님이 되어 교육을 담당하기도 했다. 이렇게 열린 마음을 지닌 부모들이 모인 조직이다 보니 교실에서 아이들과 즐겁게 놀아주었다. 어른의 표현력, 조직력, 리더십은 아이들 앞에서 한층 빛을 발하는 법이다. 동시에 봉사하는 기쁨과 성취감까지 느낄 수 있으니 더할 나위가 없었다.

셋째, '모두에게 이익이 되는 사고방식'을 가지고 조직과 협력할 경우, 파레토 개선(Pareto improvement)[01]이 가능해진다. 즉 누구도 예전보다 상황이 나빠지지 않는다는 전제하에, 최소한 한 사람 이상은 더욱 나은 방향으로 변화할 수 있다는 말이다.

01) 파레토 개선(Pareto improvement): 먼저 파레토 효율성(效率性)이란 하나의 자원 배분 상태에서 다른 사람에게 손해가 가도록 하지 않고서는 어떤 한 사람에게 이득이 되는 변화를 만들어내는 것이 불가능할 때 이 배분 상태를 '파레토 효율적'이라고 한다. 반면에 파레토 비효율은 파레토 개선(Pareto improvement)이 가능한 상태를 말한다. 어떤 배분상태가 파레토 비효율적이면, 어떤 사람에게도 손해가 가지 않게 하면서 최소한 한 사람 이상에게 이득을 가져다주는 파레토 개선(改善)이 가능해진다. (위키백과)

이러한 사고방식을 가진 아이는 조직 안에서도 "제가 무엇을 해 드릴까요?"라고 질문함으로써 창조적으로 문제를 해결해 나갈 줄 안다.

예컨대 내 학생 중에는 바깥으로 나가 '몸의 언어를 구사하기'를 좋아하는 아이들이 많다. 아이들은 춤을 추거나 줄넘기 등을 하면서 자발적으로 협동해 나간다.

어느 날 무척 흥미로운 장면을 목격했다. 처음에는 3명의 아이가 줄넘기를 하고 있었는데, '전문적' 평가를 받거나 줄넘기를 하기 위해 자신의 순서를 기다릴 필요도 없다 보니 완전히 몰입해서 신나게 놀고 있었다. 그런데 옆에서 춤을 추던 5명의 아이가 그 모습을 지켜보더니 놀이에 참여하고 싶다는 의사를 밝혔다. 그렇다면 이 놀이를 어떻게 진행해야 할까?

그 순간 나는 아이들이 무의식중에 창의력을 발휘해서 협동해 나가는 모습을 지켜볼 수 있었다. 아이들은 모두가 즐겁고 각자 자신의 장점을 발휘하면서 동시에 서로 간에 다툼도 생기지 않는 방법을 생각해내야 했다.

그 결과 8명의 아이 가운데 6명은 3명씩 2팀을 이뤄 줄넘기를 하고, 나머지 2명은 평가와 기록을 맡기로 했다. 평가단은 1등과 2등 팀을 가려내는 중요한 임무를 맡게 되었고, 줄넘기에 참여하는 2팀의 아이들 역시 각각 자신의 장점을 살려 놀이에서 서로 다른 역할을 해내야 했다. 그러다 보니 경기 진행도 훨씬 원활하게 이루어지고 분위기 역시 최고조에 다다랐다.

이러한 능력을 지닌 아이들이 바로 미래의 지도자감이라고 할 수 있다!

여기서 알 수 있듯이, 리더십은 조직 안에서 단련하는 과정을 통해 키울 수 있다. 이 과정을 완수한 아이는 "제가 무엇을 해 드릴까요?"라고 먼저 말하는 용기를 얻게 된다.

습관이 아이의 미래를 바꾼다

'끈기'야말로 가장 철저한 자기 관리법이다

끊임없는 노력만이 성공에 이르게 한다. 평생 한 가지 일에 목숨을 건다면, 하늘은 그를 도울 것이다.

어느 날 집에서 〈천하탐방(天下訪談)〉이라는 TV 프로그램을 보고 있었다. 양란(楊瀾)이 조미(趙薇)와 인터뷰를 하고 있었는데 조미의 감독 데뷔작 〈우리가 잃어버릴 청춘(致青春)〉이 큰 성공을 거둔 것이 주요 화제였다.

조미는 영화 촬영 당시 자신을 잊을 만큼 일에 몰두한 이야기를 들려주었다. 마치 몸에서 특수한 '효소'가 분비되는 것처럼 줄곧 흥분상태여서 잠을 잘 필요가 없을 정도였다고 했다. 조미는 언제나 가장 먼저 촬영장에 도착하고 가장 나중에 현장을 떠나서 휴식 시간이 극도로 부족했는데도 잠을 잘 때조차 어서 빨리 아침이 되어서 촬영장에 돌아가 일하고 싶은 생각뿐이었다고 했다.

똑같이 하루를 일하면서 어떤 사람은 고통스럽고 피곤해서 몸부림치는 데 반해, 또 어떤 사람은 이렇게 자신까지 잊을 정도로 일에 몰두한다. 어떻게 이런 차이가 생기는 것일까? 그 프로그램을 본 뒤 나는 아이와 내 감상을 나누었다.

"조미가 고통을 참고 견딜 줄 알았기에 성공할 수 있었다고 말하는 사람도 있을지 모르겠다. 하지만 나는 조미가 '즐거움'

을 만끽하고 있었다고 생각한다."

이렇게 무슨 일을 할 때 '즐거움'을 만끽한다면 가장 좋을 것이다. 하지만 세상의 일들은 반대의 경우가 훨씬 더 많다. 힘들고 지겹고 어려운 일 투성이다. 쉽게 성공한 사람은 아무도 없으며 모두 철저한 자기관리를 통해 이룬 결과다. 따라서 끝까지 참고 견디는 것이 중요하다. 이는 오로지 혼자서 감당해야 하는 일이기도 하다.

따라서 '끈기'는 성공한 사람으로 키우기 위해 길러주어야 할 7가지 습관 가운데 가장 쉬우면서도 가장 기르기 어려운 습관이다. 쉽다고 말할 수 있는 건 일상생활에서 연습을 통해 충분히 키워줄 수 있기 때문이고, 어려운 이유는 간단한 연습을 끝까지 해나가는 것이 결코 만만치 않아서다.

나는 아이가 아주 어릴 때부터 '끈기'와 관련된 전문적인 훈련을 시켜왔다. 아이가 현재 보통사람을 능가하는 의지력을 지닌 걸로 보아 훈련이 큰 효과가 있었다고 생각한다. 정걸 자신도 배드민턴을 배우면서 비록 자신의 기술이 탁월하지는 않지만, 인내심 하나만은 상대방과 맞붙을 만하다고 말한 적이 있다.

정걸은 6살 무렵 리더십 훈련 하계 캠프에 참가한 적이 있는데, 주로 의지력과 인내심을 기르는 훈련을 하는 캠프였다. 앞으로 큰 성공을 감당하려면 보통사람보다 강한 정신력이 필요하다고 생각해서 보낸 캠프였다. 정걸 역시 자신이 캠프에 참가하는 목적을 잘 알고 있었기에 최선을 다해 노력했다.

그 결과 캠프의 마지막 날, 엄지손가락을 세우고 팔을 든 채 얼마나 오래 버티는지를 테스트하는 현장에서 놀라운 일이 벌어졌다. 보통 사람들은 40분 정도 견디는 게 일반적인데, 정걸이 이 캠프 10년 역사상 신기록을 수립한 것이다. 아이는 무려 1시간 47분을 버텨냈다.

집에 돌아온 정걸은 팔뚝이 퉁퉁 부어서는 이틀 동안 팔을 들어 올리지도 못했다. 나는 아이에게 이미 1등인 걸 알면서 왜 그렇게 오래 버텼느냐고 물었다. 그러자 아이는 이렇게 대답했다.

"저는 제 한계를 알고 싶었어요."

이 일로 정걸이 범상치 않은 의지력을 지니고 있다는 걸 알게 된 나는 과연 일상생활이나 공부를 할 때도 그 의지력을 발휘할 수 있는지 궁금해졌다. 이런 나의 의문은 얼마 지나지 않아 깨끗이 풀렸다.

정걸은 8살 여름방학 때 참가한 원어민 여름캠프에서 중학생 팀에 들어가 '우수대원'이라는 칭호를 얻었다. 나는 아이의 캠프 폐막식에 참석했다가 그 사실을 알고 무척 기뻐하긴 했지만, 그저 아이가 영어에 천부적인 재능이 있어서 그런 칭호를 받았다고 생각했다. 하지만 나중에 선생님과 이야기를 나누면서 아이가 캠프에서 얼마나 노력했는지 알게 되었다.

캠프에 들어와서 본 첫 시험에서 영어 성적이 잘 나온 정걸은 곧 중학생 팀으로 배정되었다. 8살밖에 안 된 정걸이 14살이 넘은 중학생들과 함께 생활하면서 공부하게 된 것이다. 새로 배정된 팀에서 정걸은 자신이 다른 팀원들에 비해 뒤떨어진다는 걸 깨달았다. 정걸은 다른 아이들보다 더욱 노력하기 시작했다. 그렇게 매일 열심히 공부하고 부지런히 연습한 결과 8살이라는 어린 나이에 중학생 팀의 우수 대원이라는 칭호를 획득하게 된 것이다.

정걸에게 이 일로 깨달은 바가 무엇인지 물었을 때 아이는 다음과 같이 대답했다. '나이와 상관없이 끈기 있게 노력하기만 한다면 얼마든지 성공할 수 있다. 매일 다른 사람보다 5분만 더 공부한다면, 몇 년 후 내가 갈 수 있는 대학은 다른 사람과 달라질 것이다.' 그리고 이 말은 6년 후 실제로 검증되었다.

이와 비슷한 일이 아이가 9살 무렵 태권도를 배울 때도 있었다. 매일 학교를 마치면 나는 아이와 함께 오도구(五道口)에 있는 태권도 도장으로 갔다. 아이는 태권도 연습을 하고 나는 옆방에서 합기도를 배웠는데, 둘의 모습은 그야말로 하늘과 땅 차이였다.

연습이 끝나면 정걸은 태권도 사범에게 이렇게 말하곤 했다.

"사부님, 아무래도 제 동작 가운데 이 부분이 조금 부족한 것 같아요. 다시 한 번 가르쳐주시겠어요?"

그 당시 아이는 이미 자신의 반에서 뛰어난 축에 속하는 학생이었지만 언제나 다른 사람보다 10분, 15분씩 더 연습하곤 했다. 이에 비해 나는 그야말로 우리 반의 '물을 흐리는' 학생이었다. 아직 끝날 시간이 되지 않았는데도 계속 시계를 보면서 어서 빨리 수업이 끝나기만을 기다렸다. 내가 왜 그렇게 열심히 연습하는지 묻자 정걸은 태권도가 자신에게 도움이 된다고 판단했기 때문이라면서 또 이렇게 덧붙였다.

"엄마, 엄마의 문제가 무엇인지 아세요? 엄마는 학생을 가르치는 것 외에는 그 어떤 일도 최고가 되고 싶다는 생각으로 도전하지 않아요."

생각할수록 참 맞는 말이었다. 아이는 끈기라는 힘이 있었기 때문에 어떤 일을 하든지 최고로 잘해야 한다는 생각을 하게 된 것이다. 이 경우, 끈기는 철저한 자기 관리법이 된다.

이후에 나는 아이에게 또 이렇게 물은 적이 있다.

"네가 연습에 매달리면서 얻은 것이 건강 말고 또 있니?"

아이는 이렇게 대답했다.

"의지력이요. 엄마 혹시 이거 아세요? 모택동이나 워런 버핏처럼 크게 성공한 사람들의 공통점은 바로 의지력이 남다르다

습관이 아이의 미래를 바꾼다

는 점이에요. 이들은 다른 사람보다 똑똑한 것도 배경이 좋았던 것도 아니지만, 하나같이 굳은 의지력으로 끝까지 견뎌낼 줄 아는 사람들이었어요. 저는 아직 어리지만 언젠가는 이들처럼 성공할 거예요. 그래서 운동을 통해 의지력을 키우면서 자신감과 끈기를 기르는 거예요.”

이렇듯 아이는 운동과 끈기에 관한 자신만의 뚜렷한 주관을 가지고 있었다. 이런 모습을 지켜보면서 나는 아이가 앞으로 사회에서 어떤 지위에 오르든 언제나 자신만의 성취를 일구어 낼 거라고 굳게 믿게 되었다.

이쯤 해서 끈기에 관해 내가 좋아하는 이야기를 모두와 함께 나누고자 한다.

모든 향수는 98%가 물로 이루어져 있고 오직 2%만이 각기 다른 물질인데, 이것이 바로 각 제조업체만의 비법이라고 한다. 사람 역시 이와 마찬가지로 98%는 비슷하지만 중요한 2%가 결정적 차이를 만드는 것이다. 이 2%에는 사람의 자질이나 특성 그리고 기쁨, 고통, 욕망 같은 것들이 들어간다. 또한 향수를 만드는 에센스는 5년 길게는 10년을 고아내야 비로소 향수에 넣을 수 있는 상태가 된다고 한다.

사람 역시 오래 단련해야 오직 하나뿐인 자신만의 향을 갖게 된다. 이런 말이 있다.

‘꽃향기는 백 리를 가고, 술 향기는 천 리를 가며, 사람의 향기는 만 리에 이른다!’

지금의 정걸은 에너지가 넘치고 태권도, 골프, 배드민턴 등의 다양한 취미를 가지고 있다. 운동은 몸을 건강하게 만들어 줄 뿐만 아니라 인격을 다듬어 주고, 삶의 활력을 불어넣어 준다. 정걸의 열정적인 모습을 보면서 나 또한 할 수 있다는 힘을 얻어서 운동을 계속하게 되었다.

내 목표는 국제 골프 지도자 자격증을 취득해서, 아이가 미국 대학을 다닐 때 이 자격증을 가지고 세계적으로 가장 아름다운 골프장 365개를 두루 돌아다니는 것이다(지도자 자격증을 소지하고 있을 경우, 절반 가격에 골프를 칠 수 있다).

정걸이 아니었다면, 나는 아마도 이렇게 활력 넘치는 '생생하게 살아있는' 삶을 누리지 못했을 것이다. 정말 행복하고 기쁠 뿐이다. 나의 소중한 아들에게 깊이 감사한다!

하루에 선행 한 가지로
'삶의 기쁨'을 누리게 하라

매일 착한 일을 한 가지씩 하고 매일 5분씩 미소 짓는다면, 평생 삶의 기쁨을 누릴 수 있을 것이다.

지혜로운 사람은 자신의 꿈을 이루는 데 필요한 것이 무엇인지를 찾아내어 매일 실천할 줄 안다. 세계적으로 유명한 리더십 전문가 존 맥스웰(John C. Maxwell)은 이미 56권이 넘는 리더십 관련 책을 출판한 바 있다. 그런 그도 7년간 글을 쓰고 나서야 자신이 평생 매일같이 해야 할 다섯 가지 일을 찾아냈다고 한다. 그것은 바로 독서, 생각하기, 자료 정리하기, 질문하기, 글쓰기다.

나 역시 교육에 종사한 지 16년이 된 지금에서야 평생 해야 할 다섯 가지 일을 찾아냈는데, 독서, 마인드맵 그리기, 나보다 뛰어난 사람 만나기, 800자의 소감문 쓰기, 하루에 선행 한 가지씩 하기가 바로 그것이다.

나에겐 '하루에 선행 한 가지씩 하기'와 관련해서 꿈이 한 가지 있다. 바로 내가 가르치는 모든 아이의 가슴속에 착한 씨앗을 하나씩 심어주고 싶다는 꿈이다. 이 아이들이 자랐을 때 성적과 상관없이 모두 건강하고 적극적이며 행복한 사람이 되기를 바란다.

그래서 학생이 6살이든 16살이든 나는 아이들에게 아래와 같은 '매일 선행 한 가지씩 하기' 수업을 꼭 듣도록 한다.

① 먼저 아이에게 선행을 해야 하는 이유를 설명해준다. 매일 착한 일을 한 가지씩 하는 것이 그리 대단한 일은 아니지만, 작은 선행은 우리의 마음을 환하게 비추어 준다.
② 아이가 선행의 힘을 느껴보게 한다. 이를 위한 연습으로, 자신의 주변에서 실제로 일어났거나 아니면 TV 등에서 본 선행과 관련된 이야기를 친구에게 들려주게 한다.

이 수업에 앞서 내가 준비한 감동적인 이야기를 아이들에게 먼저 들려준다. 다음은 내가 예전에 아이들에게 이야기해 준 적이 있는 미국의 저명한 의사 하워드 켈리(Howard A. Kelly)에 관한 일화다.

미국 서부의 작은 마을에 켈리라는 가난한 남자아이가 살았다. 이 아이는 주말이면 동네의 집들을 돌아다니며 물건을 팔아서 학비를 벌었다.

하루는 마을의 집을 모두 돌아다녔는데도 물건을 한 개도 팔지 못했다. 허기진 배가 꼬르륵 소리를 냈지만, 음식을 살 돈은 없었다. 결국 아이는 다음 집에 가서 먹을 것을 좀 얻어야겠다고 생각했다. 하지만 문을 열고 나온 사람은 자신과 비슷한 또래의 여자아이였고 그 순간 남자아이는 어찌할 바를 몰랐다. 당황한 아이는 갑자기 말을 바꾸어 물 한 잔만 달라고 했다. 하지만 남자아이의 뱃속에서 울리는 꼬르륵 소리를 이미 들었던 여자아이는 집으로 들어가 큰 컵에 우유 한 잔을 내왔다. 아이는 천천히 우유를 모두 마신 뒤 이렇게 물었다.

"얼마를 드려야 할까요?"

습관이 아이의 미래를 바꾼다

그러자 여자아이는 미소를 지으며 이렇게 답했다.

"돈은 주지 않으셔도 돼요. 엄마가 친절을 베풀고 보상을 받는 게 아니라고 하셨어요."

그러자 남자아이는 이렇게 말했다.

"그러면 제 마음에서 우러나오는 감사라도 받아주세요."

켈리는 그 집을 떠나면서 자신의 온몸에서 힘이 솟는 것 같은 느낌을 받았고, 하나님이 자신을 보살펴주고 있다는 생각이 들었다. 본래 켈리는 그날 학교를 그만두기로 결정했었지만, 이 생각에 힘입어 공부를 계속하기로 한다.

세월이 흐른 뒤, 자신의 작은 선행이 한 아이의 운명을 바꾸어 놓았다는 걸 모르는 이 여자아이는 불행히도 희귀병에 걸리고 말았다. 하지만 마을의 의사는 자신이 해 줄 수 있는 것이 아무것도 없다고 말했고, 결국 여자는 대도시의 병원으로 옮겨져 전문의의 진료를 받게 되었다.

작은 남자아이였던 하워드 켈리는 그때 이미 저명한 의사가 되어 있어서 의료진들이 여자의 치료방법을 논의하는 자리에 함께 참석했다. 켈리는 환자의 진료기록에 나와 있는 주소를 확인한 순간 곧장 병실로 뛰어갔다. 그리고 침대에 누워 있는 환자가 바로 예전에 자신을 도와주었던 그 여자아이라는 것을 한눈에 알아보았다.

그때 그는 자신이 할 수 있는 모든 방법으로 동원해서라도 여자의 병을 고쳐내겠다고 결심했다. 결국 수술은 성공적으로 끝났고, 그는 병원비 청구서를 자신에게 보내도록 한 뒤 그 위에 사인했다.

병원비 청구서가 날아왔을 때 여자는 무척 걱정스러웠다. 자신의 어마어마한 병원비를 감당하려면 집에 있는 돈을 모두 써버려야 할지도 모른다는 생각에서였다. 용기를 내어 청구서를 펼쳐 본 순간, 이런 글씨를 보게 되었다.

"우유 한 잔으로 모두 지불되었음-하워드 켈리"

이야기가 끝나자 아이들은 무척 감동해서는 각자 느낀 바를 나누기 시작했다.

'때로는 무심코 한 행동 하나가 많은 사람에게 영향을 줄 수 있다.'

'씨앗 한 알이 많은 사람에게 도움을 줄 때도 있다.'

'다른 사람이 우리에게 작은 선행을 베풀었을 때, 당사자는 큰 의미를 두지 않았다 해도 우리는 반드시 기억해야 한다. 그리고 이는 또 다른 누군가에게 선행을 베풀라는 의미이기도 하다.'

'만약 사회의 모든 사람이 이와 같이 행동한다면, 그 힘을 엄청나게 커질 것이다. 이것이 바로 선순환인 것이다.'

③ 이 수업의 세 번째 연습은 선행을 직접 실천하는 것이다.

나는 모든 아이에게 5위안짜리 세 장씩 즉, 15위안을 나눠주면서 이렇게 말한다.

"이 15위안은 너희가 선생님의 소원을 이루어주기를 바라는 마음에서 주는 돈이다. 선생님의 소원은 내가 가르치는 모든 아이가 최소한 세 가지의 착한 일을 하는 것이다. 다들 집으로 돌아가서 다음의 세 가지를 진심을 담아 실천해주길 바란다. 첫 번째 5위안으로는 아빠 엄마에게 선물을 사드려라. 지금까지 너희를 이만큼 키워주신 것에 감사한다는 마음으로 선물을 준비해라. 두 번째 5위안으로는 오늘 함께 한 친구를 위한 선물을 준비해라. 너희가 최근 이룬 성장을 함께 지켜봐 줘서 고맙다는 뜻을 전해라. 세 번째 5위안은 너희가 길에서 만난 사람 중에 도움이 필요해 보이는 사람에게 주어라. 물론 5위안이라는 적은 돈으로 귀하고 값진 물건을 사기는 어려울 것이다. 하지만 창의력을 발휘한다면, 충분히 소중한 물건을 찾아낼 수 있

습관이 아이의 미래를 바꾼다

을 거라고 믿는다.”

그리고 아이들은 집으로 돌아가 그대로 실천하고 나서 다음 날 친구들과 자신의 경험을 나눴다. 그런 아이들의 모습에 나와 부모들은 깊이 감동했다.

무언가 목적이 있을 때 아이들은 그 일을 정말로 열심히 완수해 낸다. 예컨대 16살 소우(小雨)는 다음과 같은 자신의 경험담을 들려주었다.

처음에 아이는 5위안으로 선물을 사려면 비싼 곳은 안 되겠다는 생각에 집 근처의 시장으로 향했다. 하지만 그곳에서도 5위안으로 살 수 있는 물건을 찾기란 쉽지 않았다. 결국 아빠 엄마에게 선물하려면 감사와 사랑을 표현하는 게 중요하다는 생각에 3.5위안짜리 팔보죽(八寶粥)[01] 한 캔을 사고 나머지 1.5위안으로는 감사카드를 샀다. 그리고 집으로 돌아가 죽을 손수 따뜻하게 데운 다음, 자신의 마음을 담은 감사카드와 함께 부모님께 드렸다.

부모님은 아이가 지금까지 이렇게 진지하게 자신의 마음을 표현한 적이 없었기에 매우 감동했다. 엄마는 눈에 눈물이 고인 채, 아빠는 미소를 지으며 죽 한 그릇을 모두 나누어 먹었다.

아이는 두 번째 5위안으로 친구에게 어떤 선물을 사줄지 한참을 고민한 끝에, 길가의 작은 가게를 샅샅이 뒤져서 여러 가지 의미가 담긴 선물을 찾아냈다. 그것은 ‘무지개 링’이라는 스프링 장난감이었는데, 공부를 하다가 힘들 때면 이 장난감을 이용해 팔다리나 몸을 움직여 볼 수 있었다. 또 언제나 이 스프링처럼 자신을 가다듬으며 어떤 일에도 쓰러지지 말라는 깊은 의

---

01) 팔보죽(八寶粥): 영양죽, 찹쌀에 붉은팥·연밥·용안·대추·땅콩 등을 넣어 만든 단 죽.
(네이버 중국어사전)

미가 담긴 선물이기도 했다.

세 번째 5위안은 도움이 필요한 사람에게 주라고 했기에 소우는 거지에게 줘야겠다고 생각했다. 하지만 그날따라 길이나 집 근처에서 이런 사람을 찾아볼 수가 없었다. 그래서 아이는 동네 입구로 가서 관찰하기 시작했고 곧 허름한 옷차림의 노인을 발견했다.

아이의 원래 계획은 5위안으로 슬리퍼를 사서 이 노인에게 주는 것이었는데, 신발가게에 도착하고 나서야 그 돈으로는 절대 슬리퍼를 살 수 없다는 사실을 알게 되었다. 결국 아이는 주인과 흥정을 벌인 끝에 자신의 돈 3위안을 보태서 고무로 된 슬리퍼를 구입했다. 그리고 즉시 되돌아가 그 노인에게 슬리퍼를 주었다.

처음에 노인은 받으려 하지 않았지만, 아이가 한참을 열심히 설명하자 결국 고맙다고 하면서 어린 아가씨의 선물을 받았다.

아이들은 이번 일을 통해 선행이란 다른 사람에게 보이기 위한 것이 아니라, 자신의 기쁨을 위해 하는 것이라는 공통된 소감을 밝혔다.

아이들의 대화를 들으면서 나는 나의 수업방식이 성공적이었다는 걸 알 수 있었다. 아이들의 마음속에 착한 씨앗을 심고 싶다는 나의 꿈이 조금씩 실현되고 있었다.

EDU

Chapter 5

경제적 능력을 길러주기

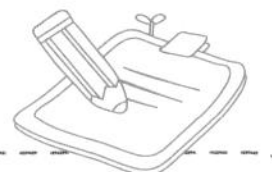

집안 대대로 물려주어야 할 것은 재산이 아니라 부를 창조해내는 능력과 인격적 소양이다. 부모가 아이에게 어려서부터 가르쳐 주어야 할 것은 바로 우리가 잘 아는 경제상식이다.

어머니의 한마디

세계 일류대학은 아이의 어떤 능력을 중시할까?

- 창조력, 통찰력, 융통성

세계 일류대학이 학생들을 선발하는 기준은 무엇일까?

- 학업성적 85점 이상

- 봉사활동 68시간 이상

- 취미활동 3년 이상

- 프로젝트나 동아리에서 리더를 맡아본 경험

- 뛰어난 인물이나 단체와의 교류경험

〈모노폴리〉 게임의 가르침

아이와 돈에 대해 이야기하는 걸 부끄럽게 여겨서는 안 된다. 어렸을 때 올바른 금전관을 확립해 놓으면 이후에 부를 추구하고 획득해 나가는 과정이 훨씬 순조로울 수 있다.

아이는 매일 자란다. 그 과정에서 보이는 수많은 변화가 우리를 기쁘게 만들기도 하고 때론 걱정시키기도 한다. 부모라고 해서 아이의 변화와 세세한 부분까지 모두 기억할 수 있는 것은 아니지만, 가슴 속 깊이 남아있는 감동적인 순간이 있게 마련이다. 우리는 그 순간을 절대 잊지 못한다. 이것은 시간이 부모에게 주는 선물이다.

정결이 11살 되던 해에는 비교적 중요한 일들이 많이 일어났다. 예컨대 그 해 여름방학 때 아이는 기막힌 인연으로 왕부학교 시험을 보게 되었고, 그동안의 전례를 깨고 당당히 합격했다.

무엇보다 내 기억에 더욱 선명하게 남아 있는 날은 시험에 합격하기 전인(2010년) 5월 8일과 5월 15일이다. 두 번의 토요일에 걸쳐 연이어 일어난 두 사건은, 그때까지 아이의 삶의 총결산이자 새로운 삶으로 나아가는 전환점이었다.

먼저 첫 번째 토요일(5월 8일)에는 북경 라이스 영어센터에서 개최하는 제1회 PTA(부모교사협회) 연례 회의가 북경 대학의 백 년 강당에서 개최되었다.

성적이 우수했던 정걸은 그날 진행되는 프로그램을 발표하는 4명의 '학생 보조 연구원' 중 한 명으로 선발되었다. 행사 전 리허설 현장에서 사건이 한 가지 있었는데, 본서 앞부분의 '감성교육' 부분에서 언급한 '여자아이들의 비난을 듣고 정걸이 학교에서 사라진 일'이 그것이었다.

발표가 시작되자 귀여운 나비 넥타이를 메고 하얀색 예복을 차려 입은 정걸이 무대에 등장했다. 아이는 손에 마이크를 든 채 2천 명이 넘는 관중 앞에서 유창한 영어로 당당하게 말을 이어갔다. 그 순간 나는 아이가 정말 자랑스러웠다. 마침 바로 다음날이 어머니날이다 보니 사회자는 관중과의 대화 시간에 유일한 남학생 대표인 정걸에게 이런 질문을 했다.

"내일이 어머니날인데 어머니께 드릴 어떤 선물을 준비했나요?"

아이가 대답했다.

"시세이도 마스크 팩을 준비했습니다."

그러자 사회자는 무척 놀란 듯 다시 물었다.

"그것 제법 비쌀 텐데요. 적어도 몇백 위안은 할 텐데, 돈은 어떻게 마련했나요?"

아이는 사회자에게 그동안 받은 세뱃돈으로 펀드투자와 주식투자를 해서 많은 돈을 벌었다고 답했다. 그렇게 번 돈을 자신의 '금고'에 넣어 놓고 매년 일정 금액의 돈을 꺼내 엄마가 비싸서 평소 사지 못하는 물건을 사드리고 있다고 말했다. 2008년에는 4상자에 무려 1,300위안이나 하는 동인당(同仁堂)의 제비집을 선물했다는 말도 덧붙였다.

사회자가 왜 엄마에게 그런 선물을 하느냐고 묻자 아이는 이렇게 대답했다.

"엄마가 영원히 젊고 아름답기를 바라기 때문이에요."

아이의 대답이 끝나자, 관중석 여기저기서 감탄의 목소리가 흘러

나왔다. 그 순간 나는 내가 그곳에서 가장 행복한 엄마처럼 느껴졌다. 그 자리에는 〈전경(錢經)〉 잡지의 편집장이 앉아 있었는데 아이가 어린 나이에 투자를 배웠고, 또 실제로 투자로 많은 돈을 벌었다는 말을 놓치지 않았다.

그는 행사가 끝나자 우리를 찾아와 특별 인터뷰를 제안했다. 그리고 약속한 날짜인 두 번째 토요일(5월 15일)에 〈전경〉의 기자가 취재를 하러 우리 집에 찾아왔다(정결이 6살부터 재테크를 배운 이야기는 〈전경〉잡지 2010년 6월호에 실려 있으며, 제목은 〈나와 엄마의 달리기경주〉다).

인터뷰를 하면서 나는 정결이 재테크를 배운 지난 5년간의 일들을 처음으로 찬찬히 되돌아보게 되었다. 〈전경〉 기자는 투자 영역에서 정결이 나와 '달리기 경주'를 해왔다고 표현했는데 과연 그러했다.

만약 '투자 수익액'이 아닌 '투자 수익률'을 놓고 본다면, 정결은 이미 나를 훨씬 앞질렀다. 그 이유는 어른들이 지나치게 이해득실을 따지기 때문이라고 생각한다. 증권투자를 하면 돈을 잃어도 걱정하고, 또 벌어도 걱정하면서 지나치게 많은 고민에 괴로워한다(나역시 주식투자를 할 때 자주 잠을 이루지 못했다). 그런 어른들에 비하면 아이들은 생각이 명쾌하고 안목도 훨씬 정확하다. 그래서 정결의 투자 수익률은 거의 30%에 다다랐다.

더욱 대단한 점은, 정결은 어떻게 돈을 버는지 알 뿐 아니라 어떻게 올바르게 써야 하는지도 안다는 점이다. 정결은 집안 어른에게 공경의 뜻으로 드릴 선물을 사는 데 사용하거나, 자신의 견문을 넓히는데 그 돈을 쓰곤 했다.

예컨대 아이는 8살 때 투자로 단번에 6,000위안을 넘게 번 적이 있는데, 그 돈으로 외할아버지에게 액정 텔레비전과 세탁기를 사드렸다. 그리고 10살에는 오로지 자신이 번 돈으로 한국 여행을 갔다 오기도 했다.

이렇게 이틀간의 일을 생생하게 기억할 수 있는 건 재테크가 그만큼 우리 집에서 중요한 부분을 차지하기 때문이다. 나 또한 이 부분에서 느낀 바가 큰데 이처럼 재테크는 나와 아이의 인생에 많은 영향을 주었다.

2005년 나는 대학에서 학생들을 가르치면서 월급으로 10만 위안도 채 안 되는 돈을 받았다. 그야말로 생존을 위해 일했다고 할 수 있다. 하지만 그 이후 투자를 하면서 '자본 투자 수입'이 생겼고, 거기서 벌어들인 3년간의 수익이 그전에 내가 10년간 일하고 받은 월급보다 많았다. 다른 직장 동료들보다 '조기 은퇴'를 한 격이었다. 게다가 생존을 위해 어쩔 수 없이 일하는 것이 아니라 재미를 느끼고 자발적으로 일하다 보니 사는 게 더욱 즐거워졌다.

정걸이 재테크를 해나가는 모습을 보면서, 나는 아이가 미래의 성공 여부와 상관없이 최소한 돈에 휘둘리는 사람이 되지는 않을 거라는 느낌을 받았다.

그런 의미에서 모두에게 해주고 싶은 말이 있다. 아이가 받아야 할 교육은 비단 지식교육만이 아니다. 그 외 감성교육도 필요하며, 오늘날에는 거기에 하나 더 추가해서 경제교육이 반드시 수반되어야 한다. 높은 '경제 지능'은 아이가 행복한 삶을 살 수 있는 또 하나의 '중요한 수단'이다.

많은 재테크 관련 책들이 언론을 타기 시작하면서 부모들 가운데 재테크에 관해 깨어 있는 사고를 하는 사람들이 하나 둘 생겨났다. 바로 내가 그 대표적인 경우다. 하지만 여전히 대부분의 부모가 부지런히 알뜰하게 집안 살림을 꾸려나가는 것만이 제일이라는 생각에 빠져 있거나 재테크는 어른의 영역이지 아이와는 상관없다고 단정 짓는다. 혹은 부모 자신도 재테크에 대해 잘 몰라서 아이를 가르칠 엄두조차 못 내는 이들도 있다.

게다가 사회나 학교에서도 아이의 경제 지능을 키워주는 전문적인 수업이 부재한 상황이다. 그 결과 아이에게 꼭 가르쳐 주어야 할 중요한 부분 중 하나인 돈과 부를 바라보는 관점에 관한 교육이 전혀 이루어지지 않고 있다.

경제적 자유를 목표로 삼을 때, 우리가 그 기회를 누릴 수 있는 확률은 겨우 500분의 1에 지나지 않는다(세계에서 오직 0.2%의 가정만이 높은 자산건전성을 보이고 있다). 그러므로 아이와 돈에 대해 이야기하는 것을 부끄럽게 여겨서는 안 된다. 어렸을 때 올바른 금전관을 확립해 놓아야 이후에 부를 추구하고 획득해 나가는 과정이 훨씬 순조로울 수 있다.

그렇다면 우리 집에서는 정걸의 '경제 지능'을 어떻게 키워주게 되었을까?

생각해보니 정걸이 재테크에 관심을 가지게 된 데는 나의 영향이 컸던 것 같다. 정걸의 경제지능은 '자연스럽게' 서서히 키워졌다.

2005년 나는 재테크를 배워야겠다는 생각에 평소에도 그 분야에 관심을 두며 많이 접하려 노력했다. 정걸은 나와 대부분의 시간을 보내다 보니 이러한 정보가 아이의 일상에도 자연스럽게 스며들어서 재테크와 관련된 많은 내용을 보고 듣고 알게 되었다.

아이가 6살 때 나는 매주 토요일마다 재테크 강좌를 들으러 가면서 아이를 함께 데리고 갔다. 투자담당자가 강단 위에서 시장형세와 투자전망을 분석할 때, 아이는 그 아래서 연필로 트랜스포머나 울트라맨을 그렸다. 처음에 아이는 강의 내용을 전혀 알아듣지 못했다. 하지만 드문드문 듣다 점점 많이 듣게 되었고 이것이 이해로 이어졌다. 마침내 조금씩 이해하게 되자 아이는 무척 기뻐했다.

그때부터 가족들은 아이의 경제 지능을 키워주기 위해 의식적으로 노력하기 시작했다. 그중에서 가장 큰 영향을 준 요인으로는 다음의 세 가지를 들 수 있다.

첫째, 당시 나는 감명 깊게 읽은 재테크 관련 책은 그 안에 담긴 원리를 아이가 이해할 수 있도록 '창조적'인 이야기로 변형시켜 들려주었다. 그러다 보니 정걸은 6살 때 이미 투자나 재테크와 관련된 어휘에 어느 정도 익숙해졌다.

이 단계가 '계몽'의 단계였다면, 아이가 진정한 '배움'의 단계로 들어선 건 〈모노폴리(Monopoly)〉와 〈캐시플로우(Cashflow)〉라는 게임을 하고부터다.

정걸은 〈모노폴리〉 게임을 5살 때 시작해서는 꽤 오랫동안 계속했다. 이 게임은 아이는 9살이 될 때까지 가장 좋아했던 게임 중 하나로, 부에 대한 자신만의 관점을 세우는 데 막대한 영향을 주었다. 아이의 10살 생일 때 나는 생일선물로 모노폴리의 새 버전인 〈모노폴리 전자카드〉를 주기도 했다.

이 게임을 통해 아이는 부동산 가격, 저당 가격, 건축비, 토지세, 은행 이자, 거래세 등의 명칭과 개념을 알게 되었다.

무엇보다 중요한 점은 아이가 이 게임을 하면서 자본 운용이 부를 획득하는데 얼마나 중요한가를 직접 체험해 볼 수 있었다는 것이다.

한 번은 정걸이 〈모노폴리〉 게임을 한 후에 나에게 오더니 이런 말을 했다. 이가성(李嘉誠)[01]이 어떻게 아시아 최고 갑부가 될 수 있었는지 이제야 알겠다며 그건 바로 부동산에 투자했기 때문이라고 했다.

---

01) 이가성(李嘉誠, 리자청): 중국의 광둥성 출신으로, 중국 최대의 기업 집단 장강실업 그룹의 창시자이다. 중국과 동아시아 전역에서 가장 부유한 인물이며, 중국인 중 세계 최대의 부자 중 한 사람이다. (위키백과)

정걸이 9살 때부터 한 또 다른 게임은 바로 〈캐시플로우〉다. 이는 〈모노폴리〉보다 좀 더 난이도가 있는 게임으로, 로버트 기요사키(Robert Toru Kiyosaki)가 1996년에 창안해냈다.

이 게임이 처음 나왔을 때 사람들이 게임방법도 그 의미하는 바도 이해하지 못했다. 로버트는 이를 보고 게임과 관련된 내용을 특별히 책으로 만들었다. 결과적으로 이 책은 엄청난 성공을 거두었는데 그 책이 바로 〈부자 아빠 가난한 아빠〉다.

〈캐시플로우〉는 〈모노폴리〉에 비해 현실 투자와 더욱 비슷하고, 실제로 투자를 하면서 겪을 수 있는 위험한 상황들을 게임 속에서 직접 체험해 볼 수 있다. 또한 매번 '손익계산서'와 '대차대조표'를 적어야 하기 때문에 정걸은 일찌감치 재테크나 투자 관련 지식을 쌓게 되었다.

더욱 중요한 점은 아이가 〈캐시플로우〉 게임을 하면서 돈이 움직이는 원리를 직접 체험해 볼 수 있다는 것이다.

간단히 설명해 보자면, 이 게임에는 두 개의 '게임 트랙'이 존재한다. 하나는 '쥐 경주 트랙'이고, 다른 하나는 부자들의 투자처인 '퍼스트 트랙'이다. 게임에서 '쥐 경주 트랙'에 속해 있는 사람은 돈을 벌기 위해 매일 같이 일을 한다. 매월 지출은 오직 월급으로만 충당되고, 자산이 아예 없거나 아니면 있다 해도 거기서 얻는 소득으로는 가정의 지출을 감당해낼 수가 없다. '쥐 경주 트랙'은 이렇게 다람쥐가 쳇바퀴를 돌듯이 사는 모습을 형상화한 것이다.

이에 반해 '퍼스트 트랙'에 위치한 사람은 이미 월급으로 생활을 유지하던 방식에서 벗어났다. 자신의 자산에서 수익을 창출하며, 끊임없이 더 많은 부를 창조해내며 살아간다.

아이는 게임을 하더니 내가 예전에 이야기해 주었던 책의 내

용 가운데 '인생의 4분 면'[02]이 무엇을 의미하는지 이제야 알게
되었다고 했다. 돈을 벌려면 반드시 투자를 통해 '돈이 돈을 벌
게' 만들어야 하며, 그렇게 해서 4분
면의 오른쪽(투자가, 사업가)으로 이동
해야만 이가성 같은 사람이 될 수 있
다고 말했다.

회사원	투자가
전문직	사업가

돈은 흘러다녀야 하며 자산수입을 올리는 것만이 빠르게 부를 쌓는 길이다. 이러한 원리를 아이는 게임을 통해 10살도 되기 전에 깨달았다. 그에 비해 나는 30살이 넘어서야 재테크를 배우기 시작했고, 수많은 투자를 해본 후에야 이러한 원리를 이해하게 되었다.

일찌감치 이러한 원리를 깨달은 정걸은 초등학교 3학년으로 월반한 7살 때부터 그동안 모아둔 세뱃돈과 매주 쓰고 남은 돈을 'Morganbox(재산 상자)'에 모으기 시작했다.

그리고 내가 펀드를 사서 돈을 버는 걸 보더니 이렇게 물었다.

"엄마, 저도 살 수 있어요?"

결국 아이는 가족들의 적극적인 지지하에 외할아버지 명의로 모건양광(摩根陽光)에 계좌를 개설하고, 자신의 전 '재산'으로 '주식투자'를 시작했다. 그뿐만 아니라 잔헝금융재테크(展恒金融理財)의 VIP 클럽에도 가입했다.

그 결과 정걸은 생애 첫 투자로 6,000위안을 벌었고 이때부터 자신만의 '금고'가 생겼다. 그렇게 번 돈으로 엄마 선물을 사고 외할아버지의 삶의 질을 높여주었으며 여행을 가서 자신의 견문을 넓히기도 했다.

---

02) '인생의 4분 면' : 회사원, 전문직, 투자가, 사업가.

　가족들이 더욱 기뻐했던 이유는 아이가 효도한 것 외에도 돈을 지배할 줄 아는 도량을 갖게 되었기 때문이다. 돈을 지배할 줄 아는 도량이란 돈을 사랑하지만, 돈에 의해 좌지우지 당하지 않는 태도를 말한다. 이것은 우리가 아이에게 '경제지능'을 키워준 이래 최고의 수확이었다.

'마음의 닻' 내려주기

정걸의 10살 생일날 나는 작은 선물 몇 개를 준비하면서 편지를 한 통 썼다. 아이에 대한 나의 사랑과 기대를 담은 편지로 그 내용은 다음과 같다.

10살 정걸에게.

어느새 네가 벌써 중학생 '청년'이 되었구나(비록 10살밖에 안 되어서 반에서 가장 나이 어린 학생이지만 말이다). 10년의 세월을 돌아보니 엄마는 정말 감개무량하다! 엄마는 네가 10년 동안 우리 가족을 자랑스럽게 만들어 준 일을 모두 하나하나 기록해 두었단다. 너를 아끼고 좋아해 주는 사람들과 함께 보길 바란다(편지와 함께 넣어두었다).

오늘 엄마는 네가 '청년'이 된 걸 축하하는 의미에서 선물 세 가지를 준비했다. 첫 번째 선물은 은색 <지혜서(智慧書)>이고, 두 번째는 <모노폴리 전자카드>다. 그리고 마지막 선물은 은행 현금카드다.

먼저, 너에게 은색 <지혜서>를 주는 건 네가 앞으로 지혜로운 남자가 되었으면 하는 바람에서다. 너는 이미 황금색과 붉은색 <지혜

서>를 가지고 있으니, 이 책 세 권이 앞으로 너를 '지다성(智多星)[01]'
으로 만들어 줄 거라고 믿는다.

다음으로 최신형 <모노폴리 전자카드>를 선물하는 이유는, 첨단
기술을 사용하여 감성지능과 경제지능을 높여주는 이 게임을 더욱
즐겁게 하라는 의미에서다. 멋진 청년이 되려면 창의성을 지녀야 할
뿐만 아니라 다른 사람과 협력할 줄 알아야 한다. 네가 너보다 실력
이 뛰어난 <모노폴리> 게임의 고수를 만나 함께 행복해지기를 바란
다! 그러면 너의 인생은 분명히 더욱 근사해질 거란다.

세 번째로, 은행 현금 카드를 선물한 이유는 남자에게는 돈을
벌어서 가정을 부양할 책임이 있다는 것을 알려주기 위해서다. 돈을
버는 것 외에도 저축하고 재테크를 할 줄 알아야 남들보다 일찍 인
생의 진정한 자유와 꿈을 실현할 수 있다. 그런 의미에서 올해부터
매년 마지막 날 '김 씨 가족 위원회'의 모든 '상임 위원'들에게 너
의 재정 상태를 보고하기 바란다!

마지막으로 나의 모든 바람을 이 한마디에 담아 너에게 전한다.

"정걸아, 스스로 '나'라는 틀을 깰 때 인생은 더욱 찬란해지는
법이다. 계속 노력하길 바란다! 너는 우리 김 씨 집안의 자랑스러운
사내대장부니까!"

– 영원히 너를 사랑하는 가족이

생일 선물로 은행카드를 선물한 건, 아이가 일찌감치 부에 대
한 올바른 관점을 갖기를 바라는 마음에서였다. 돈이 자신에게
중대한 영향을 미친다는 걸 인정하는 것이야말로 모든 결정과
판단을 내리는 출발점이다.

---

01) 지다성(智多星): <수호전(水滸傳)>에 나오는 군사 오용(吳用)의 별명으로 지혜가 뛰어
나고 계략이 많은 사람을 가리킨다. (네이버 중국어 사전)

예컨대 〈부자 아빠 가난한 아빠〉에서 '가난한 아빠'는 재물을 탐내는 것은 모든 악의 근원이라고 비난하는 데 반해 '부자 아빠'는 가난함이야말로 모든 악의 근원이라고 말한다. 그 결과 '가난한 아빠'는 교육도 많이 받고 박사 학위까지 가지고 있지만, 경제적인 문제 때문에 평생을 괴로워하며 지낸다. 그에 비해 '부자 아빠'는 경제적 자유를 만끽하며 하와이 최고의 갑부가 된다.

이렇듯 어떤 금전관을 가졌는지가 그 사람의 실제 재산을 결정한다. 돈에는 그것만의 비밀과 법칙이 있고, 이를 밝혀내고 싶다면 먼저 그것을 진정으로 원해야 한다.

사람은 누구나 돈의 법칙을 알아내서 더 많은 재산을 갖고 싶어 한다. 재미있는 사실은, 대부분의 사람이 평소에는 이러한 바람에 위배되는 행동을 한다는 점이다. 즉 자신도 모르게 돈을 뿌리고 다닐 뿐 모으지 않는다.

예를 들어 집안의 서랍이나 책장, 탁자, 소파 심지어 화장실 세숫대야에까지 잔돈이 많이 들어 있다. 액수가 적은 돈이라는 이유로 아무렇게나 방치되어 있는 것이다. 어쩌다 대청소를 하면서 집안 구석구석에 버려진 잔돈을 찾아내 모아 보면, 평소에 자신이 얼마나 많은 돈을 아무렇지 않게 버렸는지 알 수 있다. 같은 이치로 가정의 재부관리에서도 이와 비슷한 일이 벌어지고 있을 수 있다. 이것은 낭비의 문제가 아니라 태도의 문제다. 당신이 돈을 중시하지 않는다면 돈은 당신을 떠날 것이다.

어른도 이러한데 아이는 당연히 더 할 수밖에 없다. 정걸도 어렸을 때 이와 비슷한 나쁜 습관이 있었다. 아이는 동전을 가지고 놀기를 좋아했는데 가지고 놀던 1모(毛)나 1위안짜리 동전을 아무 데나 버려두기 일쑤였다. 가족 중 누군가가 그런 행동을 지적하면 오히려 이렇게 반문했다.

"1모로 무얼 할 수 있는데요?"

그 모습을 지켜보면서 나는 이런 생각을 했다. 아이가 아무리 투자에 천부적인 재능을 타고났다 하더라도 부에 관한 올바른 관점을 정립해주는 것이 우선이며, 이를 위해선 누군가가 아이의 마음에 그러한 '닻'을 내려주어야 한다. 그래야 아이가 처음부터 올바른 금전관을 가질 수 있다.

하지만 아이가 아직 어리다 보니 이런 원리를 그대로 말해줘도 이해하지 못할 게 뻔했다. 그래서 나는 다른 사람에게 대신 이야기를 해달라고 부탁했는데, 그 사람은 투자 방면에서 큰 성공을 거둔 내 친구였다.

어느 날 그 친구는 우리 집에 와서 정결과 대화를 나누면서 이런 이야기를 들려주었다. 모든 사람의 몸에는 '돈의 눈'이라는 것이 있는데, 이것은 다른 사람에게는 없는 그 사람만의 돈을 버는 능력이며, 정결 역시 그러한 능력을 갖추고 있다고 알려주었다. 그러므로 1위안을 함부로 쓰거나 버리지 않고 은행에 잘 저금해 두면, 앞으로 10배, 100배가 될 수 있다고 말해주었다. 이 이야기를 들은 뒤로 정결은 다시는 동전을 함부로 두지 않았다.

아이는 이 일을 통해 1위안이라는 돈이 의미하는 바가 무엇인가 깨닫게 되었다. 그것은 특정 액수의 돈임과 동시에 부의 자원이기도 하다.

이가성이 매년 산두(汕頭) 대학에서 연설하면서 하는 이야기가 있다. 워낙 여러 차례 말해서 이미 많은 이들이 아는 이야기다.

어느 날 이가성이 밖에서 실수로 2위안짜리 동전(홍콩 달러)을 떨어뜨렸는데 그 동전이 그만 차 밑으로 들어가 버렸다. 차 밑인지라 동전을 찾기가 쉽지 않아 보였다. 그런데 그가 동전을 주우려고 막 허리를 굽히려던 찰나에 어떤 종업원이 차 밑으로 들어가더니 대신 돈을 주워다 주었다. 이가성은 상대방에게 감사의 뜻으로 100위안을 건네주었다.

많은 사람이 그런 그의 행동이 이해가 되지 않는다고 했다. 겨우 2위안짜리인데, 그렇게 돈이 많은 이가성이 꼭 그 동전을 주울 필요가 있었을까? 게다가 100위안을 2위안과 바꾸다니 정말 말도 안 된다! 이에 대한 이가성의 답변은 다음과 같다.

"2위안짜리 동전을 떨어뜨리고 줍지 않는다면 그 동전의 가치는 이 세상에서 영원히 사라지게 된다. 종업원에게 감사의 뜻으로 100위안을 주긴 했지만, 그 100위안은 여전히 이 세상에 존재한다. 단지 잠시 내 손을 떠났을 뿐이다."

이 이야기가 사실이든 아니든 부를 바라보는 이가성의 '방대한 스케일'을 잘 나타내준다. 그는 이렇게 생각한 것이다.

'돈은 바로 저기에 있다, 그저 아직 내 손에 잠시 들어오지 않았을 뿐이다.'

우리는 여기서 진짜 부자들은 '돈을 존중할 줄 안다'는 점을 발견할 수 있다. 그들이 많은 돈을 벌고서 그 돈을 어떻게 대하는지 보면, 왜 다른 사람이 아니고 그들이 부를 획득할 수 있었는지를 알게 된다.

나는 아이가 6, 7살 때 아이의 마음에 내려놓은 '돛'이, 그 이후에 돈을 대하는 아이의 태도를 바꾸고 경제지능을 높이는 데 지속적으로 영향을 끼쳤다고 생각한다. 다음과 같은 두 가지 이야기를 통해 설명해보겠다.

정걸이 7살 때 학교 선생님이 아이들을 데리고 북해공원(北海公園)으로 놀러 간 적이 있다. 놀다가 잠시 쉬는 시간이 되었을 때 선생님은 물을 먹고 싶은 사람은 가서 사도 좋다고 했다. 하지만 정걸은 1위안을 아끼려고 물을 사지 않으면서 집에 돌아가서 마시면 된다고 말했다. 보다 못한 선생님이 물을 사서 주

경제적 능력을 길러주기

자 그제야 물을 다 마시고는 친구들에게 빈 물병을 달라고 했
다. 이렇게 하는 건 첫째 환경을 보호하기 위해서고, 둘째 1병
에 1모이긴 하지만 돈을 벌기 위해서라고 하면서 말이다.

나들이에서 돌아온 선생님은 나에게 이런 이야기를 들려주
면서 정걸이 정말 재미있는 아이라며 웃으셨다. 나는 정걸에게
무슨 생각에서 그렇게 했는지 물었는데, 그 당시 아이가 한 대
답에 나도 한참 웃었던 걸로 기억한다. 정걸은 이렇게 말했다.

"돈을 아끼는 것도 중요하고, 돈을 버는 것도 중요하지만, 돈
을 주울 수 있다면 더 좋은 거 아니에요?"

또 이런 일도 있었다. 내 이모 집이 우리 집에서 가까운 곳에
있어서 정걸은 어려서부터 자주 그 집에 놀러 가곤 했다. 이모
역시 아이를 예뻐했던지라 아이가 집으로 돌아갈 때마다 1위안
씩 주어 보냈다. 집에 돌아가는 길에 아이스크림이라도 사먹으
라는 뜻에서였다. 하지만 아이는 자신이 좋아하는 '리틀 푸딩'
을 먹고 싶은 걸 꾹 참고 그 1위안을 가지고 돌아와 나에게 자
신의 은행에 저금해 달라고 했다.

나는 농담 삼아 이렇게 말했다.

"앞으로는 그렇게 하지 마라. 한번 생각해봐라. 네 1위안을
저금하기 위해서 은행에 가면 엄마 돈 99위안을 보태야 한단
다. 왜냐면 은행에서는 최소한 100위안부터 저금할 수 있기 때
문이야."

그러자 정걸은 그 즉시 이유를 찾아내서는 나를 단번에 '설
득'했다.

"엄마 한 번 생각해보세요. 저는 미래에 엄청나게 많은 돈을
벌 잠재력을 지닌 아이에요(아이는 자신의 몸에 정말로 '돈의 눈'이 있
다고 믿었기에, 미래에 금융가가 되겠다고 결심했다). 엄마는 고객의 잠
재력을 알아볼 줄 알아야 해요. 그러니 오늘 저를 도와준 것을

투자한 셈 치세요. 나중에 제가 돈을 많이 벌면 반대로 엄마를 도와주지 않겠어요?”

이 두 가지 일을 겪으면서 나는 아이의 ‘경제지능’이 상당히 높아졌다는 느낌을 받았다. 그렇다면 그다음 단계는 무엇일까?

나는 내가 배운 재테크 지식을 아이와 나누기 시작했다. 또한 아이가 자신의 세뱃돈으로 투자하는 걸 허락하면서 그렇게 번 돈을 어떻게 쓰는지에 대해서는 일절 관여하지 않았다. 그저 아이가 고민하고 내린 결정이면 그걸로 충분하다고 생각했다.

우리는 아이가 이런 과정을 통해 돈을 지배하는 도량을 키우기를 원했다. 이미 돈은 정걸에게 화폐 이상의 의미를 지녔는데 다시 돈을 벌게 해주는 자본일 뿐만 아니라 자신과 다른 사람에게 즐거움을 가져다주는 원천이었다.

예컨대 아이는 공부하다 지칠 때면 자신이 그동안 번 돈을 책상에 모두 늘어놓고 세기를 좋아했다. 그리고 돈을 다 세고 나서는 성취감에 젖어 크게 한 차례 웃고는 다시 즐거운 얼굴로 공부를 계속했다.

지금까지 정걸은 자신이 번 돈을 어디에 쓸지 항상 자유롭게 정해 왔는데, 다른 사람에게 줄 귀중한 선물을 사는 데 쓰기도 하고 자선 사업에 기부하기도 했다. 우리 가족은 매년 자신의 내년 목표 목록을 작성하곤 했는데, 아이가 9살 때 쓴 10개가 넘는 목표 중에 이러한 항목이 들어 있었다.

‘선천성 심장병 아동 기금에 5,000위안 기부하기’

그것을 본 나는 웃으며 물었다.

“너는 6,000위안을 벌었으면서 어째서 그 돈을 전부 기부하지 않는 거니?”

아이의 대답은 명쾌했다.

“엄마 내년에 또 투자를 하려면 저도 ‘종자돈’을 좀 남겨두어야지요. 돈을 벌면 그때 다시 기부할 거예요."

이렇게 돈을 중시하고 돈을 존중하며 돈을 모으는 법과 버는 법을 배우다 보니, 반대로 돈을 지배하는 법과 올바르게 쓰는 법을 익히게 되었다. 이는 '돈의 눈'이라는 말을 배운 이후로 아이가 조금씩 완성해 온 자신만의 금전관이자 가치관이었다.

이쯤에서 〈부자 아빠 가난한 아빠〉의 저자 로버트 기요사키의 말을 인용해 결론을 내리고자 한다.

'돈은 일종의 생각이다'

과연 우리는 얼마나 이런 생각을 하면서 살고 있는지 한 번쯤 되돌아봐야 한다.

2005년부터 재테크를 시작하면서 나는 빠른 속도로 내 수입 구조를 바꾸어 갔다. 그러자 생존을 위해 일할 필요가 없어졌다. 물론 큰 부자는 아니지만 말이다. 게다가 삶의 질 역시 향상되어 매년 1번 이상은 해외여행을 갈 수 있게 되었다.

마지막으로 가정에서 아이에게 금전관 교육을 할 때 반드시 가르쳐야 할 내용에 대해 정리해 보겠다.

① 태양은 태양을 향해 있는 사람 앞에 모습을 드러내는 법이다. 돈을 버는 비결을 알고 싶다면, 먼저 돈을 벌 수 있는 마음가짐부터 지녀라.

② 돈을 벌 수 있을지 결정하는 가장 중요한 요인은, 좋은 아이디어가 있느냐 없느냐, 똑똑한가 그렇지 못한가가 아니라 바로 자신감의 정도다. 돈이 없는 것을 두려워할 게 아니라, 돈이 없다고 자신감을 잃는 것을 두려워해야 한다.

③ 정말로 자신에게 재물 운이 따르기를 바라고 돈을 벌기 원한다면 낙관적인 태도를 갖춰야 한다. 이것이 가장 중요한 첫 번째 처방이다. 두 번째는, 자신이 흥미가 있는 분야를 정확히 파악하고 나서 그것으로 어떻게 돈을 벌지 고민하는 것이다. 그리고 마지막 처방은 먼저 인격적으로 성

숙해진 다음에 돈을 버는 것이다. 인격적인 성숙이 주는 믿음은 모든 게 프리패스되는 외교 여권과도 같다.

④ 꿈을 꾸는 것은 가장 경제적인 사치품이다. 꿈을 꾸는 사람만이 꿈에 다가갈 기회를 얻는다. 같은 맥락으로 돈을 버는 꿈을 꾸는 사람에게만 돈을 버는 즐거움을 누릴 기회가 주어진다.

⑤ 숫자에 민감하다는 것이 매사에 지나치게 이해 타산적이라는 의미는 아니다. 돈이 체면을 유지하는 데 중요하다면, 돈 때문에 서로 얼굴을 붉힐 필요도 없지 않을까? 또한 빚이 있는 사람은 가장 먼저 모든 신용카드를 없애야 한다. 그리고 남에게 돈을 빌리기 전에 먼저 자신에게 물어봐야 한다. "정말로 꼭 이렇게 해야만 할까?"

⑥ 돈은 물론 중요하지만, 부족하다고 해서 꼭 문제가 되는 것은 아니다. 그러므로 돈을 좋아한다고 해서 꼭 돈이 많을 필요는 없다! 돈에 관심을 두고, 돈을 가까이하며, 돈을 운용할 줄 알고 가치를 창조해나가는 이 모든 과정이 돈을 진심으로 좋아하는 것이다.

⑦ 돈은 머리와 같다. 쓰면 쓸수록 잘 쓰게 되고, 안 쓰면 결국 쓸모없어진다. 그러므로 돈을 쓰는 것도 투자이며, 그것도 즐거운 투자라 할 수 있다. 이때 돈을 쓰는 목적은 더욱 많은 돈을 벌 기회를 창출하기 위함이어야 한다.

⑧ 돈의 영향력을 인정하는 것이 모든 결정과 판단의 출발점이 되어야 한다. 따라서 반드시 아이에게 돈을 지배하는 도량을 키워주어야 한다. 절대로 돈에 이리저리 휘둘리게 해서는 안 된다.

경제상식을 가르쳐라

부모가 아이에게 가르쳐야 할 것은 어렵고 전문적인 경제지식이 아니라, 이미 잘 아는 일반적인 경제상식이다. 아이가 경제상식을 이해하고 스스로 생각하는 법을 터득할 때, 아이의 천부적인 '경제지능'은 자연스럽게 계발된다.

어느 날 친구가 나에게 재테크에 관한 질문을 했다. 그 친구는 자신이 '재테크에 게으른 사람'에 속한다면서 충고를 좀 해달라고 했다. 나는 이렇게 말해주었다.

"'내가 돈을 무시하면, 돈도 나를 무시한다'는 말은 너도 이미 잘 알고 있을 거야. 구체적으로 재테크를 어떻게 하고 있는데?"

친구는 이렇게 대답했다.

"펀드에 정기적으로 투자하고 있어."

나는 다시 연 수익률이 얼마인지 물었다.

"대략 10% 정도인 것 같아."

나는 그런 식은 곤란하다고 말해주었다. 현재 화폐가 과도 발행되고 물가가 상승하는 상황에서 10%의 수익률은 거의 상쇄되어 사라지므로 이런 재테크 방식은 현재 상태를 유지할 뿐 이익을 낼 수 없다고 충고해주었다.

자산의 증감(增減)과 집산(集散)이 끊임없이 변화하고 움직인다는 것은 기본지식에 속한다.

자산이 이렇게 끊임없이 '움직이는 것'이라면 돈도 따라서 '움직여야' 한다. 이렇게 간단한 원리인데도, '현재의 돈'만을 보고

'미래의 돈'은 보지 못하는 사람들이 내 주변에는 매우 많다. 그들은 자신이 재테크를 할 줄 모르기에 아이에게 재테크에 관한 의식을 심어줄 생각조차 못한다.

상황이 이렇다 보니 사람들은 정걸이 아주 어려서부터 투자 개념을 가지고 재테크를 해서 돈을 벌었다는 사실에 매우 놀라곤 한다. 그러면서 집에서 어떻게 아이의 '경제지능'을 키워주었는지 궁금해 한다.

여기서 밝히지만, 내가 정걸을 가르쳤던 방법은 절대 신기한 것이 아니다. 그 내용을 듣고 나면 대부분의 부모가 똑같이 따라 할 수 있을 것이다. 내가 이렇게 단정 지어 말할 수 있는 이유는, 부모가 아이에게 가르쳐야 할 것이 어렵고 전문적인 경제지식이 아니라, 자신이 이미 잘 아는 일반적인 경제상식이기 때문이다. 아이가 경제상식을 이해하고 스스로 생각하는 법을 터득할 때, 아이의 천부적인 '경제지능'은 자연스럽게 계발된다.

아이의 경제지능을 키워주기 위해 상식을 가르쳐야 한다는 건 비교적 쉽게 이해할 수 있을 것이다. 그렇다면 아이에게 전해주어야 할 상식은 과연 무엇일까? 또한 어떤 방법으로 가르쳐야 할까?

이와 관련해서 정걸이 어렸을 때 우리 집에서 사용했던 방법을 모두와 나누고자 한다. 다른 부모들에게 조금이라도 도움이 되기를 바란다.

정걸이 아직 아무것도 모르던 6살 시절에 나는 아이의 '경제지능'을 키워주기 위해 몇 가지 놀이를 하곤 했다.

첫 번째 놀이는 슈퍼마켓에 가서 숫자를 세면서, 손님들의 움직임을 관찰하는 것이다. 나는 아이를 데리고 집 근처 슈퍼마켓으로 가서 이렇게 말했다.

"한 번 세어볼래? 슈퍼마켓에 온 손님 중에 왼편으로 걸어

다니는 사람이 많을까? 아니면 오른편으로 걸어 다니는 사람이 많을까?"

그러자 아이는 열심히 사람의 수를 세기 시작했다. 슈퍼마켓 안에 있는 사람들을 관찰하고, 통계를 내는 일을 일주일간 한 후 아이는 이런 결론을 내렸다.

"엄마, 제가 슈퍼마켓 손님을 자세히 관찰해보니, 습관적으로 오른쪽으로 걸어 다니는 사람이 많았어요. 그런데 오른쪽에 놓여 있는 상품은 모두 생활필수품이 아니다보니, 필요한 물건을 사려면 슈퍼마켓을 한 바퀴 돌아야 해요. 그러면서 때로는 필요하지 않은 물건이나 원래 살 계획이 없었던 물건을 추가로 사게 되면서 초과지출을 하게 돼요."

이렇게 일주일간 관찰하더니 아이는 이 놀이에 흥미를 잃은 듯했다. 이어서 나는 아이에게 이번에는 집 근처에 있는 부동산중개소에 가서 조사를 해보라고 했다. 매물로 나와 있는 집들 가운데 잘 팔리는 집은 넓이가 몇 평방미터인지, 몇 층인지, 방향은 어떤 쪽으로 향해 있는지 알아보라고 했다.

그 후부터 아이는 저녁밥을 먹고 외할아버지와 산책을 할 때마다 틈틈이 부동산중개소에 들러 직원과 '부동산'에 관한 이야기를 나누었다. 그렇게 6개월째 놀이를 하던 어느 날 아이는 드디어 알아냈다면서 이렇게 말했다.

조사결과 90평방미터에서 120평방미터 정도 크기의 집이 가장 많이 거래되고 집의 방향 역시 큰 영향을 미친다는 것이다. 그 당시 아이는 꽤 오랫동안 〈모노폴리〉 게임을 해왔기에 "이제야 이가성이 왜 부동산에 투자했는지 알겠다"는 말로 결론을 내렸다.

나는 이 두 가지 놀이가 아이의 '경제지능'을 키워주는 데 많은 도움을 주었다고 생각한다. 아이는 직접 경험을 통해 경제

행위에서 가장 기본이 되는 두 가지 요소인 소비자행동과 상품 가치에 대해 이해하게 된 것이다.

이후 아이가 학교에 들어가서 수학을 배우자 나는 아이에게 '가격 대 성능비'[01]라는 또 다른 개념에 대해 설명해주었다(이전에 가장 간단한 경제법칙인 '등가교환'[02]에 대해 알려준 적이 있기에, 아이는 이 개념도 쉽게 이해했다). 그러고는 '가격 대 성능비'에 대해서도 직접 가서 조사해보라고 했다. 조사 장소는 빵집이었다.

나는 아이한테 똑같은 귀리빵 가운데 손님은 어떤 것을 고르는지, 정말 비싼 빵은 팔리지 않는지 한 번 지켜보라고 했다. 당시 7살이었던 정결은 여러 빵집을 돌아다니며 조사를 하면서 서로 비교하기 시작했다.

일반적으로 귀리빵은 400g 아니면 450g인데 내 경우에는 그 가운데 주로 맛있는 것을 고르지 가격이나 중량은 그리 따지지 않았다. 하지만 정결은 '가격 대 성능비'라는 개념에 집중해서 빵집에 들어가면 상당히 '이성적'으로 '가격 대 성능비'가 더 높은 빵을 고르는지라 낭비도 충동구매도 없었다.

이는 내가 무의식중에 아이에게 '마음의 닻'을 내려주었기 때문일 것이다. 그 결과 아이는 엄마의 소비가 이성적이지 못하다고 판단되면, 마치 작은 어른처럼 역으로 '엄마에게 가르치기'를 하기도 했다.

어느 해인가 우리 집이 이사해서 한동안 아이가 나를 도와 물건을 정리한 적이 있다. 내가 정리를 하다가 지쳐 거실에서

---

01) 가격 대 성능비: 컴퓨터 시스템의 성능을 측정하는 척도의 하나로, 비용 성능이라고도 하며 어떤 작업의 처리 능력에 대한 비용의 비율이다. 이 값이 적을수록 가격 대 성능비가 좋다.(네이버 지식백과)
02) 등가교환: 동일한 가치를 지닌 상품과 상품 또는 상품과 화폐가 교환되는 일.(다음 국어사전)

잠시 쉬고 있는데 아이가 방에서 진지한 표정으로 걸어 나오는 것이었다. 나는 분명히 무슨 일이 일어났다는 생각에 서둘러 아이에게 이유를 물었다. 그런데 아이가 이렇게 말하는 것이 아닌가.

"엄마, 엄마는 반성 좀 하셔야 해요."

순간 멍해진 나는 아이에게 물었다.

"무엇을 반성하라는 말이니?"

"제가 방을 정리하다가 엄청나게 많은 가방을 발견했어요. 세어보니, 큰 것 작은 것 모두 합쳐서 40개가 넘더라고요. 이렇게 많은 가방이 왜 필요한 거예요?"

내가 미처 대답하기도 전에 아이는 나대신 분석을 시작하더니 급기야 아이디어까지 냈다.

"가방은 사고 난 직후부터 가치가 떨어지기 시작하니까, 지금 이 가방들의 상품가치는 그리 높지 않아요. 제게 좋은 아이디어가 있는데 들어보실래요?"

나는 아이의 말에 집중했다.

"여자들은 보통 명품가방에 열광하잖아요. 그러니 이렇게 하는 게 어때요? 이렇게 많은 가방을 살 돈으로 훨씬 비싼 명품가방을 하나 사는 거예요. 예를 들어 올해 겨울용으로 명품 가방을 하나 샀다면, 내년에는 여름에 들고 다닐 명품 가방을 사는 거지요. 이렇게 하면 1년에 가방을 1개만 사면 돼요."

들어보니 꽤 일리 있는 말이었고, 아이가 소비에 대해 이미 어느 정도 이해하고 있다는 것을 알 수 있었다. 그런데 이 이야기는 이것으로 끝이 아니다. 며칠 뒤 아이는 다시 가방과 관련된 또 다른 아이디어를 내놓았다.

"엄마, 엄마는 친구가 많고, 다들 다른 가방을 가지고 있을 거잖아요. 그러니 이렇게 하는 게 어때요? 친구들과 상의해서 매달 서로 가방을 바꾸어 사용하는 거예요. 이렇게 서로 바꾸어 쓰면, 모든 사람이 매달 각기 다른 명품가방을 가지고 다닐 수 있으니, 얼마나 경제적이에요!"

물론 이성적으로 소비한다는 것이 매사에 인색하게 군다는 의미는 아니다. 정결 역시 가끔은 돈을 아끼지 않고 쓰기도 했다. 예컨대 아이는 학교에서 돌아오는 길에 가끔 '사치스러운' 학용품을 사오곤 했다. 특이한 필통이나 연필 같은 것이었는데 품질이 좋은 물건이다 보니 가격도 당연히 높았다. 이러한 일은 대략 한두 달에 한 번 정도 있었는데, 가끔 기분이 좋으면 내게 한두 개 주기도 했다. 물론 나도 좋은 선물을 받아서 기뻤지만(아이가 스스로 번 돈으로 샀기에 더 기뻤다), 한편으로는 걱정되어서 가격을 물었다. 그런데 아이가 말한 가격은 내 예상을 훨씬 뛰어넘은 것이었다.

"'가격 대 성능비'에 대해 잘 아는 네가 왜 이렇게 비싼 학용품을 사온 거니?"

그러자 아이는 태연한 얼굴로 이렇게 말했다.

"엄마, 마이클 펠프스가 어떻게 올림픽에서 금메달을 8개나 딸 수 있었는지 아세요? 그건 그가 특수 제작한 수영복을 입었기 때문이에요. 저 역시 세계 일류 학생이 되려면, 일류 학용품을 써야지요. 그리고 질이 좋은 물건이 조금 비싼 건 당연한 거예요."

아이의 말에 나는 아이가 제법 자신만의 생각을 할 줄 안다는 느낌을 받았다. 최소한 아이는 돈을 쓸 때 그 이유에 대해 생각할 줄 알았다. 그래서 나는 아이에게 이렇게 말해주었다.

"듣고 보니 맞는 말이구나. 부는 돈을 절약해서 얻는 것이 전부가 아니다. 가능한 모든 방법을 동원해서 더 많은 사회적 부를 창조해내고 거기서 획득하는 것이 더 좋은 방법이지. 네가 워런 버핏 같은 투자의 대가가 되겠다는 엄청난 목표를 세웠다면, 그의 투자 원칙이 무엇인지 꼭 알아야 한다."

이렇게 적당한 때에 아이에게 투자이념과 투자원칙을 가르치는 것은 꼭 필요한 일이다.(미국 대통령 버락 오바마는 ABC 방송국과의 인터뷰에서, 지금 자신의 두 딸 말리아와 샤샤에게 기본적인 재테크 교육을 시키려고, 저축계좌나 은행계좌, 재무관리 등에 대해 가르치고 있다고 말했다). 나 역시 아이에게 거시적으로 부의 증감을 파악할 수 있는 '72법칙'에 대해 일찌감치 알려준 바 있다.

72의 법칙은, 72를 복리수익률로 나눈 값이 해당 원금이 두 배가 되는 기간이라는 논리다. 만약 그 해의 복리수익률이 8%라면, 원금이 두 배가 되는 데 걸리는 시간은 9년이다(72÷8=9). 만약 복리수익률을 1% 높인다면 72÷9=8이 되어 8년 만에 원금이 두 배가 될 수 있다. 그렇기에 복리투자야말로 부의 자유로 진입하는 중요한 '발판'이라고 하겠다.

정걸은 워런 버핏의 책에서 이런 법칙을 보고 깊은 감명을 받았다. 워런 버핏의 자서전 〈스노볼〉에도 이 부분이 강조되어 있는데, 그는 복리투자를 최대한 활용하여 자신의 자산을 '눈덩이 굴리듯' 키워나갔다고 밝혔다.

조금 더 큰 후부터 정걸은 우리 집 '연간재무회의'에 '출석'하면서 투표권도 행사하기 시작했다. 이런 가족회의는 보통 매년 1월 1일에 열리는데, 주로 지난 1년 동안의 우리 집 지출 현황을 돌아보는 자리다. 교통비, 교육비, 여행비, 사교비 및 가정에서 일반적으로 지출하는 항목을 점검했다.

그전에 가족들은 자신의 월간계획과 연간계획을 짜야 했는데 이렇게 하면 예산보다 과다지출하지는 않았는지, 작년에 비해 올해 숫자가 어떤 변동이 있는지 같은 재무 현황을 한눈에 파악할 수 있다.

당시 정결은 〈캐시플로우〉라는 게임에 빠져 있어서 '손익계산서'와 '대차대조표'를 작성해본 경험이 있었다. 그러다 보니 가정의 지출과 관련해서 어느 정도의 상식을 갖추고 있었고 '발언권'도 가지고 있었다.

한 번은 우리 집의 연간 지출이 예산의 18%를 초과한 적이 있었는데 정결은 매우 '직설적'으로 이렇게 지적했다.

"엄마, 아무리 물가 상승률과 일부 항목의 초과 지출을 감안한다 해도, 변동률이 10%를 넘으면 곤란하지 않을까요? 18%는 너무 심해요. 그러니 그 중 8%는 엄마가 책임져야 할 것 같아요."

이는 정결이 10살 생일이 지나고 열린 '연간재무회의'에서 있었던 일이다. 그전에 나는 아이에게 은행카드를 선물로 주면서, 이제부터 '김 씨 가족 위원회'의 상임위원으로서 책임을 완수해야 하며 매년 재무 현황을 보고해야 한다고 알려준 적이 있었다. 확실히 아이는 지금 자신의 '역할'을 충실히 해내고 있었다. 그리고 나는 아이를 포함한 집안의 '상임위원'들 앞에서 나의 일 년 동안의 '재정상의 실수'를 인정하고 내년에는 더 잘할 것을 약속해야 했다.

어린 트레이더, 엄마와 경주하다

아이의 투자 안목을 절대 얕봐서는 안 된다. 아이가 발견한 간단한 이유가 가장 정확한 이유일 수 있다. 오히려 어른은 똑같은 선택 앞에서도 더 복잡한 이해득실만 따지다가 좋은 기회를 놓치곤 한다.

나 역시 다른 부모들과 마찬가지로 재벌 2세도 부동산 부자도 아닌 극히 평범한 사람이지만 우리 가족이 물질적으로 더 나은 생활을 누리기를 희망한다. 이건 극히 정상적인 바람이다. 우리는 자신의 부에 대한 갈망을 숨길 필요가 없다. 설령 아이 앞이라 해도 마찬가지다.

나는 아이가 되도록 일찍 자기 인생의 부에 관한 계획을 세우기를 원했다. 아이에게 돈이 삶의 필수품이며, 어른들이 재테크를 하는 방법을 잘 봐두어야 한다고 알려준 것도 이런 이유에서였다.

정걸 같이 어린 아이가 주식 투자를 하는 건 불가능하다고 생각하는 사람도 있을지 모르겠다. 하지만 아이가 어려서부터 주식 투자를 하는 게 무슨 문제인가? 극히 자연스러운 일일 뿐이다.

지금 생각해보니 정걸은 주식투자를 배우기 시작하면서부터 매일 같이 회사들의 순자산 그래프를 살피고 '작은 트레이더'로서의 천부적 재능을 일찌감치 드러냈다. 그건 바로 정걸이 자신의 심리적 한계선을 지킬 줄 안다는 점이었다. 아이는 주식이나 펀드를 사고팔 때 냉정한 태도를 보였는데 우리 어른들처럼 이래도 걱정, 저래도 걱정하는 모습은 전혀 찾아볼 수 없었다.

설사 주식이 아무리 급속도로 오르고 있다 해도, 자신이 정한 일정 수익률(예컨대 30%)에 다다르면 그 즉시 한 치의 망설임도 없이 팔아버렸다.

이렇게 철저히 규칙을 지키는 모습은 어른들에게서는 쉽게 찾아볼 수 없는 모습이다. 이렇게 몇 년간 계속한 결과 정걸의 평균 수익률은 30%를 넘어섰는데, 이는 웬만한 재테크 전문가나 투자 고수들조차 해내기 어려운 일이다. 뒤돌아보니, 그동안 투자를 하면서 아이와 나는 이렇게 계속 '달리기 경주'를 해왔던 것 같다. 게다가 나의 투자 수익률은 대체로 20% 정도에 머물렀으니 어떤 면에서 아이는 이미 나를 뛰어넘었다고 볼 수 있다.

아이의 투자 안목을 절대 얕봐서는 안 된다. 아이가 발견한 간단한 이유가 가장 정확한 이유일 수 있다. 오히려 어른은 똑같은 선택 앞에서도 더 복잡한 이해득실만 따지다가 좋은 기회를 놓치곤 한다. 정걸은 주식 투자를 시작하면서 1년에 1, 2개의 주식만을 샀는데, 그것도 절대 함부로 사는 법이 없었다.

2008년 나와 정걸이 골프를 치러 갔다가 잠시 우유를 마시고 있을 때의 일이다. 함께 골프를 치던 일행 중 한 사람이 우유는 역시 삼원(三元) 우유가 최고라면서, 삼원 우유야말로 순수한 우유라고 했다. 옆에서 듣고 있던 정걸은 그 즉시 다른 사람에게 그 말이 사실인지 물었다.

그때 나는 아이가 그저 자신이 어떤 우유를 마셔야 할지 정하려고 물어봤으리라 생각했다. 그런데 집으로 돌아온 아이가 갑자기 나에게 어서 빨리 삼원 우유 주식을 사라고 재촉하기 시작했다. 골프장에서 만난 삼촌과 이모들이 모두 그 우유의 품질을 인정했다는 이유에서였다.

하지만 그 당시 나는 아이의 의견에 동의하지 않았다. 첫째,

수중에 여유자금이 별로 없었고, 둘째, 아이가 너무 단순하게
생각한다는 이유에서였다. 결국 아이는 외할아버지에게 '유세'
를 펼쳤고, 뜻밖에도 외할아버지는 손자를 믿는다면서 저축해
둔 10만 위안을 인출해 삼원 주식을 샀다. 그때는 아직 멜라민
분유 사건이 터지기 전이어서 한 주당 6위안에 살 수 있었는데,
얼마 지나지 않아 분유 사건이 터지면서 상대적으로 품질이 안
전한 삼원 우유는 급등하여 9위안이 넘게 치솟았다. 이 일로 나
는 아이의 투자 능력을 다시 보게 되었다. 안타깝게도 이런 태
도는 어른들에게서는 찾아볼 수 없다. 우선 나부터도 주식이 오
르고 내리는 것을 아이처럼 냉정하게 바라보지 못한다.

2009년 8월 정걸은 화란생물(華蘭生物)이라는 의약업계의 주
식을 샀다. 많은 투자기관이 이 회사의 주식을 높이 평가했고
시장동향이나 재무보고서에 타당한 이유가 제시되어 있었지
만, 사실 아이가 이 주식을 선택한 이유는 단순했다.

"이렇게 많은 중국 사람들이 아프면 모두 약을 사 먹잖아요.
약을 먹는 사람이 많으니까 제약회사의 시장 전망은 당연히 밝
을 거예요."

결국 정걸은 한 주당 28.9위안일 때 이 회사의 주식을 샀고,
60위안까지 오를 거라고 예상했다. 그런데 곧 개학이라 학교에
서 지내야 했기에 매일 주식을 들여다볼 시간이 없었다. 그래
서 아이는 나에게 부탁을 했다.

"엄마, 화란생물의 주식이 60위안까지 오르면 제 대신 팔아
주세요."

아이의 의뢰를 받은 나는 내 주식을 볼 때보다 더 긴장해서는
매일 매일 가격을 체크했고, 드디어 58위안까지 올랐을 때 더
이상 참지 못하고 팔아버렸다. 금요일이 되어 기숙학교에서 집
으로 돌아온 아이가 물었을 때 나는 이렇게 대답했다.

"이미 팔았다."

아이가 다시 물었다.

"60위안까지 올랐어요?"

나는 사실대로 얘기해주었고, 아이는 즉시 불만을 표했다.

"엄마, 어떻게 그러실 수 있어요! 제가 60위안이 될 때까지 기다렸다가 그때 팔아 달라고……."

나는 황급히 해명하기 시작했다.

"네가 정한 수익 한계점에서 겨우 2위안 차이 날 뿐인데, 크게 상관없잖니. 더군다나 거의 투자한 원금만큼 벌어들였잖아. 만약 엄마가 주인이었다면 37위안이 됐을 때 이미 팔아 버렸을 거다."

어쩔 수 없이 엄마의 말을 받아들이긴 했지만 아이는 끝내 마음이 풀리지 않는 눈치였고, 나에게 투자는 미리 정한 규칙대로 해야지 마음대로 바꿔서는 안 된다고 충고했다.

그런데 나는 그만 그 같은 실수를 또 한 번 반복하고 말았다. 그 당시 나는 LOF 펀드의 전망을 좋게 예상하고는 아이를 대신해서 주식을 조금 샀다. 그런데 내 예상과는 달리 그 주식은 대폭 하락했고 결국 12%에 가까운 손실을 입게 되었다. 이는 정결이 정한 투자 손실 한계점(-15%)에 거의 근접한 수준이었다. 결국 나는 미안해하면서 아이에게 그 주식이 큰 손실을 입었다고 알렸고, 아이는 무척 조급해하며 다음 날 개장하면 곧바로 팔아 달라고 강하게 요청했다. 하지만 나는 조금만 더 지켜보면 손실을 약간이라도 만회할 수 있을 거라는 생각에 팔지 않고 기다렸다가 결국 더 큰 손해를 입고 말았다.

엄마가 또 한 번 자신의 말을 듣지 않았다가 손해를 보았다는 사실을 알고 아이는 무척 속상해하면서, 왜 늘 엄마 마음대로만 하냐고 불만을 토로했다.

이렇게 두 번이나 비슷한 경험을 하고도 나는 '좀 살펴 봐줘야지' 하는 생각에 정걸의 ID로 로그인을 시도한 적이 있다. 그런데 아이가 이미 자신의 계좌 아이디를 바꿔놓은 상태였다. 나는 모르는 척 아이에게 넌지시 물었다.

"네가 어떤 주식을 샀는지 엄마는 모르는데, 혹시 알려줄 수 있니?"

그러자 아이는 장난기 어린 말투로 이렇게 대답했다.

"저도 아직 어떤 주식을 사야 할지 잘 모르겠어요. 그리고 지금 말을 아주 잘 듣는 트레이더를 물색 중이니 걱정하지 마세요."

나는 진지하게 생각해보았다. 아이의 공부와 마찬가지로 투자 역시 부모가 대신해 줄 수 없는 일이다. 또 자신이 늘 '아이를 데리고 달리고 있다'고 생각해서도 안 된다. 만약 아이가 오랜 고민 끝에 어떤 결정을 내렸다면 그 결과가 어떠하든 우리는 아이를 믿고 지지해주어야 한다. 설령 실패하더라도 그것 역시 훌륭한 수확인 셈이다.

그 이후로 나는 아이에게 투자에 관해서 거의 묻지 않았다. 그리고 10살 생일 선물로 은행카드를 주면서 아이 스스로 자신의 '작은 금고'를 관리하도록 허락했다. 그러자 아이는 평소에 자신이 접할 수 있는 상장 회사에 관한 정보에 더욱 관심을 기울이기 시작했고, 골프장에서 우유를 마시다가 삼원 주식을 사게 된 것처럼 언제나 가장 적절한 품목을 골라 투자했다.

주식시장이 제아무리 출렁대든, 아니면 돈을 벌든 잃든, 언제나 자신이 정한 수익, 손실 한계점에 도달하면 단호하게 팔아버리면서 '자신만의 규칙'을 철저히 지켜나갔다.

아이가 트레이더 역할을 자처하면서부터 아이의 매년 증권 투자 수익률은 30% 이상을 꾸준히 유지했다. 엄마이면서도 아이를 따라잡지 못한다는 면에서 나는 조금 부끄러웠다. 또한 정걸은 큰 장점을 하나 더 가지고 있었는데 매년 자신이 이룰 목표를 정한다는 점이었다. 예를 들어 12살에 아이가 정한 목표 가운데 다음과 같은 두 가지가 있었다. 첫째, 투자와 시합으로 5만 위안 벌기, 둘째, 심장병아동기금에 5천 위안 기부하기.

그 모습을 보면서 나는 돈이 생긴 후에도 남을 생각할 줄 아는 사람은 더욱 쉽게 성공한다는 믿음을 갖게 되었다. 마음 씀씀이가 다르다는 것은 큰 성공을 거두는 중요한 이유가 되기 때문이다. 같은 원리로, 아이의 경제지능을 키워주는 것은 부를 획득하는 능력을 키워주는 일일 뿐만 아니라 부를 조종할 줄 아는 능력을 키워주는 일이기도 하다.

이쯤에서 아이가 트레이더가 되어 나와 경주를 벌인 이야기를 마치며, 부모가 아이의 경제 지능을 키워주기 위해 아이에게 반드시 알려주어야 할 세 가지 원리를 모두와 나누고자 한다.

첫째, 스스로 번 돈이야말로 가장 가치 있는 돈이다. 진정한 부와 행복을 얻고 싶다면 반드시 자신의 노동과 지혜로 돈을 벌어야지 부모에게 손을 내밀어서는 안 된다.

둘째, 돈은 자본이다. 가치가 올라갈 수도 있고, 더 많은 부를 얻게 해줄 수도 있다. 아이에게 은행 저축계좌를 개설해줘서 돈을 저금하고 이자를 얻도록 하면서 어려서부터 '돈이 돈을 만든다'는 원리를 이해하게 하라. 이는 아이가 커서 하게 될 자본투자의 기초를 다지는 일이다.

셋째, 투자로 하루아침에 성공할 수는 없다. 장기간의 자본투자가 모여 부를 이루게 되는 것이다. 적당한 선에서 아이가 주식투자를 해보게 하자. 아이가 여러 회사의 재무보고서를 관심 있게 보고, 해당 회사 주식의 상승 및 하락 추세를 관찰하게 하면 커서 투자를 할 때 많은 도움을 줄 수 있다. 정걸은 이러한 원리를 이미 6, 7살 때부터 직접 경험하면서 깨달았다.

월스트리트에서 '가슴이 뛰다'

2012년 여름방학이 막 시작되려 할 무렵이었다. 나는 아이와 이번 여름방학을 어떻게 보낼지 이야기를 나누고 있었다. 내가 생각해둔 것이 있느냐고 묻자, 아이는 두 가지 계획을 이미 세워두었다고 했다.

첫 번째 계획은 골프장에 가서 공을 줍는 일을 하는 것이었다. 몇몇 골프장에서는 아이들에게 간단한 일을 시키고 그 대가로 비는 시간에 필드에서 라운드를 돌면서 연습을 할 수 있게 했다. 그 일을 하겠다는 것이다. 그래서 내가 그 일을 하려는 이유가 무엇이냐고 묻자 아이는 이렇게 대답했다.

"체력을 단련하면서 골프 실력도 키울 수 있잖아요. 공짜로 골프 연습을 하는 셈이지요."

두 번째 계획은 '사팔다(思八達, 비즈니스 기술을 가르쳐주는 기관)'에서 영업을 하는 것이었다.

영업은 왜 또 하려고 하느냐고 묻자 아이는 이렇게 답했다.

"거기 영업사원들이 모두 고등학교 졸업생인 것 같았어요(저도 이제 곧 고등학교를 졸업하고요). 그런데도 모두 열심히 일하는 데다 전화를 그렇게 많이 하면서도 늘 친절했어요. 그래서 저도 한 달 정도 직접 일해 보면서 우리 가족들이 얼마나 힘들게 돈을 버는지 직접 느껴보고 싶어요!"

그리고 덧붙였다.

"가장 중요한 건 성과급이 훌륭하다는 거예요. 꼭 영업실적을 많이 올려서 한 몫 단단히 챙길 거예요."

아이는 벌써 많이 자라있었다. 원래 나는 아이가 고등학교 때 해야 할 공부도 많고 이렇게 오래 쉴 기회도 흔치 않으니 방학 동안은 좀 나가서 놀기를 바랐다. 그런데 뜻밖에도 아이는 이미 방학을 어떻게 보낼지 일찌감치 정해두었던 것이다.

이외에도 아이는 여름방학 동안 2주간 미국 단기유학을 다녀오기도 했다. 심지어 그 비용도 모두 자신이 번 돈으로 충당했다. 어려서부터 '한국어, 스페인어, 영어를 할 줄 아는 금융가'가 되겠다고 결심했기에 상해와 뉴욕의 증권거래소에 들어가 보는 것이 아이의 미래 목표 중 하나였다. 그 가운데 상해 증권거래소는 2011년에 이미 다녀왔고, 이번 단기유학 길에 드디어 월스트리트 근처에 갈 기회를 얻은 것이다.

아이는 뉴욕증권거래소 앞에 있는 유명한 황소동상을 본 순간 가슴이 마구 뛰었다고 했다. 그리고 집으로 돌아와 그 경험에 대해 나와 이야기를 나누면서 아이는 이렇게 말했다.

"세계가 좁다는 걸 실감했어요. 용감하게 앞으로 나아가기만 하면 되는 거예요."

그 후 아이는 미국 대학 지원을 고민하면서 미래에 어떤 직업을 가질지에 대한 이야기를 나누던 도중 매우 진지하게 자신의 계획을 밝혔다.

"엄마, 만약 제가 미국에 가게 된다면, 꼭 월스트리트에서 금융관련 일을 할 거예요."

아이의 말을 듣고 나는 무척 기뻤다. 우선 아이가 자신의 목

경제적 능력을 길러주기

표를 분명하게 정했다는 것에 기뻤다. 더욱 기뻤던 것은 오랜 기간 경제지능을 키워 온 덕분에 아이가 가진 이 분야에서의 능력과 미래의 꿈이 서로 맞아떨어졌다는 사실이었다.

우리는 아이가 6살이 조금 넘어서 재테크를 시작하면서부터 어떻게 하면 부의 자유를 얻을 수 있을지 연구하면서 꾸준히 그 목표를 향해 걸어왔다. 그 결과 아이가 지금까지 걸어온 길과 미래의 길이 함께 연결될 수 있었던 것이다. 돌이켜 생각해보니 이런 결과를 얻을 수 있었던 건 아이가 다음의 두 가지 소양을 갖추었기 때문이다.

먼저, 성공하고 싶다는 진정한 바람과 꿈을 지녀야 하며, 그런 다음 어떻게 해야 성공할 수 있을지 연구해야 한다. 예를 들어 금융가가 되고 싶다면, 이 분야에서 성공하기 위해서 갖추어야 할 소양이 무엇인지 알아야 한다.

정걸은 가족들의 영향을 받아 어린 시절부터 워린 버핏과 범려를 부에 대한 우상으로 삼았다. 우신 9살 때부터 수많은 책을 읽으며 워런 버핏이 지금의 워런 버핏이 될 수 있었던 이유를 연구했다. 본래 역사에 흥미가 있다 보니 자연스럽게 중국 고대 거상 범려를 알게 됐고, 이번에는 범려에 대해 연구를 시작하면서 그와 관련된 전문적인 극본을 쓰기도 했다.

그 과정을 통해 아이가 내린 결론은, 성공한 금융 전문가가 되려면 냉정해야 하고 자신을 절제할 줄 알아야 하며 자신의 심리적 한계선을 지킬 줄 알아야 한다는 것이었다. 그런 다음 협력의 중요성을 깨닫고 자신에게 힘이 되어줄 팀을 구성해야 한다.

흥미와 꿈을 가지는 것만으로는 부족하다. 또 한 가지 중요한 점은 숫자에 민감해야 하고 규칙성과 군건한 의지를 지녀야 한다는 것이다. 즉 첫째, 숫자에 민감해야 하며 둘째, 추상적인 부호나 숫자를 가지고 하는 게임에서 냉정한 판단력을 지녀야 한다. 여기에는 천부적인 재능과 그에 상응하는 훈련이 반드시 필요하다.

워런 버핏이 투자로 큰 성공을 거둘 수 있었던 이유 역시 첫째, 많은 회사의 재무 보고서를 언제나 열심히 살펴보았고 둘째, 복리이자를 끝까지 중시했기 때문이다. 그는 자신의 자산을 '눈덩이 굴리듯' 점진적으로 늘려나갔지, 결코 한순간에 투기로 폭리를 취해서 이루지 않았다.

예전에 나는 내 심리적 한계선을 한 번 시험해 본 적이 있다. 결과적으로 나는 주식이 18%정도 오르거나 내리면 어쩔 줄 몰라 하면서 자신을 진정시키지 못했다. 그에 비해 정걸은 어려서부터 높은 경제지능을 가지고 있었고 의지력 역시 상당히 강한 편이었다. 예컨대 아이는 주식이 30%까지 오를 거라고 확신했다면, 29%까지 올랐어도 절대 팔지 않았다. 그리고 일단 팔아버렸다면 그 후 몇 달간은 같은 주식에는 손도 대지 않았다. 오를 때가 있으면 내려갈 때도 있다는 것을 알고 있었기 때문이다. 실제로 수익을 올린 후 계속해서 같은 항목에 투자할 경우, 손해를 입을 확률은 50%에 달한다.

내 학교동창 중에 국내에서 펀드매니저를 하는 친구가 대여섯 명 있는데 정걸이 금융업을 하기에 딱 적합한 성격이라고 말한 바 있다. 그 이유가 궁금해서 물으니 이렇게 답해주었다.

"우리가 제일 두려워하는 투자가가 바로 정걸 같은 투자가거든. 정걸은 다른 개인 투자자와는 달리, 30%의 수익이 나면 바로 팔아버리고 1년간 거래를 하지 않잖아."

정걸은 고등학교에 진학하면서부터 평소에는 공부하느라 바쁘고 방학 때는 여러 나라로 여행이나 공부를 하러 다니다 보니 증권이나 투자에 관심을 기울일 겨를이 없었다. 그런데 얼마 전 갑자기 아이가 내게 지금 어디에 투자하고 있는지 물었다. 순간 멍해진 다시 나는 정신을 차리고는 내가 투자한 회사를 알려주었다. 그러자 정걸이 이렇게 말하는 것이었다.

"아, 저도 그 회사 알아요. 참 괜찮은 회사 같아요. 예전에 지하철에서 그 회사에서 만든 광고를 본 적이 있어요."

그러면서 자기 통장에서 돈을 좀 꺼내서 대신 그 회사에 투자를 좀 해줄 수 있겠느냐고 물었다.

이 일을 통해 나는 한 가지 깨달음을 얻었다. 아이가 미래에 행복할지 그렇지 못할지는 집안의 재산과는 큰 관련이 없다. 집안 대대로 물려주어야 할 것은 재산이 아니라, 바로 부를 창조해내는 능력과 소양이기 때문이다. 만약 아이가 이런 능력을 갖추고 있다면 지금은 어떤 모습이든 미래의 아이 인생을 걱정할 필요가 전혀 없다. 이것이 바로 내가 아이의 경제 지능을 키워주어야 한다고 강조하는 진짜 이유다.

Chapter 6

눈높이 교육

아이를 위해 자신을 바꿀 줄 아는 부모는 현명한 부모다. 그리고 그런 부모를 둔 아이는 행운아다. 가장 훌륭한 부모는 아이와 동등한 높이에서 아이를 교육하며 계산하지 않고 비교하지도 않는다. 현명한 부모는 아이의 타고난 재능은 잘 지켜주고 아이가 자신을 가장 아름답게 꽃피울 수 있게 도와준다.

어머니의 한마디

부모 말을 언제나 잘 듣는 아이는 부모를 뛰어넘는 성과를 거두지 못한다. 부모가 곧 아이의 미래가 되기 때문이다.

큰 성공을 거두려면 자신보다 뛰어난 사람에게 과감하게 도전하고, 과감하게 뛰어넘을 줄 알아야 한다.

아이의 팬이 되어라,
우리는 아이의 심판이 아니라 응원단이다

부모는 그저 '걱정 없는' 부모가 되는 것으로 충분하다. 아이의 뒤에 서서 지켜봐 주고, 믿어주고, 지지해주다 보면 어느 날 아이가 자신의 인생길에서 우리의 시선을 벗어나 우리가 꿈꿔본 적도 없는 멋진 무대에 올라 있는 것을 발견하게 될 것이다.

사랑은 모든 문제의 답이라는 말이 있다. 재산이나 지적 능력과 상관없이 사랑은 모든 부모가 가진 동일한 능력이다. 단 교육적인 바람을 담은 사랑(혹은 사랑이 필요한 가정교육)은 더 많은 인내심과 기술을 필요로 한다.

학교에 다닌 지 한 달 정도 된 초등학교 1학년 아이가 집으로 뛰어 들어 오더니 엄마에게 이렇게 외쳤다.

"엄마, 나 100점 맞았어요."

그러자 엄마가 기뻐하며 아이의 머리를 쓰다듬어 주었다.

"아이고, 착한 우리 아들, 엄마는 너를 사랑한다."

다음날 아이가 또 뛰어 들어 오더니 이렇게 외쳤다.

"엄마, 나 80점 맞았어요."

그러자 엄마가 화가 난 목소리로 혼을 내기 시작했다.

"너는 부끄러운 줄도 모르니? 나는 너처럼 못난 아들 둔 적 없다!"

결국 아이는 이런 생각을 하게 된다. '엄마의 사랑을 받으려면 꼭 좋은 점수를 받아야 하는구나.' 사랑에 외적인 조건과 높은 기대가 덧붙여질 때, 사랑은 그 본래 맛을 잃게 된다.

부모가 이렇게 행동할 경우, 아이는 자연히 두려움을 갖게 된다. 자신이 무조건적인 사랑 안에서 사는 것이 아니라, 조건적 거래관계 속에서 살고 있다고 생각하기 때문이다.

부모가 이런 모습을 보이는 건 아이에게 지나친 기대를 하기 때문이다. 또한 부모의 허영심 때문이기도 하다.

나는 모든 아이가 천재라고 굳게 믿는다. 그렇다면 과연 천재성은 어디서 비롯되는 걸까? 다음의 세 가지 경로를 통해서다.

첫째, 부모가 천재 유전자를 물려준 경우다. 예컨대 양계초(梁啓超)의 아들 양사충(梁思忠)이 그런 경우다.

둘째, 천재 스승을 만났을 때다. 왕중기(汪曾祺)가 스승 심종문(沈從文)을 만난 것이 그 예이다.

셋째, 천재들의 모임에 들어간 경우다. 예컨대 임휘인(林徽因), 서지마(徐志摩), 김악림(金岳霖) 같은 뛰어난 인물들은 함께 모여 문학 살롱을 만들었다.

아이를 천재로 만들기 위해 반드시 부모가 천재 유전자를 보유해야 하는 것은 아니다. 하지만 겸손함과 포용력만은 꼭 필요하다. 언젠가는 아이가 부모를 뛰어넘을 것이기 때문이다. 이 사실을 깨달았다면 아이를 교육하는 부모의 마음가짐 또한 달라져야 한다.

이 부분에 대해서 나 역시 느낀 바가 크다. 만약 누군가가 내 인생에 가장 큰 영향을 준 사람이 누구냐고 묻는다면 나는 망설임 없이 "내 아들이요."라고 말할 것이다. 그렇기에 나는 아이 앞에서 다른 부모들과는 다른 '자세'를 보인다.

정걸이 8살이 될 때까지 나는 한 번도 아이를 '내려다본' 적이 없으며 언제나 '동등한 높이'에서 아이와 대화했다. 매 순간 아이와 함께 생활의 작은 기쁨을 경험하고 누릴 수 있다는 것에 감사했다. 또한 내가 눈치 채지 못하는 사이 매일 매일 성장하면서(마치 내가 키우는 난초가 안 보던 사이에 훌쩍 커 있는 것처럼) 어느 순간 자신만의 빛나는 장점들, 따스함, 독립심, 단순명료함, 높은 꿈, 감사하는 마음을 드러낼 때, 나는 그런 아이가 한없이 기쁘고 자랑스러웠다.

8살이 넘어서부터는 나는 정걸을 더 이상 '연약한' 어린아이로 보지 않았다. 오히려 아이가 '강자'가 되고 나는 아이의 '추종자'가 되려고 노력했다. 정걸은 에너지가 넘쳐서 태권도, 배드민턴, 골프 같은 운동에 언제나 열의를 보였는데 이렇게 자신의 삶에 열정적인 아이의 모습이 나에게도 좋은 에너지를 전해주어 나 역시 젊은이 같은 활기를 가지고 살아가게 되었다.

정말 아름답고 감사한 느낌이었다. 요즘 유행하는 말로 표현해보자면 나는 정걸의 가장 열성적인 '팬'이다.

부모들이 고쳐야 할 습관이 하나 있는데 바로 아이가 자만심에 빠질까 봐 아이를 칭찬하지 않는 것이다. 부모들은 아이 앞에서 자신의 권위를 세우기 바쁘다 보니, 아이의 '팬'은 고사하고 아이와 친구조차 되려 하지 않는다.

우리 집은 이와 완전히 반대다. 나는 언제나 아이에게 칭찬을 아끼지 않았다. 정걸의 '팬'으로서 아이가 보이는 모든 변화가 진심으로 기뻤기 때문이다. 물론 일부러 더욱 '치켜세우는' 면도 없지 않았다. 그런 나를 보고 우리 아버지는 이렇게 말한다.

"아이고, 또 아들에게 아부하는구나!"

그러면 나도 웃으며 이렇게 말한다.

"맞아요. 아버지. 저는 정걸의 '완벽한 팬'이니까요. '완벽'이라는 말 이해하시겠어요? '완벽한 사랑'은 아이의 모든 것을 사랑한다는 뜻이에요."

그런 내 말에 아이 역시 따라 웃었다.

사실, 모든 사람은 어리든 나이가 많이 들었든 언제나 다른 사람의 인정을 필요로 한다. 특히 부모가 인정해주는 것이 가장 중요하다. 아이는 더더욱 인정을 받으며 자라나야 한다.

아이의 충실한 '팬'이 되어 아이의 '훌륭한 모습'을 지켜보는 일은 나에겐 더없이 행복한 일이다. 아이가 성장하는 단계마다 그 달라진 모습에 수없이 기뻐하면서 말이다.

나는 아이가 어릴 때부터 이미 마음속으로 오늘날 정걸의 모습을 그려보았다. 정걸은 누구와 대화를 하든 혹은 어디에서 연설하든 언제나 주눅이 들지 않고 당당하게 자신을 표현할 줄 안다. 친구를 사귀는 것을 좋아하며 친구에게서 자신에게 필요한 지식이나 습관 혹은 품성을 배울 줄 안다. 여행이 취미라서 친구들과 함께 자주 여행을 떠나고, 돌아와서는 여행 중에 느낀 점을 글로 남긴다. 또한 다른 사람에 대한 관심과 사랑이 깊은 아이여서 자신이 번 돈을 선천성 심장병 아동 기금에 여러 차례 기부한 적도 있다. 그 외에도 재테크에 탁월한 능력을 보이며 2011년 중국 최대 금융잡지 〈전경〉과 인터뷰를 두 차례나 하기도 했다…….

이러한 예는 셀 수 없을 정도로 많다.

그런 정걸을 보고 내 친구들은 정말 '걱정할 게 하나도 없는 아이'라면서 나에게 그 '비법'을 좀 알려달라고 하곤 했다.

그럴 때마다 내 대답은 한결같다. 아이를 가르치는 것은 어려운 일이 아니며, 좋은 부모가 되는 것도 사실 그리 어렵지 않고, 내 '비법' 역시 아주 간단하다는 것이다. 그저 부모 자신이 '존경'할만한 훌륭한 아이로 키우고, 부모는 아이의 행복한 '팬'이 되면 된다. 부모는 그저 '걱정 없는' 부모가 되는 것으로 충분하다.

아이의 뒤에 서서 지켜봐 주고, 믿어주고, 지지해주다 보면 어느 날 아이가 우리의 시선을 벗어나 우리가 꿈꿔본 적도 없는 멋진 무대에 올라 있는 것을 발견하게 될 것이다.

이렇게 아이의 '팬'이 되는 것은 부모에게 꼭 필요한 지혜다. 그러려면 우선 부모가 생각을 바꿔야 한다. 아이는 본래 천재이며 언젠가 우리를 넘어설 것이라는 점을 깨닫고, 인생 전체를 내다보는 장기적인 시선으로 아이의 교육문제를 다뤄야 한다. 다음으로는 부모의 역할을 바꿔야 한다. 아이의 '친구'가 되어 '겸손함'과 '경외심'을 가지고 아이를 대해야 한다. 이렇게 아이와 동등한 높이에서 교육하다 보면 결국 아이의 재능을 알아보는 '백락'이 될 수 있다.

부모는 아이를 대신해줄 수 없으며 아이에게 자기 생각만 강요해서도 안 된다. 부모의 가장 중요한 임무는 아이가 하루빨리 자신이 잘하는 분야를 찾아내서 본인이 어떤 천재인지 발견하도록 돕는 일이다. 이것이 바로 아이의 '팬'이 되기 위해 갖추어야 할 기본요건이다. 부모가 전혀 하지 못하는 일을 아이가 능히 해낼 수도 있다. 부모가 아이를 천재라고 믿을 때, 아이는 진짜 천재가 될 수 있다. 설령 실제로 천재는 아니라 하더라도, 자신이 천재라고 믿는 아이는 더 높고 큰 꿈을 꾸면서 자신감으로 충만해진다. 결국 천재다운 업적을 남기지 못한다 해도 자신의 모든 잠재력을 남김없이 발휘할 수 있을 것이다.

아이의 인생이라는 경기장에서 부모는 아이의 '심판'이 아니라 '응원단'이 되는 법을 배워서 아이가 가는 길을 믿고 지지해주어야 한다.

이렇게 묻는 사람도 있을 것이다. 자신은 이미 아이를 금이야 옥이야 애지중지 키우면서 '하느님'처럼 모시고 있는데, 이게 바로 아이의 충실한 '팬'이 아니고 무엇이냐고.

하지만 아이의 '팬'이 될 때 아이에게 얼마나 많은 관심을 기울이는지 또 얼마나 많은 사랑을 쏟아 붇는지는 그리 중요한 것은 아니다. 무엇보다 중요한 점은 사랑의 '질'을 높이는 것이며 이를 위해 적절한 '방법'을 사용하는 것이다.

때로는 좀 웃겨 보이는 '기지'를 발휘해야 할 때도 있고, 또 어떤 때는 속상할 만큼 자신을 '억제'를 해야 할 때도 있으며, 또 때로는 스스로 흡족할 만한 '꾀'를 내야 할 때도 있다. 이렇게 언뜻 보기에는 바보 같아 보이는 현명한 '방법'을 사용하는 이유는, 아이가 자신 있어 하고 동시에 부모가 자랑스러워할 만한 아이만의 장점을 찾아내기 위해서다.

정걸은 10살 때 이미 컴퓨터와 관련된 많은 기술을 익힌 상태였다. 그에 비해 나는 거의 컴맹이라고 할 수 있었다. 그러다 보니 사무실 컴퓨터에 문제가 생기면 나는 바로 아이에게 도움을 요청하곤 했다. 어느 날 나는 사무실에서 아이에게 전화했다.

"정걸아, 갑자기 컴퓨터 인터넷 접속이 안 되는데 좀 도와주겠니?"

전화기 저편에서 아이의 목소리가 들려왔다.

"엄마 사무실에 다른 직원들도 많지 않아요?"

나는 풀죽은 목소리로 대답했다.

"그런데 모두 여자란다."

"네? 모두 여자라고요? 진짜요? 알았어요. 제가 지금 바로 가서 고쳐 드릴게요, 엄마는 신경 쓰지 마세요."

이처럼 '신경 쓰지 마라'는 말은 아이가 늘 입에 달고 다니는 말이다. 아이가 일단 이 말을 하면 그건 자신이 끝까지 책임지고 완수해내겠다는 뜻이다.

사무실로 온 아이가 컴퓨터 수리를 마친 뒤 우리는 잠시 이야기를 나누었다.

"엄마, 가끔 보면 여자들은 손재주가 좀 부족한 것 같아요."

"그래 맞다. 너는 날쌔게 책상 밑으로 들어가서 단번에 고쳐내지만, 우리 여자들은 그게 좀 어렵단다.”

이로써 아이의 머릿속에는 엄마도 여자니까 손재주가 자신보다 떨어진다는 생각이 자리 잡게 되었고, 그 이후부터 자주 내 기분을 살피며 먼저 나서서 도와주는 ‘사내대장부’로서의 책임을 다하게 되었다.

같이 길을 걸을 때면 늘 내 손가방을 들어주고, 걷다 힘들어하면 나를 앉혀 놓고 등을 두드려 주기도 했으며, 여행을 가서도 큰 여행 가방을 끄는 일을 도맡아 했다. 나는 아이가 그런 행동을 하면서 ‘작은 사내대장부’로서 자부심을 느낀다는 걸 알기에, 아이 앞에서 마냥 ‘연약한’ 여자가 되어 주었다.

훌륭한 가정교육의 비결은 아이를 믿어주고 아이를 자유롭게 해주는 것이다. 그런 점에서 부모가 아이의 ‘팬’이 되는 것은 결국 아이의 자존감을 키워주는 문제와 관련이 있다. 아이는 어려서부터 작은 성공 하나에도 어른들의 칭찬을 받아야 하며(일찌감치 아이의 ‘응원단’이 되어라), 어려서부터 부모가 자신을 ‘필요’로 하는 일이 많다고 느껴야 하고(적당하게 ‘약한 척하기’가 필요하다), 부모가 언제나 한결같이 자신을 지지해준다고 믿어야 한다(무조건적인 사랑을 주어라)!

그래서 나는 아이에게 자주 이렇게 말하곤 한다.

“아들아, 너는 미래에 엄마를 뛰어넘을 거야.”

그리고 내가 실수를 할 때마다 아이에게 이렇게 설명해준다.

“봐라, 엄마가 틀렸지? 그러니까 전부 엄마 말대로만 할 필요는 없단다. 네가 스스로 생각해보고 한다면 분명히 엄마보다 더 잘해낼 수 있을 거야.”

아이는 7살 때부터 재테크에 천부적인 재능을 보였고 실제로 재테크를 할 때도 정확한 안목으로 투자해내서 12살에는 더욱 많은 ‘권리’를 누리게 되었다. 예컨대 우리 집에서 매년 열리는

'재무보고회의'에 '상임위원' 자격으로 참가해서 거부권을 행사하는 식이었다. 내가 옷이나 가방을 사는 등의 지출 안건을 내도 아이가 허가하지 않으면 통과되지 못했다.

이런 모습을 보고 가족들은 다들 아이가 아빠 엄마 말을 듣는데, 어쩌다가 우리 집은 아빠 엄마가 아이의 말을 듣느냐며 웃기도 한다. 나는 아이 앞에서 가족들에게 이렇게 말했다.

"정걸은 많은 일에서 아빠 엄마보다 훌륭한 판단력을 발휘해 왔어요. 특히 재테크를 할 때는 언제나 냉정한 태도와 강한 자제력을 보였죠. 그런 점에서 저보다 훨씬 나아요. 자신보다 훌륭한 사람의 말을 듣는 게 당연하지 않아요?"

그 결과 아이는 '재무 감독인'으로서의 역량을 충분히 발휘하게 되었다.

이렇게 아이가 실제로 해낸 일을 격려해주는 것은 자존감을 키워주는 최고의 방법이다.

그런데 많은 부모가, 인정하는 마음과 칭찬의 말을 동등하게 여기는 실수를 범하곤 한다.(전자는 마음이고, 후자는 표현 방식이다). '네가 최고다'라고만 말해주면 아이의 성취욕이 유발되고 아이의 자존감 형성에 도움을 줄 수 있다고 생각한다. 이런 부모와 선생님은 오래 지나지 않아 칭찬만 해서는 안 된다는 것을 깨닫게 된다. 이 경우, 가장 큰 문제점은 아이가 심리적으로 허약해져서 칭찬만 받을 줄 알지, 비판을 견뎌내지 못한다는 점이다.

그렇기에 아이의 '팬'이 되고자 할 때 가장 중요한 점은 아이를 칭찬할 때 어떤 말을 사용하는지가 아니라, 그 말 뒤에 숨겨진 부모의 마음이다. 아이는 선천적으로 뛰어난 '감지력'을 지니고 있기에, 자신의 '팬'이 하는 칭찬이 진심에서 우러나와서 한 말인지 아니면 그저 말 뿐인지 감별해낼 수 있다.

한 번은 이런 문제에 대해 생각하다가 잠들기 전 아이에게 이렇게 물어본 적이 있다.

"네가 생각하기에 엄마는 언제나 너를 사랑하는 것 같니, 아니면 네가 좋은 성적을 받았을 때나 맡은 일을 훌륭하게 해냈을 때……."

내가 미처 각종 상황을 모두 나열하기도 전에 아이는 이렇게 외쳤다.

"언제나 저를 사랑하시죠, 엄마는 가장 열성적인 제 '팬'이잖아요!"

아이의 단호하고 주저함 없는 말투에서 아이에게 사랑과 믿음을 주고 지지를 보내는 문제에 있어서 어느 정도 성공했다는 생각에 나는 무척 기뻤다. 이러한 것들이 바로 아이의 자존감을 세워주는 근간이 되기 때문이다.

나는 아이가 앞으로의 인생길에서 절대 외롭지 않게 살아가면서 내가 상상할 수도 없는 멋진 일들을 해 낼 거라고 굳게 믿는다.

그때도 나는 여전히 아이의 충실한 '팬'이겠지만 아마도 유일한 '팬'은 아닐 것이다.

타고난 성향을 맘껏 꽃피우게 하라

창조성보다 기본이 되는 것은 감각(지각)이며, 천부적 재능보다 기본은 타고난 성향(천성)이다. 우리는 아이가 어려서부터 보여주는 천성을 잘 지켜주어야 한다.

내가 아이들에게 수업할 때 종종 '동행'하는 부모들이 있다. 그들은 언제나 각종 문제를 들고 나를 찾아온다.

어떤 엄마가 딸의 학습 문제로 나를 찾아왔다. 한눈에도 이 엄마는 아이 교육에 특히나 '열성적'으로 보였지만, 딸은 엄마의 기대에 전혀 부응하지 못하고 있었다. 이제 겨우 11살인 이 아이는 평소에도 만화영화는 보지 않고 만화책만 보면서 오직 그림을 그리는 데에만 푹 빠져 있었고, 그 외의 어떤 것에도 관심을 두지 않았다. 또한 극도로 내성적이며 매사에 의욕이 없어 보였다.

아이 엄마는 많이 괴로워 보였다. 이 엄마가 내게 가장 자주 했던 말이 바로 이것이었다.

"애가 갈수록 이상해져요."

들어보니 아이는 초등학교에 막 입학했을 때는 반에서 5등이었고 그중에서도 영어를 특히 잘했는데 어렸을 때 영어 유치원을 다닌 덕분이라고 했다. 그런데 갈수록 성적이 떨어지더니 결국 반에서 꼴등을 했고, 어려서부터 배운 영어조차 잘 못하게 되었다.

선생님 역시 아이가 학교에서 수업도 열심히 안 듣고 숙제도 잘 안 해오며, 오직 책이나 공책에 그림만 그릴 뿐 그 외의 다른 일에는 전혀 관심이 없다고 말했다고 한다. 그래서 아이의 성격에 무슨 문제가 있는 건 아닌지, 혹시 자폐증은 아닌지 의심스러워 검사를 받아보았지만, 그 어떤 이상도 발견되지 않았다고 한다. 지금은 어떤 학원을 보내도 소용이 없고, 아이의 태도도 전혀 좋아질 기미가 보이지 않는다며 이 엄마는 답답해했다.

이 엄마가 더욱 이해할 수 없는 점은, 아이가 어려서는 극히 정상이었는데 자신이 10년간 아이 교육에 심혈을 기울인 결과 이렇게 변했다는 것이다. 마치 운명의 장난 같다면서 도대체 어떻게 해야 하냐고 물었다.

나는 잠시 생각하고 나서 이렇게 말했다.

"해결 방법은 아주 간단합니다. 우선 아이를 학교에 보내지 말고 한 학기 동안 미술을 배우게 하세요!"

이 엄마는 '학교에 보내지 마라'는 말에 놀랐는지 눈을 동그랗게 뜨고 아이를 학교에 보내지 않으면 아이의 장래는 어떻게 하느냐고 물었다.

나는 이어서 설명을 했다.

"이 아이의 지능에는 분명히 아무런 문제도 없을 겁니다. 그런데도 학습에 문제가 있는 건 심리적인 원인이 크다고 봐요. 미술 외의 과목에는 이미 싫증이 났고 배우고 싶지도 않은데 계속 강제로 시켜봤자 아무런 소용도 없습니다."

아이 엄마는 고개를 끄덕이며 동의를 표했다.

나는 계속해서 물었다.

"아이가 토요일에 '영어 학원'에 다니고 일요일에 '글쓰기 학원'에 다니는 이유가 오직 성적을 올리기 위해서인가요, 아니면 정말로 아이의 영어실력과 글쓰기실력을 향상시키기 위해서인가요? 만약 그렇게 노력했는데도 결국 아이가 외국어나 글쓰기 방면에서는 두각을 나타내지 않는다면 어떻게 하실 건가요? 대신 그림 그리는 재능을 잘 키워서 성공하게 한다면 이것 역시 해결 방법 아닌가요?"

아이 엄마는 고민하는 듯했지만, 아직 생각을 완전히 바꾸지는 못한 것 같았다.

나는 우리가 먼저 확실히 짚고 넘어가야 할 문제가 있다면서 이런 이야기를 들려주었다. 진정한 교육은 '공업 생산'이 아니라 '농업 생산'이다. 농업 생산의 대상은 자신만의 성향을 지닌 살아 있는 농작물이지만, 공업 생산의 대상은 생산 라인 위에 놓여 마음대로 가공할 수 있는 차디찬 원료다. 나는 도행지(陶行知) 선생의 다음과 같은 교육관에 깊이 찬성한다.

"아이는 살아있는 독립적인 생명체이기에 자신의 타고난 성향대로 성장해나가야 한다. 중국의 많은 부모가 아이의 교육에 매우 '열성적'이지만, 이 '열성적'이라는 것이 대부분 '주관적'이고 '강압적'인 경우가 많다. 마음 깊은 곳에서는 아이를 자신의 '부속품'으로 여기고, 자신이 원하는 모습으로 아이를 마음대로 '제조'할 수 있다고 생각한다. 이러한 교육은 그 출발점부터 잘못되어 있다. 아이가 바라는 자신의 모습이 아니라, 부모가 바라는 아이의 모습에 근거를 두고 있다. 아이가 좋아하는지 싫어하는지 그리고 필요한지 그렇지 않은지는 고려하지 않은 채, 부모 자신이 보기에 필요하고 중요한 것을 아이에게 강요한다. 이는 분명히 인성교육이 아니다."

원래 부모가 처음부터 이런 모습이었던 것은 아니다.

아이가 막 걸음마를 시작했을 때 우리는 세상을 다 얻은 듯 기뻐했다. 아이가 세상을 탐색하며 보여주는 작은 움직임 하나하나에 감탄하면서 아이를 응원했다. 그런데 왜 아이가 자란 후에는 아이가 보여주는 특성을 예전처럼 무조건적으로 받아들이지 못하고, 부모의 관리 방식이나 성공에 대한 기대를 아이에 무언가 잘못되어 있다. 아이가 자라나면서 부모는 점점 더 자신의 '권위'를 내세우며 아이의 타고난 성향을 무시한다. 지나친 통제와 각종 '명령'이 아이를 꽁꽁 묶어서 지치게 만들고 고통스럽게 하기에 아이는 결국 반항할 수밖에 없다.

나는 부모들이 이렇게 아이를 훈계하는 말을 자주 듣곤 한다.

"우리 어렸을 적에는 사는 게 힘들다 보니 공부할 기회조차 없었다. 그러니 너는 열심히 공부해서 꼭 좋은 대학에 들어가 우리보다 출세해야 한다!"

"봐라, 아빠가 대학을 나오고 영어공부를 열심히 하니까 지금처럼 기회가 주어져서 좋은 직업도 갖게 된 거다. 너도 열심히 영어공부를 해서 아빠보다 더욱 크게 성공해야 한다!"

또 나는 아이들이 이렇게 원망하는 이야기도 자주 듣는다.

"저는 부모님이 시켜서 억지로 공부하는 거예요."

"저는 피아노 연습을 하기 싫은데, 엄마가 돌아오면 어쩔 수 없이 바로 가서 피아노 앞에 앉아야 해요."

"엄마가 저에게 공부하라고 강요하는 건 순전히 엄마 자신의 허영심을 채우기 위한 거예요. 제가 성공해서 자신을 잘 모시길 바라는 마음에서……."

결국 부모의 요구대로 가서 공부는 하지만, 아이의 몸은 그곳에 있을지언정 마음은 그곳에 없다. 오히려 마음에는 불만과 원망만이 가득 들어차게 된다.

예전에 '강한 아이 훈련 캠프(金剛娃士官訓練營)'에 온 아이들을 만난 적이 있다. 첫째 날 부모와 함께 온 아이들 가운데 일부는 그야말로 반항심으로 똘똘 뭉쳐 있었다. '부모가 시키는 일은 절대 안 한다'는 신념 하나로 모든 사회생활에 임하고 있었다.

이는 분명히 아이의 성장에 악영향을 끼친다. 부모와 아이가 이렇게 대립할 경우, 관계가 악화되어 가정에서 하는 그 어떤 교육도 효과를 발휘하지 못한다.

그렇다면 이 문제를 어떻게 해결해야 할까?

답은 의외로 간단하다. 부모가 '강자의 지위와 권력'을 내려놓고 아이와 같은 각도에서 문제를 바라볼 때 부모는 아이의 타고난 성향을 존중하게 되고, 아이는 자신을 마음껏 꽃피우게 된다.

하지만 말은 쉬워도 언제나 실천은 어려운 법이다. 부모들은 내 의견에 동의는 하지만 도대체 무엇을 어떻게 해야 할지 모르겠다고 말한다. 어떻게 해야 아이의 타고난 성향을 존중하고 발전시켜 줄 수 있을까? 어떻게 해야 아이의 타고난 성향에서 천부적 재능을 발견해 낼 수 있을까?

아이의 타고난 성향을 발전시키려면, 먼저 아이의 성격적 특징과 지능 유형을 확실히 파악하고 그것에 맞추어 개별화 교육을 진행해야 한다.

'다중지능이론'에 따르면, 모든 아동은 다음과 같은 여러 유형의 지능을 가지고 있다. 바로 언어, 논리 수학, 공간, 신체 운동, 음악, 대인 관계, 자기 이해, 자연탐구 지능이 그것이다.

이 8가지 영역의 지능은 모두 불균형적으로 발달한다. 한 사람이 지닌 능력이나 천부적인 재능은 사실 이렇게 다양한 지능이 각기 다르게 유기적으로 결합한 결과다. 또한 사람마다 각기 가장 발달한 지능 영역을 가지고 있다.

논리 수학 지능이 특히 발달한 사람은 이론 공부에 탁월한 능력을 보이고, 색깔과 이미지를 분별해 내는 능력이 뛰어난 사람의 경우에는, 시각적 자료가 그 사람의 잠재력을 이끌어 내는 가장 효과적인 방법이다. 또한 손으로 무언가를 하는 데 탁월한 능력이 있는 사람의 경우에는, 각종 실험이나 실제로 조작해보는 과정에 참여하게 함으로써 학습 효과를 최대한도로

끌어올릴 수 있다.

모든 아이는 천부적인 재능을 가지고 있다. 단지 아이마다 특히 발달한 지능 영역이 다르거나 혹은 더욱 효과적으로 결합한 지능영역에 차이가 있을 뿐이다. 언어나 수학능력이 뛰어난 아이가 있는가 하면, 음악이나 운동, 공간 능력 혹은 대인 관계나 자연 탐구 능력이 남보다 월등한 아이도 있다.

그렇기에 우리는 아이가 가진 각기 다른 강점에 맞추어 해당 영역의 지능을 계발시키는 방향으로 아이를 교육해야 한다. 안타까운 점은 많은 부모가 언어 지능과 수학 논리 지능을 아이가 가진 지능의 전부로 오해한다는 점이다. 자기 이해 지능이 뛰어난(장래에 심리학자가 될) 아이에게 수학을 공부하게 하고, 대인관계 지능이 탁월한(미래에 영업으로 성공할) 아이에게 피아노를 가르치다 보니, 결국 아이의 타고난 성향 중에서 더욱 크게 발전할 수 있는 잠재력을 지닌 강점이 점점 사라지게 된다.

이 문제에 대해서 내가 얻은 첫 번째 깨달음은 바로 이것이다. 모든 아이는 타고난 성향 가운데 특히 발달한 지능 영역을 가지고 있기에 교육방식이나 교육기준 역시 각기 달라져야 한다는 점이다. 아이에게 개별화된 교육을 제공하는 것이 바로 부모의 임무인 것이다.

이렇게 이해해 볼 수 있다. 아이는 인간 세상에 내려온 천사며 그 몸에는 각기 다른 천부적 능력을 지닌 수많은 정령이 살고 있다. 언어, 수학 논리 등의 인지적 지능뿐만 아니라 자기 이해, 대인 관계, 자연 탐구 능력 등의 비인지적 지능을 가진 정령도 있다. 그렇기에 아이 내부에 있는 이런 천부적인 능력을 발전시켜 주어야 한다. 아이의 평생 행복은 오직 언어나 수학 성적에 의해서만 결정되는 것이 아니다.

이후에 나는 그림 그리기만 좋아한다는 11살 여자아이의 엄마에게 이렇게 말해 주었다.

"이 아이의 강점지능은 영어가 아니라 그림 그리기 같은 예술 영역입니다. 학교성적이 안 좋다고 해서 아이가 자신이 잘하는 분야에서 행복해질 수 없는 것은 아닙니다. 그렇기에 아이에게 무언가를 억지로 시키기보다는, 아이의 그림과 관련된 소중한 천성을 존중해주고 키워주어야 합니다. 이 천성이야말로 아이가 평생 누리고 사용하게 될 천부적인 재능으로 발전할 수 있으니까요."

이미 하늘이 아이에게 아이만의 특성을 주고 각기 다른 강점지능을 지니게 했다면, 아이들이 자신이 잘하는 분야에서 자신의 능력을 최대한 꽃 피울 수 있을지는 전적으로 우리 부모에게 달렸다. 부모가 아이만의 특징을 인정해주고 그 분야에서 성장할 기회를 주느냐가 아이의 행복을 결정짓는 것이다.

이때 아이의 타고난 성향을 자유롭게 발현시키려면 그 특징에 맞추어 각기 다른 교육방법을 융통성 있게 적용하는 것이 필요하다. 그러려면 먼저 아이가 가진 특성을 잘 파악해야 한다.

내성적이며 자기 이해 지능이 높은 아이는 다른 사람의 말을 경청하기를 좋아해서 자신을 발전시키면서 지식을 습득해 나간다. 이런 아이는 부모가 전혀 걱정할 필요가 없다. 이와 달리 외향적인 아이는 직접 토론에 참여하는 것을 즐기고, 관찰하고 탐구하고 또 실제로 해보면서 더 많은 것을 배운다. 또 다른 아이는 그림에 천부적인 재능을 가지고 있기에 미래에 디자이너가 될 가능성이 크다. 또한 수학에 천부적이 재능이 있는 아이도 있는데 장래에 금융가로 성장할 수 있다…….

이렇게 아이의 타고난 성향을 먼저 파악한 다음, 아이가 좋아하고 잘하는 분야에서 훌륭한 인재가 되도록 이끌어주면 아이는 성장의 기쁨과 인생의 행복을 추구할 줄 아는 사람으로 자라나게 된다.

이것이 바로 인간의 타고난 특성을 거스르지 않는 가장 자연스러우면서 꼭 필요한 가정교육이다. 따라서 부모가 가장 먼저 해야 할 일은 아이를 잘 관찰하면서 흥미, 성격, 강점, 지능 등의 타고난 성향을 발견하는 것이다.

일반적으로 아이가 흥미나 취미를 가지게 되는 나이는 4, 5세 무렵이다. 이 시기에는 아이의 대뇌가 발달하면서 창조력 역시 급속도로 발전하기 때문에 특정 분야에서 남다른 능력을 보이게 된다.

정걸은 4살 때 그림에 민감하게 반응했다. 그래서 6살 때 초등학교 입학하기 전 나는 그림이 함께 들어 있는 교재로 아이에게 글자를 가르쳤다. 그 결과 아이는 매우 빠르게 글자들을 익혀나갔고, 그런 모습을 보면서 나는 아이가 언어영역에서 천부적인 재능이 있다고 판단했다.

5살 무렵에는 식물을 관찰하는 것을 좋아하여 한번 시작하면 한두 시간은 보통이었다. 그 모습을 보면서 이번에는 아이가 장래에 탐구정신을 지닌 과학자가 될 거라고 생각했다.

그리고 마지막으로 발견한 것은 아이가 금융 투자 방면에서 가장 큰 잠재력을 지녔다는 사실이었다. 7살 때부터 자신의 세뱃돈으로 증권 투자를 시작했고, 얼마 지나지 않아 투자 방면에서 엄마를 앞지르면서 평균 30%가 넘는 수익률을 올린 것이다.

나는 아이의 타고난 성향 가운데 천부적인 재능으로 발전할 수 있는 부분을 일찌감치 발견했다는 것이 무척 기뻤다. 비록 그것이 대부분의 사람이 인정하는 언어나 수학 방면의 재능이 아니라 해도 이를 존중해주었다. 결국 재정 분야에서의 아이의 천부적인 재능은 온전히 아이의 것으로 자리 잡으며 더욱 발전하게 되었다. 2013년 정걸은 미국 '천재대학(바드 대학교-Bard

College at Simon's Rock) 영재반'의 면접을 볼 때 면접관 앞에서 대학에서 금융학을 공부하고 싶다는 포부를 밝혔다.

창조성보다 기본이 되는 것은 감각(지각)이며, 천부적 재능보다 기본은 타고난 성향(천성)이다. 아이가 감각적으로 보이는 타고난 성향은, 앞으로 창조성을 지닌 천부적 재능으로 발전할 가능성이 크다. 그러므로 아이가 어려서부터 어떤 분야에서 타고난 감각을 보인다면, 그것을 지켜주면서 순조롭게 발현되도록 도와주어야 한다. 이렇게 자신의 잠재력을 발전시켜 나갈 때 아이는 창조성과 천부적 재능을 지닌 사람으로 성장하게 된다.

아이의 타고난 성향을 발현시키는 문제에서 내가 얻은 두 번째 깨달음은, 부모나 선생님이 아이의 타고난 성향 가운데 특정 지능이 우세하다는 것을 발견했다 하더라도, 아이의 후천적인 성장과정에 대해 주관적인 판단을 내리거나, 특정 재능을 키워주겠다는 목표를 성급하게 정해서는 안 된다는 점이다.

교육은 상호작용이 필요한 활동이므로 가장 훌륭한 가정교육은 아이의 타고난 성향에 따라 교육하는 것이다. 아무리 부모라 하여도 아는 것에는 한계가 있기에 아이를 대신해 결정을 내려서는 안 된다.

예전에 한 엄마가 무척 즐거운 얼굴로 내게 이런 얘기를 들려주었다.

"우리 아이는 음악 방면에 남다른 재능이 있는 것 같아요. 아이를 데리고 피아노 학원에 갈 때마다 선생님이 이런 말을 하거든요. '이 아이는 음악에 탁월한 감각을 지니고 있어요. 7가지 서로 다른 음을 동시에 들려줘도 모두 구별해 냅니다.' 그리고 우리 아이가 손은 또 얼마나 잘 돌아가는데요, 이 분야로 계속 키워주어야 할 것 같아요."

보통 엄마들은 자신의 아이를 칭찬할 때 강한 자부심을 드러내는데 이 엄마 역시 마찬가지였다. 하지만 나는 그 엄마에게 마치 농담인 양 일침을 가했다.

"제가 보기에 당신은 주관적인 엄마 같아요."

"네? 제가 왜요?"

놀란 얼굴로 이렇게 묻는 그 엄마에게 나는 내 경험담을 들려주었다.

정걸 역시 어렸을 때 음악에 남다른 감각을 보였다. 음악이 나오기만 해도 좋아서 어쩔 줄 몰랐고 언제나 박자에 맞춰 노래를 흥얼거리고 다니며 심지어 화장실에서도 음악 듣는 걸 좋아했다. 그러다 보니 나는 한동안 아이가 음악 방면에 천부적 재능을 지니고 있다고 생각했다. 6살 때 아이를 피아노 학원에 데리고 갔을 때 선생님 역시 아이가 피아노에 '천부적인 재능'을 타고났다며 입이 마르게 칭찬했다. 결국 나 역시 '주관적'이 되어서는 아이의 피아노 교육에 더욱 열을 올렸다. 그러다 한 번은 아이에게 이렇게 물어보았다.

"너 피아노 치는 거 좋아하니?"

"그냥 그래요. 그렇게 큰 매력은 못 느끼겠어요."

그 이후 다시 세심하게 관찰한 결과, 내가 주식하는 모습을 볼 때 아이가 특히 좋아한다는 것을 발견할 수 있었다. 아이는 음악보다 '재테크'에 더 큰 관심을 보였다. 아이의 지능유형검사 결과 아이의 음악 지능은 7가지 지능 가운데 뒤에서 두 번째를 차지한 데 반해, 수학 지능은 훨씬 앞쪽에 있었고 돈에 대한 관심도 높은 편이었다. 그때부터 나는 아이에게 더 이상 피아노를 배우라는 요구를 하지 않았고, 아이는 점점 음악보다는 주식이나 워런 버핏의 책에 더 큰 관심을 보였다. 결국 아이는 재테크 방면에서 뛰어난 능력을 발휘했고 전문적으로 투자하는 엄마를 가볍게 뛰어넘었다.

정걸의 이야기를 마친 뒤 나는 이 엄마에게 물어보았다.

"아들에게 피아노 치는 걸 좋아하는지 한 번이라도 물어본 적이 있나요?"

이 엄마는 없다고 하면서 문득 크게 깨달은 듯 이렇게 말했다.

"저는 확실히 주관적이었네요! 아이가 피아노에 재능이 있다는 저만의 생각으로 아이에게 피아노 연습을 시켰던 거예요."

우리 집에서 정걸은 언제나 자신이 배우고 싶은 것을 스스로 선택해 왔다. 우리 역시 아이의 의견을 먼저 묻곤 했는데, 태권도나 바둑 역시 강제로 시킨 적은 한 번도 없다. 나는 아이에게 이렇게 말해 주었다.

"네가 흥미를 느끼고, 하면서 즐거운 것을 선택해서 해야지, 절대 억지로 하지는 마라."

나의 이러한 교육법은 수호믈린스키[01]의 교육관과 일맥상통한다. '교육자의 사명은 아이가 모든 방면에서 조화롭게 발전하도록 이끄는 것이다. 이러한 조화로운 발전의 기본 전제는 아이들 각자의 개성을 존중하는 것이며, 아이들이 자신의 천부적인 재능과 관련된 모든 영역에서 최대한 자신을 발현시킬 수 있도록 하는 것이다.'

계몽사상가인 동시에 교육학자, 사회학자였던 장 자크 루소(Jean-Jacques Rousseau)는 사람이 다음과 같은 세 가지에 의해 교육된다고 보았다. '자연에 의한 교육', '인간에 의한 교육', '사물에 의한 교육'이 그것이다.

먼저 자연에 의한 교육은, 신체 기관과 타고난 천성의 내적 성장을 의미한다. 사람에 의한 교육은, 이러한 내적 성장을 어

---

01)수호믈린스키: 러시아의 교육 이론가이자 실천가. 20년 동안 교단을 지키며 이를 바탕으로 40여 권의 저서와 600여 편의 논문을 집필했다.

떻게 이용할 것인지를 가르치는 것이다. 마지막으로 사물에 의한 교육은, 자신을 둘러싼 환경에서 경험을 통해 얻는 것이다.

여기서 내가 얻은 세 번째 깨달음은 바로 이것이다.

나는 의식적으로 아이에게 다양한 교육 경험을 제공하려 노력해왔다. 이를 통해 아이 안에 감춰져 있는 다른 지능이 밖으로 드러나기를 바라는 마음에서였다.

많은 사람이 정걸의 학습 성적에만 큰 관심을 보인다. 하지만 나는 아이가 지금의 모습이 될 수 있었던 건 단지 한 가지 지능이 뛰어나서가 아니라, 다양한 지능들이 종합적으로 결합한 결과라고 생각한다.

예컨대 정걸의 국어나 수학 성적은 최상위권은 아니었고 그저 우수한 정도였다. 그러다 보니 미국의 천재 대학의 입학시험에서도 1, 2등을 하지는 못했다. 하지만 모든 방면에서 균형적인 성취를 보이고, 풍부한 인생 경험과 무한한 잠재력을 지니고 있다는 점을 인정받아 입학하게 되었다.

아이가 이렇게 잘 자라준 것에 나는 기쁘고 감사할 뿐이다.

한 번은 나와 정걸이 함께 어떤 단체에서 활동하던 중 성공한 사람과 알게 되는 행운을 얻었다. 그 사람은 월스트리트에 있는 투자펀드 회사의 사장인 송계령(朱繼平)박사였다. 우리와 대화를 나누고 나서 그는 나에게 이런 말을 했다. '정걸이 어린 나이에도 배경지식도 풍부하고 생각도 깊으며, 말하는 스타일이나 사람을 대하는 태도도 손색이 없고 게다가 뛰어난 재테크 능력까지 지니고 있어서 자신이 무척 감탄했다'고 말이다. 그러면서 그 자리에서 바로 아이에게 격려의 메시지를 써 주었다.

"김정걸, 와튼스쿨[02] 동창회에서 하루 빨리 너와 만날 수 있기를 바란다."

그동안 아이의 성장 과정을 돌아보면서 나는 이런 생각을 하게 되었다. 진정한 교육은 우선 아이가 타고난 성향에 맞추어 성장하도록 하고 그다음으로 외부 세계와의 교류를 통해 다시 한 번 성장하도록 돕는 것이다. 그러면 아이는 자신의 인생 목표를 실현할 수 있으며, 충실하고 즐겁게 의미 있는 인생을 살아갈 수 있다.

우리는 아이의 타고난 성향과 맞설 게 아니라 협력해야 한다. 아이를 구속하는 주관적 기준이나 요구를 수없이 쏟아내는 대신 아이 내면의 진정한 요구에 최대한 맞추어 가정교육을 해나가야 한다.

이때 필요한 것은 부모의 권위가 아니라 민주적인 태도다. 아이가 좋아하는 것을 찾아내어 흥미와 잠재력을 발견해내고, 이를 따라 자연스럽게 교육하면서 아이가 타고난 성향을 맘껏 꽃 피울 수 있도록 해주는 것이 중요하다.

어머니의 한 마디 ────────────

'컴퓨터 게임' 방식으로 본 부모의 역할

1. 전략을 제공한다: 문제를 해결하는 방법 가르쳐주기

2. 격려해준다: 인생에 도움이 되는 구체적인 칭찬 해주기

3. 단체에 소속시킨다: 단체 안에서 소속감을 느끼고 성취감을 느끼게 해주기

---

02) **와튼스쿨**:The Wharton School of the University of Pennsylvania 세계 최고의 MBA 프로그램을 자랑하는 세계 최우수 경영대학. 월스트리트의 고용주들이 가장 선호하는 대학으로도 알려져 있다.

엄마부터 변해야 한다

우리는 자신이 아는 것은 통제할 수 있다. 하지만 정작 우리를 통제하는 것은 미처 알아차리지 못한 것들이다. 아이의 교육에서 가장 변해야 할 사람은 바로 엄마다.

내 주변 친구들은 이미 대부분 부모가 되었다. 혹은 잠시 아이 낳는 것을 미룬 친구들도 몇몇 있다. 이런 친구들의 경우, 부모가 된 친구들이 골치 아파하는 아이의 교육 문제를 별로 대수롭지 않게 여기는 경향이 있다. 나는 그런 친구들에게 이렇게 말해주었다. '아이를 낳아 봐야 우리 마음을 이해할 거라고'.

내 경험상, 아이를 교육하는 것은 차를 운전하는 것과 비슷하다. 첫째, 운전을 하기 전 먼저 운전 면허증을 취득하기 위해 열심히 공부하는 것처럼 부모가 되는 데에도 철저한 준비가 필요하다. 둘째, 열심히 공부한 결과 시험에 합격해 1종 운전면허증을 취득하고 대형트럭을 운전할 수 있게 되었다 하더라도, 8만 킬로 혹은 10만 킬로를 직접 운전하면서 풍부한 실전 경험을 쌓기 전에는 언제든 실수를 할 수 있다.

어떤 사람들은 실제로 운전을 해보기 전 도로에 가득한 차들을 보면서 운전처럼 쉬운 게 없다고 생각한다. 심지어 운전을 무시하기도 한다. 그런데 이렇게 운전이라는 직무를 하찮게 여기면 앞으로 '도로 위의 살인자'가 될 가능성은 그만큼 커진다.

같은 원리로, 만약 '이제 곧' 부모가 되거나 혹은 '이미' 부모가 된 사람이 아이를 키우는 데 있어 자신이 어떤 직무를 져야 하는지 깨닫지 못하고, 그저 부모라는 '천부적 권위'에만 의지해서 아이라는 '자동차 핸들'을 잡을 경우, 아이 '인생의 살인자'가 될 수도 있다.

세상에 존재하는 수많은 직업은 '직무를 수행하기' 전에 반드시 엄격한 경쟁, 훈련, 심사의 과정을 거친다. 그런데 유일하게 '부모'라는 직업만이 예외에 속해서 아이를 낳는 순간 자연스럽게 부모가 된다. 알고 보면 부모야말로 가장 훈련이 필요한 '직업'인데도 말이다.

부모가 지녀야 할 가장 중요한 지혜는 바로 이것이다. 부모가 자신을 교육할 줄 알아야 올바른 가정교육이 가능하다는 점이다.

예전에 한 회의에서 타이완의 심리학자 상정(湘晶) 여사를 우연히 만난 적이 있다. 그녀와 함께 아이의 재능이나 인성교육에 관한 대화를 나누면서 우리가 크게 공감한 것이 하나 있다.

"세상에 나쁜 아이는 없다. 그저 잘못 키워진 아이가 있을 뿐이다. 만약 부모가 조금만 변한다면, 그 조금이 아이에게는 10배, 100배가 되어 돌아올 것이다."

부모가 자신을 교육하는 데 필요한 첫 번째 지혜는, 아이가 아니라 부모 자신에게 초점을 두어야 한다는 것이다. 우리 안에서 해답을 찾아야지 외적인 요인을 탓해서는 안 된다.

중국의 동북 지역이 고향인 어떤 엄마가 나에게 이런 고민을 털어놓은 적이 있다.

"본래 저희 집은 가정형편이 그리 좋지 않았고 또 농촌에 살다 보니 딸아이만큼은 꼭 성공하기를 원했어요. 그래서 가족 모두가 아이에게 공부에 필요한 모든 조건을 제공해 주고자 최선을 다했지요. 요즘 교육이 얼마나 중요하고 게다가 경쟁도 얼마나 치열해요. 그런데 아이가 도대체 말을 듣지 않는 거예요.

정말 이러다 성공하지 못하면 어쩌나 걱정이에요. 우리는 모두 아이가 잘되라고 그러는 건데 아이는 도리어 잔소리를 한다고 싫어해요. 심지어 별 얘기도 하지 않았는데 더 이상 참지 못하겠다는 표정으로 씩씩거리면서 말대꾸를 한다니까요. 저는 정말 너무 괴로워요…….”

나는 이 엄마의 괴로운 심정을 충분히 이해할 것 같았다. 여름 방학 내내 매일같이 딸을 데리고 내 수업에 오는 걸 보면, 이 엄마가 딸을 얼마나 사랑하고 또 딸을 위해 얼마나 자신을 희생하고 있는지 충분히 짐작할 수 있었다. 그런데 이 엄마의 고민을 다 듣고 나자 나는 문득 이런 생각이 들었다.

왜 이 아이는 엄마의 잔소리를 이토록 싫어하게 된 걸까? 자신을 향한 가족의 기대가 너무 커서 오히려 절망감을 느껴서일까? 아니면 가족의 지나친 간섭이 도리어 아이를 무기력하게 만들었을까? 그것도 아니면, 부모가 아이의 잘못을 과하게 지적하니까 오히려 자신은 아무 잘못도 없다고 느끼게 된 걸까?

나는 이 엄마에게 이렇게 이야기해 주었다.

“이미 강하게 대립하는 상황이니 우선 눈앞에 보이는 현실적인 문제를 해결하는 것이 급선무예요. 우선 이런 상황을 가져온 가장 직접적인 원인을 피해 보는 게 어떨까요? 지금부터 수업을 듣는 며칠 동안은 아이가 옆에 없다고 생각하고 절대 ‘잔소리’를 하지 마세요. 그 후에 아이가 어떤 모습을 보이는지 한번 지켜봅시다.”

그 결과 아이는 수업시간에 매우 적극적인 태도를 보였고 선생님의 말도 곧잘 들었다. 보아하니 엄마의 말만 안 듣는 것이었다.

이렇듯 문제가 발생했을 때 외부에서만 원인을 찾으려 들지 말고, 다른 시각에서 문제를 바라볼 줄 알아야 한다. 부모들은 아이가 말을 안 듣는다는 결과만 바라볼 뿐 말을 안 듣는 이유가 무엇인지 알아보려 하지 않으며 부모 자신이 문제의 근본 원인일 수도 있다는 생각을 하지 못한다.

뛰어난 농부는 벼가 잘 못 자랄 경우 결코 벼를 탓하지 않고 자신에게서 그 원인을 찾는다. 이처럼 부모 역시 다른 각도에서 문제를 바라볼 줄 알아야 한다.

부모 자신의 삶에 대한 주관적인 해석, 현실 생활에 대한 불안감 그리고 아이가 미래에 하게 될 경쟁에 대한 두려움은, 부모가 아이의 교육을 바라보는 시각에 많은 영향을 끼친다. 이것이 바로 인간이 지닌 가장 큰 한계다. 우리는 주변 현상을 관찰하고 나서 판단을 내리고, 그것을 근거로 목표를 세우곤 한다. 그런데 관찰자로서의 시각이 역으로 우리의 사고를 제한하다 보니 자기중심적으로 생각하게 되고 결국 자신에게 유리한 쪽으로 판단을 내리게 된다. 이렇게 한 번 질문해 보겠다.

"아이가 꼭 어른의 말을 들어야 하는 걸까?"

우리 한 번 다른 각도에서 이 문제를 생각해보자. 내가 관찰한 바에 따르면 아이는 어른의 말을 잘 듣지 않지만, 자신의 말은 아주 잘 듣는다. 부모들도 자신의 어린 시절을 떠올려보자. 자신의 부모가 하는 잔소리가 듣기 싫을 때 부모의 말을 들었는가? 아마도 자신이 듣고 싶을 때만 들었을 것이다. 그런데 왜 자신의 아이에게 말을 듣지 않는다면서 화를 내고 얼굴을 찡그리며 '모두 너 잘 되라고 하는 거야'라는 핑계를 대는가.

부모와 아이 사이에 충돌이 발생했을 때 부모는 먼저 아이를 이해하려 노력하면서, 자기 안에서 문제의 원인과 답을 찾아보아야 한다. 그럴 때만이 진정한 교육이 이루어질 수 있다.

만약 부모가 매사에 남을 탓하면서 상대방을 비난하고 자신에게 문제의 '근본원인'이 있다는 것을 의식하지 못한다면, 이런 부모의 모습을 아이가 그대로 따라 배우게 된다. 부모가 말을 안 듣는다고 아이를 비난할 때, 아이 역시 잔소리를 한다고 부모를 비난하게 되는 것이다. 게다가 요즘 아이들은 접하는 정보의 양이 워낙 많다 보니, 지식과 정보 면에서 때론 부모를 능가하기도 한다. 골치 아픈 문제이긴 하지만 어쩔 수 없이 부모가 감당해야 할 부분이다. 이러한 상황에서 부모가 자신도 잘 모르고 못하는 일을 아이에게 강요할 경우, 부모의 말은 공허한 외침이 되어 아무런 효력도 발휘하지 못한다.

우리는 자신이 아는 것은 통제할 수 있다. 하지만 정작 우리를 통제하는 것은 미처 알아차리지 못한 것들이다. 아이를 가르칠 때 가장 먼저 변해야 할 사람은 엄마이며, 아이가 진정한 자신으로 살아갈 기회를 빼앗아서는 안 된다.

그렇다면 엄마는 어떻게 해야 할까?

아이를 바꾸고 싶다면 먼저 부모 자신이 바뀌어야 한다.

자신을 바꿔보려 노력했지만 잘되지 않았다고 말하는 부모도 있을 것이다. 그럼 한 번 생각해보사. 자신을 바꾸는 것도 그렇게 어려운데, 아이를 바꾸는 문제는 당연히 좀 더 인내심을 가지고 여러 가지 방법을 강구해봐야 하지 않을까?

우리는 먼저 우리의 행동, 생각, 느낌이 큰 영향력을 지니고 있다는 점을 알아야 한다. 이는 타고나는 것으로 모든 사람이 가진 힘이다. 그렇기에 자신이 사는 세상을 바꾸거나 혹은 아이의 가정교육을 바꾸고자 할 때 우리는 선택을 할 수 있다. 세상을 바꿀 것인가, 아니면 나 자신을 바꾸어서 세상에 영향을 줄 것인가.

이것이 바로 부모가 알아야 할 두 번째 지혜다. 먼저 부모 자신의 삶에 온 힘을 다하고 나서, 아이를 가르치자는 것이다. 이러한 지혜가 필요한 이유는 이렇다. 첫째, 이런 생각을 하고 있으면 문제와 맞닥뜨렸을 때 가장 먼저 자신에게서 원인을 찾고 동시에 자신의 책임을 다하게 된다. 둘째, 이러한 생각이 남과 나를 분리하지 않고 하나로 보게 하기에 진정한 선행을 할 수 있다. 그렇기에 지혜로운 부모는 아이에게 설교하느라 공연히 힘을 빼지 않는다. 말이나 행동으로 가르치는 것은 '부모가 자신의 삶을 잘 살아내는 것'에서 '파생'되어 나오는 것에 불과하기 때문이다. 만약 부모가 책임감 있는 태도로 삶을 살아가고, 철저히 자신을 관리하면서 열정적이고 진취적인 모습을 보인다면, 아이는 자연히 그런 부모를 존경하고 신뢰하게 될 것이다. 그러다 보면 자연히 부모를 본받아 그 지혜를 배우게 되고 부모를 모방하면서 결국 부모를 넘어서게 되는 것이다.

나는 이것이야말로 최고의 교육이라고 생각한다.

내가 이런 생각을 하게 된 데에는 아버지의 영향이 크기에 그런 점에서 깊이 감사드린다. 나는 20살 무렵부터 가족을 떠나 혼자 밖에서 생활해 왔는데, 이는 아버지가 누구에게도 의지하지 않고 독립적으로 살아가는 모습을 몸소 보여주셨기 때문이다.

한 사람의 성공 여부를 판단할 때는 수입의 많고 적음이 기준이 아니라, 다른 사람이나 환경에 의지하지 않고 독립적으로 해냈느냐, 삶에 대한 열정, 삶을 영위해 나가는 능력 그리고 삶을 이해하는 지혜를 가지고 있느냐 하는 것이 중심이 되어야 한다.

내 인생에 깊은 영향을 준 아버지의 삶의 태도는 다음과 같다.

① 아버지는 경제적으로 자식에게 부담을 주지 않았을 뿐만 아니라, 자신이 모아 둔 돈으로 자식과 손자의 공부나 여행을 지원해주기까지 했다. 아버지는 이 두 가지가 사람을 지혜롭게 만들어 주는 가장 좋은 방법이라고 믿었고 우리는 그런 아버지를 존경했다.

② 아버지는 중년에 접어들면서부터 몸을 단련하는 습관을 길렀다. 더 나이가 들어서도 건강하게 세상을 돌아다니고 자식을 걱정시키지 않겠다는 이유에서였다. 더불어 자식이나 손자에게 건강하면 어떤 점이 좋은지는 몸소 알려주기 위함이기도 했다.

③ 아버지는 언제나 상대방을 먼저 배려했다. 전화를 할 때면 지금 전화받기가 편한지 먼저 물었고, 내가 해외에 있다고 하면 귀국해서 전화를 달라고 하면서 그 즉시 끊었다. 로밍비가 많이 나올 것을 우려해서였다.

④ 아버지는 자신의 삶을 사랑했고 풍성하게 만들 줄 알았다. 평소에 책이나 신문을 열심히 보는 것은 물론 젊은 사람들과 함께 음식이나 영양학적인 부분에 대한 새로운 정보를 찾아다니길 좋아했다. 언제나 어린아이 같은 마음을 지니고 있다 보니, 겉모습도 그 나이에 비해 늙어 보이지 않았다.

⑤ 아버지는 다른 사람을 아낌없이 칭찬할 줄 알았다. 심지어 다른 사람은 보지 못하는 장점까지 찾아내어 칭찬하곤 했다. 어느 날, 정걸이 시험에서 95점을 받아왔는데 반에서 최고점수가 아님에도 아버지는 이렇게 칭찬해 주었다. "최고로 잘했다!"

⑥ 아버지는 내가 초등학교에 다닐 때 나에게 매일 상으로 땅콩 다섯 알을 주었다. 그 덕분에 나는 6살 때부터 공부의 즐거움을 알게 되었다.

⑦ 아버지는 어린 시절 나에게 매우 엄격했다. 글자를 하나 잘 못쓰면 10번씩 연습하게 했다. 그게 비해 우리 아이의 글자체나 작문은 무척 마음에 들어 했다. 그러면서 다음 세대가 지금 세대보다 훌륭하면 그걸로 충분하다고 했다. 내 글자가 아버지 것보다 낫고, 우리 아이 글자가 내 것보다 낫기에, 또 다음 세대는 얼마나 훌륭할지 기대된다고 했다.

⑧ 아버지는 나에게 두 사람이 목표가 비슷할 때만 오래 함께 할

수 있고, 부부관계나 친구관계 역시 마찬가지라고 알려주었다.

이렇듯 아버지는 자신의 삶을 사랑하고 누릴 줄 아는 분이었고, 그런 긍정적이고 적극적인 인생관은 나에게 많은 영향을 주었다. 지금 내 아이 역시 많이 자랐기에 나 역시 '큰 사랑'으로 아이를 적극적으로 지원해줄 생각이다.

정걸이 초등학교에 들어갔을 때 나 역시 아버지가 나에게 땅콩 다섯 알을 주었던 것처럼 매일 아이에게 간식 다섯 개를 준비해주었다. 그러자 당시 6살이었던 아이는 즐겁게 먹으면서 또 즐겁게 공부했다. 아무리 지능이 높다 하여도 아직 어린아이다 보니, 엄마가 공부하면 맛있는 것을 준다는 말에 더욱 두 눈을 반짝이며 열심히 공부했던 것이다.

아이에게 더 많은 선택의 기회를 주기 위해, 또 나 역시 시대의 흐름이나 아이의 성장에 뒤처지지 않기 위해 나는 매년 독서 목록을 정해두고 꾸준히 공부했다.

이외에도 나에게는 유명 인사를 만난 뒤 그 인터뷰 내용을 적는 노트가 한 권 있다. 각종 사회 활동에 참여하면서 만나게 된 성공한 사람들에게 나는 항상 이렇게 묻곤 했다.

"당신이 성공하게 된 가장 중요한 원인은 무엇인가요?"

그러면 그 사람은 나에게 자신의 성공담을 들려주었고, 나는 스펀지 마냥 그 사람의 모든 이야기와 그 안에 담긴 핵심 사상을 받아들였다. 그리고 이 인터뷰 내용을 노트에 잘 정리하고서, 집으로 돌아와서 아이와 함께 나누었다. 이를 통해 아이는 매번 새로운 인생의 지혜를 배울 수 있었다.

이러한 경험을 통해 나는 '부모가 자신의 삶을 잘 살아내기' 위해서는 어떤 방법이 필요한지 알게 되었다. 이는 부모가 알아야 할 세 번째 지혜로, 바로 공부하는 부모가 되는 것이다.

다음은 부모가 자신을 교육하는 데 필요한 수련법이다. 내가 앞서 말한 지혜 두 가지를 포함해서, 다음에 제시하는 세 가지를 이해하는 것이 무엇보다 중요하다.

첫째, 자신을 뛰어넘어 발전해야 한다. 부모는 시대적 변화와 아이의 성장 속도를 따라가야 하기 때문에 고정관념과 지적 한계에서 벗어나 더 많이 공부하고, 생각하고, 실천하면서 나날이 새로워져야 한다.

둘째, 생각의 틀을 끊임없이 새롭게 바꾸어 나가야 한다. 부모는 다양한 각도에서 문제를 볼 줄 아는 능력과 내적 힘을 길러서, 다른 사람을 받아들이고 아이를 받아들일 수 있어야 한다. 또한 진취적이고 단호한 태도로 자신을 바꾸고 아이를 바꾸고 결국 세상을 바꾸어 모두가 진정한 자신으로 살아갈 수 있게 만들어야 한다.

셋째, 아이와 공통된 바람을 가져야 한다. 부모가 아이의 인생에 바라는 것이 있고, 아이가 자신의 인생에서 추구하는 것이 따로 있는 법이다. 이때 부모는 장기적인 시선으로 더 많은 선택의 가능성을 아이에게 제시해주어야 한다. 그런 과정을 통해 부모와 아이의 바람이 적절히 조화를 이루게 되면 그때부터 아이와 동행하면서 아이에게 힘이 되어줄 수 있다. 이렇게 하면 아이는 결국 성공의 길로 들어서게 될 것이다.

나는 모든 아이가 부모 세대보다 훨씬 훌륭해질 거라고 믿어 의심치 않는다. 지금 우리가 직면한 문제의 대부분은 사실 아이가 일으킨 문제가 아니라, 그동안 부모가 뿌려놓은 문제의 씨앗이 이제야 그 모습을 드러낸 것일 뿐이다. 그렇기에 아이를 원망하고 교육을 원망하고 이 시대와 사회를 원망해 봤자 아무 소용도 없다. 아이를 위해 먼저 부모 자신을 바뀌어야 한다. 이것이 바로 가정교육의 참 진리다.

아이에게 다양한 인간관계를 만들어 주어라

성장이란 아이가 사회적으로 독립해 나가는 과정이다. 만약 부모가 그 과정에 함께 참여하지 않는다면 부모 인생의 가장 큰 아쉬움으로 남게 될 것이다. 그런데 설사 참여했다 하더라고 자신의 역할을 충실히 해내지 못했다면 그것 역시 아쉬움으로 남게 될 것이다.

누구도 당신보다 당신의 아이를 더 사랑할 수는 없다. 이는 인간의 본능이다. 많은 부모가 아이를 키운 시간이 부모 자신을 정신적으로 가장 빠르게 성장시켜준 기간이었다는 말에 공감한다. 아이를 사랑한다는 것은 부모에게 더욱 완벽한 자신을 향해 나아가는 다리와 같다. 그렇기에 사랑의 진정한 의미는 '나와 타인의 정신적인 성숙을 위한 자아완성의 바램'인 것이다.

그런데 요즘 많은 부모가 사랑이라는 미명하에 무의식적으로 '사랑이 아닌' 행동을 하고 있다. 예컨대 아이가 상급 학교 진학에 필요한 지식만을 공부하기 바랄 뿐, 아이가 흥미를 느끼고 잘하는 것을 배우기를 원하지 않는다. 또 아이가 열심히 공부했는데도 나아지는 모습을 보이지 못할 경우, 격려하기는 커녕 아이의 단점과 다른 집 아이의 장점을 비교하면서 아이를 괴롭게 만들기도 한다. 이와 같은 행동은 엄마 오리가 새끼 오리에게 수영은 가르치지 않고 한사코 달리기를 가르치는 것과 같다. 새끼 오리가 너무 힘들어하는데도 엄마 오리는 계속해서 이렇게 다그치기만 한다.

"강아지를 좀 본받아라, 강아지가 얼마나 빨리 달리니."

사랑이라는 이름으로 '사랑이 아닌' 행동을 할 때 돌아오는 결과는 다음과 같다. 먼저 아이는 마음 깊은 곳에서 새장을 빠져나가고 싶은 강렬한 욕구를 느끼기에 각종 반항을 하기 시작한다. 또 어떤 경우에는 부모가 자신을 사랑한다는 걸 알기에 그런 마음을 억누르지만, 도대체 어떻게 해야 할지 몰라 괴로워한다. 결국 부모와 아이 모두 목표를 이룰 수 없다는 것에 힘들어하고 고통스러워하게 되는 것이다.

이런 일이 벌어지는 근본 원인은 다음과 같다. 부모가 아이를 교육하는 과정에서 자신의 역할을 아직 모르거나 그 자리에 맞지 않는 다른 역할을 하는 경우다. 혹은 자신의 권한을 남용하거나 마음대로 행동하거나 그것도 아니면 힘을 잘못된 곳에 사용해서일 수도 있다.

요즘 유행하는 말 중에 '좋은 엄마가 좋은 선생님을 이긴다'라는 표현이 있다. 이 말은 본래 좋은 의미지만, 많은 엄마가 도를 넘는 행동을 함으로써 오히려 잘못된 길로 들어서고 있다. 아이에게 좋은 엄마가 되어 주어야 할 때 오히려 좋은 선생님이 되려고 하다 보니, 엄마 역할도 제대로 못 하고 선생님의 임무도 수행하지 못하는 결과를 초래하게 된다.

내가 강의하는 '행복한 부모 대학'에 어떤 엄마와 아들이 함께 찾아왔다. 엄마는 초등학교 선생님이었고 아들은 이제 막 전문대학에 진학한 학생이었다. 이들은 각기 다른 고민을 가지고 있었다.

엄마의 경우, 자신이 교육관련 일을 하고 있는데 아들의 학업성적이 좋지 않다 보니 창피하기도 하고 또 속상하기도 했다. 또 아들 입장에서는 엄마가 다른 집 아이들은 늘 인내심을 가지고 가르치면서 유독 자신한테는 시종일관 엄격했기에 어려서부터 항상 사랑받지 못한다고 느꼈다. 그래서 홧김에 나쁜 습관을 들였는데 이제 좀 고쳐보려 해도 도대체 어떻게 해야 할지 몰라 막막하다는 것이었다.

그날 수업 주제는 바로 '지혜로운 부모의 길 위에서 만나는 12가지 풍경'이었는데, 나는 부모들과 부모가 반드시 지녀야 할 12가지 지혜에 관한 이야기를 나누었다.

그 12가지 지혜는 열정, 언행일치, 간결하고 명확한 의사표현, 자신을 사랑하기, 강함과 부드러움 겸비하기, 활동적인 면과 정적인 면 두루 갖추기, 감정 컨트롤하기, 시간관리 잘하기, 다른 사람 모방하기, 너그러이 용서하기, 감사할 줄 알기, 다른 사람의 마음 들여다보기, 도약적 사고하기였다.

이 엄마는 교육 일선에서 몇십 년간 일한 사람답게 12가지 지혜에 대한 이야기를 듣자마자 자신에게서 문제의 원인을 찾기 시작했다. 엄마는 자신이 아이를 키우는 과정에서 '강함과 부드러움 겸비하기'라는 지혜를 갖추지 못했다고 고백했다. 교사와 엄마라는 두 가지 역할을 하면서, 그 자리에 맞게 역할을 바꿔야 한다는 점을 의식하지 못한 것이다. 그 결과 집에 돌아와서 아이를 대할 때에도 마치 일할 때처럼 엄격하게 굴었고, 이것이 모자간의 잦은 대립으로 이어지게 된 것이다. 그러다 보니 아이가 바라는 것과 자신이 바라는 것의 합일점을 찾지 못했고 결국 본인의 전공이 교육임에도 정작 자신의 아이 교육에서는 실패하게 된 것이다.

어떤 상황에서든 극단으로 치우치는 것은 문제가 될 수 있다. 그럴 경우, 오히려 부정적인 결과를 초래하게 된다. 이는 아이의 교육에서도 마찬가지다. 예컨대 앞서 제시한 모자와 같은 상황은 어느 가정에서건 일어날 수 있는 일이다.

엄마가 자신의 사회적 가치를 실현하고자 할 때(좋은 교사) 이로 인해 가정에서의 가치(좋은 엄마)를 침해할 수 있다. 이 두 가지 역할이 서로의 자리를 침범할 경우, 엄마는 아이 교육에서 실수를 범하게 된다.

또한 엄마가 자신의 사회적 가치를 실현하는 데만 열중하여 아이의 성장과정에 충분히 참여하지 못하면, 아이는 그 속에서 외로움을 느낄 수밖에 없다.

이렇게 어린 시절에 충분한 사랑과 관심을 받지 못할 경우, 어른이 되었을 때 정신적인 면에서 문제가 생길 가능성이 크다. 반대로 엄마가 가정주부로서의 역할에 지나치게 열중한 나머지 생활에서 일어나는 사소한 문제 하나하나에 민감하게 반응하면서 아이에게만 매달리는 경우에도 문제가 발생할 수 있다. 이런 엄마는 자신을 사랑할 줄 모르고 아이 중심적인 사고를 하는데, 아이가 그런 엄마에게 감사할 줄 모른다거나 엄마의 잔소리를 못 견뎌 하면 몹시 당황한다. 이 경우, 아이의 독립심을 기르는 데 지장을 줄 수도 있다.

여기서 우리가 알아야 할 것은 성장이란 아이가 사회적으로 독립해 나가는 과정이라는 점이다. 만약 부모가 그 과정에 함께 참여하지 않는다면 부모 인생의 가장 큰 아쉬움으로 남게 될 것이다. 설사 참여했다 하더라도 자신의 역할을 충실히 해내지 못했다면 그것 역시 아쉬움으로 남게 될 것이다.

아이를 교육할 때 부모는 반드시 균형이라는 지혜를 지녀야 한다. 직장과 가정에서 그 자리에 맞는 역할을 적절히 수행할 줄 알아야 한다는 뜻이다.

그러므로 우리는 사회에서의 자신의 역할을 가정에서까지 하려 해서는 안 되며, 또한 가정을 위해서 일을 완전히 포기해서도 안 된다. 엄마가 자신의 사회에서의 역할과 가정에서의 역할 사이에서 적절히 균형을 잡을 때, 아이에게 다양한 사회적 관계를 제공해 줄 기회를 얻게 된다.

많은 부모가 미처 깨닫지 못하고 있지만, 이는 중요한 의미가 있는 문제라고 생각한다. 특히 요즘처럼 많은 엄마가 직장여성인 경우에는 더욱 그렇다. 여성의 아름다움은 두 가지 방면에서 비롯된다고 생각한다. 일이 주는 자신감이 여성을 아름답게 하고, 행복한 가정생활에서 전해지는 온화함이 또한 여성을 아름답게 만든다.

이미 엄마가 되었고 일을 하면서 아이를 키우고 있다면 반드시 가정에서의 역할과 사회에서의 역할 사이에서 균형을 잡아야 행복한 삶을 누릴 수 있다. 이것이 바로 엄마가 지녀야 할 지혜며, 아이의 몸과 마음의 성장에 중요한 영향을 미치는 부분이기도 하다.

나의 경우를 예로 들어 보자. 만약 내가 단지 정걸의 엄마였을 뿐이라면 아이에게 이렇게까지 많은 영향을 주지 못했을 것이다.

이제 14살이 된 정걸이 지금처럼 따스하고 독립적이며 지혜로운 성품을 지니고 아이큐, 경제지능, 감성지능, 사회지능까지 높은 아이로 성장하지 못했을 수도 있다. 예를 들어 내가 재테크의 중요성을 인식하지 못했다면 정걸이 이 분야에 발을 들여놓는 일도 없었을 것이다. 다행히 내가 사회적 배경 덕분에 재테크 공부를 시작하면서 아이도 어릴 때부터 경제지능을 기를 수 있었다. 또한 내가 사회에서 다양한 인간관계를 맺은 덕분에 아이는 공부하다가 어려운 질문을 생기면 전문가 친구들에게 의견을 물어보거나 도움을 청할 수 있었다.

정걸은 11살 때 왕부학교 고등부에 들어가면서 미국 대학 입시 준비를 위해 AP코스를 공부해야 했다. 그 중 〈거시경제학〉은 내가 도저히 가르칠 수 없는 과목이었기에 나는 주식 투자를 할 때 알게 된 진 박사에게 도움을 청했다.

만약 엄마가 '가정에서의 가치'만을 실현하며 전업주부로 지내고 아이의 일에만 온 신경을 기울인다면 아이는 그런 엄마에게 감사하며 잘 자라 줄 것이다. 하지만 아이에게 더욱 풍성한 성장 환경을 제공해 줄 수 없으므로 아이가 커감에 따라 엄마가 사회와 격리되어 있고 자신의 성장 속도를 따라오지 못한다고 느낄 수 있다. 이에 비해 또 다른 부류의 부모들은 가정교육에 자신의 사회적 자원을 적절히 연결해서 아이를 돌봐주는 엄마라는 역할 외에도 자신의 사회적 힘을 통해 아이의 성장에 도움이 되는 인간관계를 제공해 줄 수 있다.

정걸이 8살 때부터 나는 아이에게 어떤 전문적인 지식도 가르쳐 본 적이 없다. 대신 아이가 공부하기를 원하는 분야마다 전문가를 찾아내어 아이에게 도움을 주도록 했다. 나의 직업적인 특성상 그리고 원래 사람 만나는 것을 좋아하는 성격이다 보니 아이를 다양한 모임에 데리고 다니곤 했다. 또한 각기 다른 직업적 배경을 가진 부모들과 힘을 합쳐 '김정걸 브레인 그룹'을 만들기도 했는데, 각자 자신의 전공을 살려 아이에게 다양한 경험을 제공해 주기도 했다.

아이와 관련된 일상적인 문제에서도 나는 제3자로 하여금 아이를 간접적으로 지도하도록 했다. 예를 들어 정걸의 키가 급속도로 성장할 무렵 나는 아이의 등이 조금 굽었고 평소에도 구부정한 자세로 다닌다는 걸 발견했다. 그 순간 마음이 조급해졌지만 직접 아이의 자세를 바로잡아 주지는 않았다. 그 대신 아이를 데리고 부대에 근무하는 나의 군인 친구를 찾아갔다. 그 친구 역시 키가 컸는데 길을 걸을 때 몸을 바르게 세우고 걷다 보니 매우 멋있어 보였다. 아이는 그 친구를 보더니 자세도 바르고 걷는 모습도 멋지다면서 자신도 따라서 가슴을 펴고 걷기 시작했다.

그날 나는 집에 돌아와서 아이에게 이렇게 이야기했다.

"정걸아, 그 삼촌을 따라 걸으니까 정말 멋져 보였지? 앞으로도 계속 그렇게 걷기 바란다!"

결국 내가 나서서 고치거나 반복적으로 지도할 필요 없이 아이 스스로 자신의 자세를 고쳐야겠다고 결심하게 한 것이다. 걱정할 필요도 힘을 들일 필요도 전혀 없었다.

나 역시 직업여성으로서 예전에는 다른 엄마들과 마찬가지로 이 사회를 원망했었다. 직장에 다니면서 슈퍼우먼이 되어야 하다 보니 아이를 돌보고 가르칠 시간이 별로 없다는 것이 원망스러웠다. 하지만 가정과 일을 굳이 대립적으로 볼 필요가 없다는 점을 점차 깨닫게 되었다. 적절한 방법을 찾아내서 둘을 잘 연결하기만 한다면, 더욱 큰 시너지 효과를 이끌어 낼 수 있기 때문이다.

먼저, 자신의 사회적 역할에 대해서 도약적 사고를 할 줄 알아야 한다. 아이의 성장에 도움이 되는 사회적 자원과 가정교육을 연결함으로써, 아이가 많은 사람을 만나고 다양한 경험을 할 수 있게 다리를 놓아 줄 수 있다.

이는 아이가 주체적이고 독립적으로 자신의 꿈을 실현하는 데도 도움을 줄 수 있다. 또한 가정에서는 아이를 사랑하고 자신도 사랑하면서 감정을 다스리는 법을 배우고 아이에게 더 많은 사랑과 관심을 기울어야 한다. 하지만 그렇다고 해서 도를 넘는 사랑을 쏟아 붓는 것은 곤란하다. 일을 한다는 이유로 아이에게 느꼈던 '죄책감'을 '부정적인 에너지'로 써서는 안 된다. 긍정적인 힘으로 바꾸어서 아이에게 도움을 주도록 하자.

이것이야말로 부모가 사회와 가정 모두에서 자신의 역할을 균형 있게 해내기 위해 꼭 필요한 지혜라고 생각한다. 동시에 이는 부모가 자신을 알아가고 성장해 나가는 과정이기도 하다!

마지막으로 내가 아이를 키우면서 깨달은 두 가지를 모두와 나누고자 한다.

미래에 아이가 걸어가야 할 '인생길'은 무척 길다. 이 길은 혼자서 걸어갈 수 없으며, 많은 사람의 지혜와 도움이 필요하다. 그러므로 부모는 인생길에서 아이를 도와줄 인간관계를 만들어 주어야 한다. 우리 집에는 이런 습관이 있다. 무슨 일이든 팀을 이루어 함께 하기를 좋아한다는 점이다. 가족모임을 준비하거나 공원에 놀러 가거나 박물관 견학을 갈 때도 아이가 대장이 되어 전 과정을 계획하고 지휘한다. 이렇게 할 경우 온 가족이 행복한 한 때를 보낼 수 있고, 같은 취미를 공유하면서 더 많은 것을 배우고 서로 나누면서 함께 발전할 수 있다.

나는 '백문이 불여일견(百聞不如一見)'이라는 말을 좋아한다. 즉, 삶이야말로 가장 좋은 책이라는 뜻이다. 그래서 나는 기회가 될 때마다 정걸을 나의 인간관계 안으로 끌어들여 함께 모임이나 사회활동에 참가했다.

아이가 밖에서 다양한 사람과 일을 경험하면서 시야를 넓히고 사고력을 키워가기를 바라는 마음에서였다. 예컨대 나는 골프 치는 것을 좋아한다. 특히 골프는 마음을 다스리는 데 도움이 되고 친구도 많이 사귈 수 있기에 자주 데리고 갔다. 나는 아이에게 이렇게 말해주었다.

"엄마가 너를 데려가는 건 돈이 많아서가 아니라 네게 꼭 필요한 일이라 생각하기 때문이야. 가령 엄마는 네가 아름다움을 추구하는 마음을 가졌으면 하거든. 그것만으로 이 모든 일이 충분히 가치가 있을 테니 후회하지 않는단다."

가정은 마음의 항구다

우리는 누구나 집이 있으며 심지어 집이 몇 채인 경우도 있다. 그런데 과연 마음의 집은 가지고 있을까?

예전에 부모들과 함께 아이의 독립심에 관한 토론을 벌인 적이 있다. 팀별로 발표하는 시간에 어떤 부모가 이렇게 했다.

"김 선생님, 저희 집 아이는 유치원에 다니는데 지금 기숙사에서 생활하고 있어요. 정말 독립심이 강한 아이입니다."

나는 그 부모에게 아이가 어떤 독립적인 모습을 보이는지 묻는 대신 이런 질문을 했다.

"아이를 기숙사에 보내는 이유가 혹시 당신이 바빠서인가요?"

"아니요. 그래서가 아니라, 유치원의 기숙사가 저희 집보다 환경이 좋기 때문입니다."

나는 무척 놀랐다.

"기숙사 환경이 아무리 좋다고 해도 집만큼 편안할 리 없을 텐데요. 그곳에서는 아빠, 엄마의 사랑이 없잖아요?"

그러자 그 부모는 아무 말도 하지 못했다.

내가 만나본 부모 중에 교육적으로 잘못된 모습을 보이는 경우가 많이 있는데, 크게 다음과 같은 두 가지 유형으로 나눌 수 있다.

첫 번째 유형은 '과보호형'이다. 아이는 작은 묘목과 같아서 잘 자라게 하려면 처음에 '울타리'를 쳐주어야 한다. 이는 부모가 아이를 '보호해주고 지지해주는 것'과 같은 이치다. 그리고 아이가 어느 정도 성장하면 예컨대 사춘기가 되어서 자아가 생기기 시작하면, 부모는 '울타리'를 거둬주어야 한다.

그런데 아이가 17, 18살이 되도록 아이의 모든 것을 대신해주면서 마치 아이가 평생 자신에게 의지해야 하는 것처럼 행동하는 부모를 많이 본다. 이러한 가정의 아이는 결국 문제가 생길 수밖에 없다. 이는 당연한 결과인 것이다.

두 번째 유형은 '조기 철수형'이다. 아이라는 작은 묘목이 아직은 '울타리'를 필요로 하는 시기에, 부모가 미리 울타리를 제거해 버린 경우를 말한다. 그러면서 부모는 이렇게 말한다.

"네가 하고 싶은 대로 하렴. 어쨌든 엄마는 너에게 다른 아이들이 가진 모든 조건을 제공해 줄 테니, 성공할지 못할지는 오직 너의 노력 여하에 달렸다."

아이가 정신적으로 의지할 사람이 필요할 때 곁에 있어주지 못하면서 오직 물질로만 보상하려 할 경우, 아이가 느끼는 마음의 허전함을 절대 채워줄 수 없다. 이러한 아이들은 커서도 문제를 일으킬 가능성이 크다.

나는 아이를 어려서부터 최고급 기숙사 학교에 보내놓고 아이의 미래를 위해서 자신이 할 수 있는 최고의 선택을 했다고 생각하는 사람들을 많이 봐왔다. 물론 기숙사 학교도 좋은 점이 있으며 일부 아이들은 여기서 자신을 돌보는 방법과 독립심을 키우기도 한다. 그런데 부모들이 미처 생각하지 못하는 문제가 있다. 아이의 이러한 '독립심'은 바로 가정생활과의 '단절'을 의미한다는 점이다. 그리고 이때 아이의 마음은 부모와도 '단절'된다.

내가 관찰한 바에 따르면, 정신적으로 혹은 성격상에 문제가 있는 아이들의 90%는 성장의 결정적인 시기에 즉 본인이 필요로 할 때에 부모의 올바른 관심을 받지 못한 경우였다. 집의 따스함을 느끼지 못하다 보니, 자신의 마음의 '집'에서 마땅히 얻어야 할 힘을 얻지 못한 것이다.

그렇기에 누군가 아이의 성장에 꼭 필요한 것이 무엇이냐고 묻는다면 나는 이렇게 말해 줄 것이다.

"가정, 학교, 사회가 함께 '교육의 황금 삼각형'을 이루어야 합니다. 학교는 아이에게 전문적인 지식을 가르쳐 주어야 하고, 사회는 인생의 지혜를 알려주어야 하며, 가정은 아이가 가장 필요로 하는 따스함과 사랑, 즐거움을 느끼게 해주어야 합니다."

이는 다른 사람이 절대 대신해 줄 수 없는 일이다. 그러므로 우선 아이의 성장과정에서 가정의 역할이 무엇인지 정확히 이해하고 나서 다시 교육에 대해 이야기하고자 한다.

왜 그래야 하는 걸까? 먼저 과학적 실험 사례를 통해 다음과 같은 문제의 답을 찾아보겠다.

'지능을 가진 생명이 성장하기 위해서 필수 영양물질과 생존 기술 외에 또 무엇이 필요할까?'

이 실험은 '원숭이 애착 실험'이라 불리며, 심리학자 해리 할로우(Harry F. Harlow)가 인간과 94%의 유전자를 공유하는 레수스(rhesus) 원숭이를 대상으로 진행한 비교심리학 실험이다.

새끼 레수스 원숭이를 어미와 분리시키자 이상한 일이 벌어졌다. 태어난 지 이틀밖에 안 된 새끼 원숭이들이 우리 안 바닥에 깔아 놓은 수건에 이상한 애착 증상을 보였던 것이다. 실험자가 우유병을 가져가려 할 때는 크게 반응하지 않고 소리를 조금 낼 뿐이었는데, 원숭이들이 안고 있던 수건을 가져가려 하자 그 즉시 격하게 흥분하고 화를 내면서 날카롭게 소리를 질러댔다.

그래서 해리 할로우는 모든 새끼 원숭이들에게 '가짜 엄마'를 두 개씩 만들어 주었다. 하나는 철사를 감아서 만든 것으로 가슴 쪽에 우유가 나오는 장치가 되어 있었고, 또 다른 하나는 천으로 만든 것인데 그런 장치가 달리지 않았다.

해리 할로우는 이내 다음과 같은 모습을 관찰할 수 있었다. 새끼 원숭이는 우유가 나오는 철사로 만든 딱딱하고 차가운 '가짜 엄마'가 아니라, 천으로 만든 따뜻하고 부드러운 감촉의 '가짜 엄마'에게 애착을 느끼는 듯했다. 배가 고플 때만 '철사 엄마'에게로 가서 우유를 몇 모금 마실 뿐 곧바로 돌아와 '천 엄마'를 꼭 껴안았다. 무서운 상황에서도 새끼 원숭이가 달려가 선택한 것은 '철사 엄마'가 아니라 바로 '천 엄마'였다.

여기서 우리는 따스하고 위로받는 느낌을 갈망하는 것은 어린 생명체의 본능이며, 이를 얻지 못할 때 공포를 느끼게 된다는 점을 발견할 수 있다.

이는 '충동 감소론'이라는 심리학 이론의 관점에 위배되는데 내용은 다음과 같다. '허기를 해결하고자 하는 것은 생명체의 가장 원초적 충동이고, 어머니에 대한 애착은 영양을 공급하는 보상 차원에서 생기는 것이다'

중국에는 '젖을 주는 사람이 어머니다'라는 말이 있는데 이 역시 같은 의미다.

'원숭이 애착 실험'은 여기서 끝나지 않았다. 해리 할로우는 그 후로 몇 년간 후속 연구를 계속 진행했다. 실험에 참여했던 레수스 원숭이는 어른이 되자 원숭이 무리로 돌려보내져서 엄마 품에서 자란 다른 원숭이들과 함께 생활하게 되었다. 그 결과, 레수스 원숭이는 다양한 심리적 장애를 보이기 시작했다.

정상적인 엄마의 사랑을 받지 못하고 단체 생활의 따스함도 느껴본 적이 없다 보니, 무리에 섞이지 못했고 차가운 성격 때문에 대부분 짝을 찾지 못했다. 실험자가 인공적인 수단을 동원해 그중에 몇몇을 임신시켰는데, 이 엄마 원숭이들은 자신의 새끼에게조차 냉담하다 못해 잔인한 모습을 보였고, 그 중 일부는 새끼를 물어뜯는가 하면 심지어 물어 죽이기까지 했다.

과학자들이 이 실험을 통해 내린 결론은, 따뜻한 포옹과 부드러운 감촉, 아늑한 환경 같은 사랑의 감정적인 요소가 지능을 지닌 생명체가 성장하는 데 반드시 필요하다는 것이다. 실험에 사용된 레수스 원숭이가 인간과 94%의 유전자를 공유한다는 점을 감안할 때, 인간도 마찬가지일 것이다. '원숭이 애착 실험'에서 설정한 상황이 다소 극단적이기는 하지만 이를 통해 인간의 가장 원초적인 본능을 유추해 볼 수 있다.

만약 새끼 원숭이가 사랑과 따스함을 필요로 하고 이를 받지 못했을 때 문제가 생긴다면, 우리들의 아이는 더욱 말할 것도 없을 것이다. 아이의 성장에서 부모의 가장 중요한 책임은, 아이에게 즐거운 환경을 지속적으로 만들어줌으로써 몸과 마음에 필요한 영양분을 공급해서 아이가 행복한 삶을 추구하는 능력을 갖추도록 하는 것이다.

예전에 내가 쓴 〈등대〉라는 시에 이런 구절이 있었다.

'엄마는 등대다. 네가 언제 집에 돌아오든 영원히 너를 기다릴 것이다!'

이렇듯 집의 가장 중요한 역할은 바로 아이에게 따뜻한 마음의 항구가 되어주는 것이다. 엄마의 온화함과 포용력, 아빠의 너그럽고 듬직함은 따뜻한 햇볕과 비와 이슬처럼 절대 없어서는 안 되는 것이며, 인간이 지닌 모든 아름다운 품성이 바로 여기서 싹튼다고 할 수 있다.

예를 들어 어린 시절 나는 5시 30분 같은 특정 시간이 되면 무척 집에 가고 싶어졌다. 가장 직접적인 원인은 아빠 엄마가 맛있는 음식을 해줄 거라는 생각에서였다. 가끔은 배가 고프지 않은데도 집에 가고 싶을 때가 있었는데, 그건 아마도 가족과 함께 밥을 먹으면서 느꼈던 충만한 사랑과 따스함 때문일 것이다. 이렇게 내 마음 깊은 곳에 존재하는 행복한 기억이, 내가 나를 받아들이고 아이를 받아들이고 또 다른 사람을 받아들이게 해주는 근원적인 힘이 되어 주었다. 그 덕분에 지금의 나는 긍정적인 에너지와 햇살 같은 따스함으로 가득한 마음을 지니게 되었다.

또한 부모는 가정에서 아이가 언제나 즐거움을 느낄 수 있도록 노력해야 한다.

설령 엄마가 아무리 사회적으로 성공한 슈퍼우먼이라 하더라고, 집에서만큼은 아이에게 부드럽고 상냥한 느낌을 주는 존재여야 한다. 바로 이런 모습 말이다.

아이가 아플 때면 아이를 위해 열심히 밥을 해준다. 설령 그렇게 맛있지는 않더라도 아이는 엄마가 나를 위해 밥을 해주었고 그런 엄마가 참 좋다는 생각을 먼저 할 것이다. 또한 아이가 밖에서 힘든 일을 겪고 집에 돌아왔을 때 엄마가 아무 말 없이 곁에 있어주기만 해도 아이는 위로를 받는다. 자신이 집에 돌아왔고 엄마와 함께하는 시간이 얼마나 즐거울지 알기에, 밖에서 겪은 좌절 따위는 아무것도 아니라고 생각하게 되기 때문이다.

나 역시 아이에게 즐거움을 선사하기 위해 끊임없이 노력해왔다. 정걸은 11살 때 합격한 왕부학교가 집에서 멀리 떨어진 창평구(昌平區)에 있다 보니 학기 중에는 월요일부터 금요일까지 학교 기숙사에서 지내야 했고, 주말과 공휴일에만 집에 돌아올 수 있었다. 그때 내가 아이를 위해 해 줄 수 있는 일은 아이가 집에 돌아왔을 때 최대한 편안하고 즐겁게 지내도록 하는 것이었다.

매주 금요일 오후 3시 반 아이가 학교에서 돌아오기 전에 나는 먼저 집안 청소를 마친 다음 내 외모도 깔끔하게 다듬었다. 머리도 다듬고 속눈썹도 정리하는 등 최대한 예쁘고 깔끔한 모습으로 활기차게 아이를 맞아주려 애썼다.

아이가 돌아온 것을 내가 얼마나 기뻐하는지 느끼게 해주고 싶어서였다. 그리고 밖으로 나가서 맛있는 것도 사오고 아이가 좋아할 만한 영화 정보도 수집해 놓는다.

드디어 3시 반이 되어서 집에 돌아온 아이는 이 모든 것을 보고 즐거운 주말이 자신을 기다리고 있음을 알고는 무척 기뻐했다.

나는 아이의 손을 잡고 엄마가 주말에 먹으려고 어떤 맛있는 것을 준비했는지 알려주었고, 아이는 눈을 반짝이며 열심히 들었다. 또한 온가족이 둘러앉아 밥을 먹으면서 모두 함께 이번 주말 계획을 정하기도 했다. 공원에 가서 공놀이를 한다든가 친구들과 함께 박물관 견학을 가는 일 등을 계획했다.

밥을 다 먹은 후에는 정결은 외할아버지와 함께 〈해협양안(海峽兩岸)01)〉이라는 TV 프로그램을 보곤 했다. 이는 정결과 외할아버지의 '단골 프로그램'으로, 정결이 4살 무렵부터 둘은 여기서 공통 화젯거리를 찾곤 했다. 예컨대 외할아버지는 아이에게 마영구(馬英九)가 어떻게 대만 총통이 될 수 있었는지 이야기해주었다.

나는 TV를 볼 기회가 그리 많지 않았지만, 최근에 화제가 된 프로그램은 아이와 함께 보려 노력했다. 예를 들어 아이는 어

---

01) 해협양안(海峽兩岸): 해협양안은 중국중앙방송국(CCTV) 유일의 대만 관련 시사평론 프로그램이다. 여기서 '양안(兩岸)'은 대만 해협(臺灣海峽)을 사이에 둔 중국의 대륙과 대만을 가리키는 말이다.

려서부터 노래를 좋아했기에 나는 아이와 함께 〈보이스 오브 차이나(中国好声音, The Voice of China)〉와 아시가수(我是歌手: 중국판 '나는 가수다')를 보면서 누가 노래를 잘했는지, 누가 떨어질 것 같은지 등의 이야기를 나누었다.

우리는 이렇게 주말을 보냈다. 매우 평범한 일상이지만 아이는 집에서 가족과 지내며 충분히 즐거워했다. 아마도 학교에서 지내던 4, 5일 동안 아이는 억울한 일을 겪기도 하고 선생님한테 혼이 나기도 했으며 힘든 공부에 스트레스를 받기도 했을 것이다. 하지만 집에 돌아와 가족과 함께 하면서 아이는 편안하고 즐겁게 또 따스하게 지낼 수 있었다. 이러한 정신적 만족은 아이를 다시 '충전'해준다. 정결은 이렇게 표현했다.

"집을 나서는 순간 저는 '전쟁'의 신이 돼요. 그래서 어떠한 공격에도 절대 '쓰러지지' 않아요."

그 어떤 부정적인 힘도 마음에 즐거움과 따스함이 가득한 사내대장부를 쓰러뜨릴 수 없을 것이다. 물질적인 집과 정신적인 집이 하나로 합쳐질 때, 그 집은 아이가 긍정적이고 적극적인 에너지를 얻는 원천이 되는 것이다.

가족이 주는 사랑과 기쁨은 아이 마음속에 차곡차곡 쌓여간다. 그리고 그 따뜻한 느낌과 행복한 기억이 아이의 몸과 마음에 활기와 영양분을 불어 넣어 주는 온천과 같은 역할을 한다.

집에서 경험했던 모든 일이 아이의 성장과정에 스며들어, 한 영혼이 높이 날갯짓을 할 수 있을지 없을지를 결정하는 것이다.

그리고 이렇게 따스한 행복이 넘치는 가정에서 성장한 아이들은 절대 어긋나는 법이 없다. 간단해 보이는 말이지만 음미할수록 중요하게 느껴지는 말이다. 가족이 아이에게 해주는 일이 극히 사소해 보일지라도 그것이 모이고 쌓이면 놀라운 효과를 발휘하게 된다.

나 역시 그런 경험이 있다. 아이가 6살 때 초등학교에 입학하면서부터 나는 무척 편해졌다. 아이에게 특별히 공부를 가르칠 필요 없이 내가 살면서 알게 된 기본 상식을 알려주는 걸로 충분했다. 아이의 공부를 감시할 필요가 전혀 없었고 아이의 일상생활만 돌봐주면 됐다. 아이의 선생님이 되려고 애쓰지 않아도 됐고, 그저 아이와 함께 즐거워하면서 가끔 이런저런 건의를 해주는 것으로 충분했다. 결론적으로 나는 우리 가족의 사소한 행동들이 이루어 낸 이와 같은 결과에 만족했다. 이렇게 가족의 사랑과 가정의 따스함을 아이에게 쏟을 때, 마찬가지로 사랑과 따스함이 돌아오는 것이다.

2013년 대학에 진학하기 위해 미국에 갈 날이 가까워지자, 아이 역시 이제 집에 있을 날이 얼마 남지 않았다고 느끼는 듯했다. 예전 같았으면 주말에 함께 박물관이나 나무가 우거진 공원에 가는 것을 좋아했을 텐데, 아이는 집에 있으면서 나를 도와 집도 정리하고 집안일도 하면서 시간을 보내고 싶어 했다. 왜냐고 묻자 엄마랑 좀 더 함께 있고 싶어서라고 했다.

2013년 뱀띠 해의 설이 막 지났을 때 정신력 훈련 과정을 마치고 돌아온 아이는 집에 들어서자마자 나에게 꼭 과일 샐러드를 해주겠다고 말했다. 내가 그 이유를 묻자 엄마가 언제나 자신에게 "엄마가 해주는 밥이 맛이 있든 없든, 그 안에는 엄마의 사랑이 담겨 있다."라고 말했는데, 지금에 와서야 그 말을 이해하게 되었다면서 자신 역시 엄마에게 밥을 꼭 한 번 해주고 싶다고 했다.

그 말에 나는 매우 기뻤다. 아이는 이제 곧 14살이 된다. 보통 부모들이 걱정하는 '사춘기'에 해당하는 나이인데도 다른 아이들이 하는 '반항' 같은 것은 찾아볼 수 없었고, 오히려 엄마랑 가장 친한 친구가 된 것이다.

사실 누구나 아이와 이런 사이가 될 수 있다. 이를 결정하는 건 종이 한 장의 차이다. 바로 부모들이 가정의 가장 중요한 역할이 무엇인지 모른다는 점이다. 그러면 아이는 자신이 진심으로 원할 때 가족의 사랑을 느끼지 못한다. 그리고 아이가 이렇게 정신적으로 준비가 안 된 상태에서 받는 교육은 그저 아이에게 부담만 안겨줄 뿐이다.

이러한 부모들에게 나는 '마음을 다해 노력하라'는 말을 해주고 싶다. 사소한 일에서도 최대한 즐거운 성장 환경을 만들어주려고 노력해야 한다. 아이의 몸과 마음이 함께 성장해나갈 때 교육도 그 효과를 발휘할 수 있다.

아이를 성장하게 해주는 가장 근원적인 힘은 바로 즐거움이다. 집은 지속적인 즐거움을 주는 공간이어야 한다. 그리고 엄마가 집에서 해야 할 가장 중요한 임무 역시 아이에게 즐거움을 선사하는 것이다. 우리 가족은 즐거운 가정을 만들기 위해 다음과 같은 8가지 방법을 사용했다.

① 우리 집은 우리 집만의 작은 전통을 여러 개 가지고 있다. 이는 아이에게 즐거운 기억을 많이 선사하기 위한 것이다. 예를 들어 봄이 되면 공원에 가서 산나물을 뜯어다가 함께 만두를 만든다. 또 아이의 생일에는 한 달 전에 미리 계획을 짜서 매번 다른 방식으로 축하해준다.

② 나는 아이와 '좋은 엄마, 나쁜 엄마', '좋은 아이, 나쁜 아이'라는 역할 놀이를 번갈아가면서 하곤 한다. 그러면서 억눌려 있던 감정을 올바르게 표출하는 법과 감정을 적절히 통제하는 법을 가르친다.

③ 집안일과 관련된 결정을 내리기에 앞서 반드시 아이의 의견을 묻는다. 예컨대 피아노를 배울지 바둑을 배울지 결정할 때 아이에

게 이를 결정하기 위한 회의에 참석할 권리와 선택의 자유를 준다. 그리고 최종적으로는 자신이 그런 결정을 내린 이유를 밝힘으로써 가족들을 설득해 자신을 지지하도록 만들어야 한다.

④ 우리 집 주방은 즐거움이 넘치는 공간이다. 아이는 즐겁게 밥을 먹고 또 즐겁게 식사 준비 과정에도 참여할 수 있다. 그러다 보니 우리 가족은 모두 음식 솜씨가 좋다. 내가 어렸을 때 아빠가 내게 맛있는 것을 해 주었고, 나는 지금 내 아들에게 맛있는 음식을 만들어 준다. 그러자 아이 역시 우리를 위해 과일 샐러드는 자기가 만들어 주겠다고 나섰다. 과일 샐러드가 아이가 할 수 있는 유일한 요리이기 때문이다.

⑤ 음악은 즐거움의 원천이다. 노래를 좋아하는 아이는 분명히 더 행복하다. 노래를 잘하든 못하든 우리는 아이와 함께 노래하기를 즐긴다.

⑥ 우리는 아이가 먼저 이웃에게 인사를 건네도록 가르쳤다. 아이에게 다른 사람과 어울려 살아가는 법을 가르치기 위해서다. 그러다 보니 아이는 다양한 연령대의 다양한 분야의 사람과도 함께 이야기를 나눌 줄 안다.

⑦ 우리는 친한 친구들과 함께 자주 야외로 놀러 나간다. 아이와 함께 집을 벗어나 자연과 가까이하기 위해서다.

⑧ 아이가 새로운 것을 많이 섭하도록 해서, 다양한 분야에 흥미를 가질 수 있게 돕는다. 아이가 놀고 있을 때는 우리 역시 함께 놀이에 몰입해서 아이와 친구가 되곤 한다. 나는 동심의 세계로 돌아가 아이와 함께 정신적인 자유와 즐거움을 만끽하는 것을 좋아한다.

마지막으로 '한 번의 실수'는 용납해 주어야 한다. 사람은 누구나 실수를 한다. 단지 한 번 했던 실수를 반복했을 때 그것을

잘못이라고 부르는 것이다. 만약 아이에게 지속적인 즐거움을
제공해 주지 못했다면 그 즉시 자신을 바꾸어야 한다. 그래야
만 집을 아이의 마음의 항구로 만들 수 있으며 아이가 더욱 크
고 훌륭하게 성장하는데 도움을 줄 수 있다.

Chapter 7

재능은 엄마 뱃속에서부터

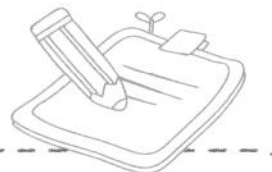

혼히 아이의 재능은 하늘에서 주어지는 것이라 생각한다. 하지만 알고 보면 천부적인 재능이라 여겨지는 것들 대부분이 엄마 뱃속에서 형성된다. 그렇기에 엄마 뱃속에서 아이의 재능과 잠재력을 잘 키워주는 것이 중요하다. 태교의 중요도로 따지자면 임신 기간보다는 임신 전이, 출산 후보다는 임신 기간이 훨씬 중요하다. 하지만 출산 전에 태교를 충실히 하지 못했다고 해서 조급해할 건 없다. 그 후에도 적절한 방법만 사용한다면 아이의 우뇌를 충분히 발달시킬 수 있다.

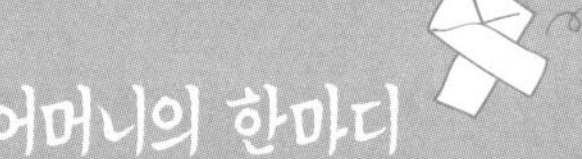

어머니의 한마디

가정, 학교, 사회가 교육의 황금 삼각형을 이루어야 한다.
성장의 단계마다, 교육이 강조하는 것도 달라져야 한다. 하지만 핵심은 아이에게 즐거움을 주어야 하며 그것이 지속적이어야 한다는 점이다.

태교가 아이를 특별하게 만든다

아이를 임신했을 때 우리는 의식적으로든 무의식적으로든 '태교'를 하게 되는데, 이는 뱃속 아기의 성장에 중요한 영향을 미치게 된다.

한동안 나는 사람들이 정걸의 성공이 우연인지 아닌지 논하는 말에 신경을 썼었다. 하지만 이후에 분명히 알게 되었다. 사람과 사람 간의 차이는 2%에 불과하므로 성공은 우연일 수도 있지만, 그 뒤에는 언제나 필연적인 요소가 숨겨져 있다. 바로 우연에서 성공의 필수조건을 만들어 낼 수 있느냐 없느냐 하는 점이다.

정걸이 자라온 과정을 뒤돌아 볼 때, 아이가 지금처럼 성공할 수 있었던 요인은 이미 6세 이전부터 형성되기 시작했다고 생각한다. 6살 때 학교에 들어가고서 갑자기 월반을 할 정도의 능력이 생긴 것이 아니라, 6세 이전부터 차근차근 쌓아온 결과라는 것이다. 예컨대 우뇌의 잠재력을 계발시켜 왔던 것이 그 기초가 되었다.

정걸은 5살 전부터 그림을 배웠고 그림에 남다른 감각을 지니고 있었으며 이것이 우뇌의 사고력을 발전시켰다. 그리고 6살이 되어서야 글자를 배우기 시작했지만, 그림을 이용해 글자를 익히는 방법으로 기본 한자 몇백 개를 매우 빠른 속도로 익혀 나갔다.

이렇게 정걸은 학교에 들어가기 전까지 우뇌의 사고력이 좌뇌보다 월등히 앞서 있었고 활성화되어 있었다. 그러다 보니 같은 교육을 받았지만 다른 아이들과는 다른 결과를 보이게 된 것이다.

나는 6세 이전의 가정교육에 의해서만 아이의 천부적인 잠재력이 결정된다고 보지 않는다. 아이가 더 어렸을 때 즉, 태아였을 때로 거슬러 올라가야만 한다. 세상에 태어나기 전 10개월이 더욱 중요하다.

태아였을 때 형성된 잠재의식은 아이에게 큰 영향을 미친다. 5살 때 피아니스트가 된 아이들의 이야기를 많이 들어봤을 것이다. 우리는 이들을 천재라 부른다. 하지만 사실 이런 아이들이 천재의 특징을 보이는 이유는 태아였을 때 엄마 뱃속에서 유익한 정보를 많이 받아들였기 때문이다.

임산부가 음악회 같은 특정 장소에 자주 가서 어떤 소리를 자주 듣게 될 경우, 그 소리는 뱃속 아이에게까지 전달되어 아이의 잠재의식으로 들어가게 된다.

예전에 이런 이야기를 들은 적이 있다. 어떤 독일 여자 아이가 5살 때 의사로부터 심각한 자폐증 진단을 받았다. 이 아이는 전혀 말을 하지 않았던 것이다. 그러던 어느 날 의사가 무의식중에 아이에게 영어로 말을 했는데 놀랍게도 아이가 반응을 보였다. 깜짝 놀란 의사는 아이와 계속해서 영어로 의사소통을 했고 아이는 점점 활발한 모습을 보이기 시작했다. 그 원인을 알아내려고 이 아이의 엄마를 찾아간 의사는 드디어 그 이유를 알게 되었다.

알고 보니 아이 엄마가 임신했을 때 영국계 무역 회사에서 근무하다 보니 주변 사람들이 모두 영어로 말을 했던 것이다. 아마도 이것이 아이가 태어나면서부터 독일어를 말하고 싶어 하지 않았던 이유였던 것 같다.

나에게 태교가 좋은지 나쁜지 묻는 부모들이 제법 많이 있다. 나는 이들에게 이렇게 대답해준다.

예컨대 나는 부모가 태교를 한 아이가 그렇지 않은 아이들과는 다른 특별한 차이를 보이는 것을 직접 본 적이 있다.

태교를 한 아이는 정신적으로 더욱 건강하며, 정서적으로도 상당히 안정되어 있다.

이런 아이들은 언제나 방긋방긋 웃으며 활발하고 귀여운 모습을 보이고 밤에도 잘 울지 않는다. 그리고 조금 자란 후에도, 아이가 감정적으로 어려움을 겪을 때 엄마가 태교를 할 때 자주 틀었던 음악을 들려주면 즉시 안정을 되찾는다. 정걸 역시 그랬는데, 내가 들었던 태교 음악을 들려주는 것은 아이의 마음을 가라앉히는 가장 좋은 방법이었다.

이렇듯 태교는 아이의 정신 건강과 낙관적이고 활발한 성격의 기초를 다지는 데 큰 효과를 발휘한다. 또한 아이의 성격은 아이의 초기 지능 계발과 연관되어 있기에, 사랑이 가득 담긴 태교는 의미가 있는 동시에 과학적으로도 가치가 있다.

예를 들어 옛 소련의 유명한 바이올리니스트 레오니드 코간(Leonid Kogan)은 임신한 아내의 반주에 맞추어 새로 만든 어떤 곡을 연습했었다. 그런데 그의 아이가 5살 때 바이올린 즉흥연주를 배우는 시간에 갑자기 그때 그 곡과 아주 비슷한 멜로디를 거의 완벽하게 연주하는 것이었다. 그 모습을 지켜보던 부부는 깜짝 놀라지 않을 수 없었다. 아이를 키우는 4년 동안 한 번도 아이 앞에서 그 곡을 연주해본 적이 없었기 때문이었다.

〈태아는 천재다〉라는 책을 쓴 일본인 지쓰코 스세딕은 천재 딸 4명을 둔 엄마로 태교를 무척 중시했다. 그녀의 큰 딸 스잔은 10살 때 일리노이대학교(University Of Illinois)에 합격해서 당시 가장 어린 대학생이 되었다. 다른 딸 3명도 매우 똑똑했고 보통 아이들보다 훨씬 뛰어났으며 각자 자신만의 특기가 있었다. 그녀의 딸 4명의 아이큐는 모두 170 이상이었다.

이렇게 말하는 사람도 분명히 있을 것이다. 아이큐는 선천적으로 타고나는 것이지 후천적으로 높일 수는 없다는 사실이 이미 과학적으로 증명되었다고 말이다. 하지만 여기서 '선천적'이라는 말은 도대체 어떤 시기를 가르치는 것일까? 태아였을 때도 여기에 포함되는 것일까? 나는 태아시기야말로 아이 지능 계발의 '선천적' 시기라고 생각한다.

예컨대 지쓰코 스데딕과 남편은 둘 다 아이큐 120 정도의 보통사람이었지만 태교를 열심히 한 결과 아이들 모두 170 이상의 아이큐를 타고났다. 이는 분명히 우연이 아니며, 부모가 태교를 한 아이는 분명히 무언가 다른 특별한 점이 있다는 것을 증명해준다.

그래서 나는 1살에서 6살 사이에 부모가 아무것도 가르치지 않는다 해도, 많은 아이가 여전히 천재가 될 가능성을 가지고 있다고 굳게 믿는다. 그건 바로 태교 때문이다. 아이가 태아시기에 접한 정보는 엄청난 연쇄반응을 일으킬 수 있다.

성인의 경우, 만약 내가 그 사람에게 어떤 정보를 알려주면 그의 머릿속의 극히 일부분만 이에 반응한다. 하지만 아이는 다르다. 예컨대 엄마가 임신 중에 달콤한 귤을 하나 먹었다고 할 때, 엄마의 반응은 '이 귤이 참 달구나' 정도다. 하지만 이와 달리 태아는 이러한 정보를 하나 받아들이면 그와 관련해서 도약적이고 찬란하며 자유분방한 일련의 느낌을 받는다.

만약 태아가 그림을 그릴 수 있다면, 그 아이의 머릿속에서는 화려한 색채의 추상파, 현실파 그리고 달리 설명할 길이 없는 그림들이 다양하게 그려질 것이다. 아마도 태아가 받아들인 정보에 대한 느낌이 마음의 어떤 파도를 용솟음치게 만들어서, 당신이 상상할 수조차 없는 일련의 반응을 보이는 것이리라.

이 모든 일은 우뇌에서 벌어지며, 아이가 자라기 전까지 잠재의식 속에 묻혀 있다가 특정 환경에서 솟구쳐 나와 아이의 영감을 불러일으킨다.

그러므로 태교는 우뇌의 발달과 지능 향상에 매우 중요한 역할을 한다고 할 수 있다. 만약 어떤 아이가 5살 때 피아노 신동이 되었다면, 분명히 이 아이가 태아였을 때 엄마 뱃속에서 엄마 아빠가 음악에 대해 하는 이야기를 자주 들었거나, 아이의 아빠 엄마가 음악회에 자주 드나들었을 것이다. 이러한 것이 모두 무의식중에 영향을 미쳐 아이의 잠재의식 속으로 깊이 파고들어서는 아이의 본능이 되고 또 타고난 감각이나 직감이 되는 것이다. 이러한 선천적인 힘은 후천적인 것으로는 절대 만들어 낼 수 없다.

대략 임신한 지 20주 정도 되면 태아의 시각, 청각 등 신경계통이 발달하기 시작하고, 20주가 지나면 뇌 세포가 점점 복잡하게 분열하는데 이때가 태동이 나타나는 시기다.

의사의 말에 따르면 많은 실증 의학적 방법으로도 태교의 효과를 증명하지는 못했지만, 태아가 신경계통의 발달과 외부의 자극에 따라 자궁 안에서 학습하는 것만은 분명하다고 했다. 즉 대뇌가 구성되는 시기에, 아이가 받은 자극은 뇌 회로의 형성에 직접적인 영향을 줄 수 있다. 그러므로 적절하고 풍부한 긍정적인 자극을 줄 경우, 아이가 폭넓은 사고력과 풍부한 연상 능력을 지닌 활력 넘치는 대뇌를 형성하는데 도움을 줄 수 있다. 이는 앞으로 아이가 지능, 감성지수 등의 고차원적 사고력을 기르는 데 중요한 작용을 하게 된다.

아이의 잠재력을 계발하는 방법은 나라마다 민족성에 따라서 조금씩 다르다.

독일 부모들의 경우, 아이의 지능계발에 도움을 주기 위해 어려서부터 지도를 만들어보게 한다. 미국 부모들은 아이를 다양한 게임에 참여하게 함으로써, 여러 가지 경험 속에서 잠재력을 발휘할 수 있도록 돕는다. 캐나다 부모들의 경우, 아이에게 글자 쓰기나 셈하기를 미리 가르치지 않는 대신 손으로 하는 활동을 많이 시킨다. 프랑스 부모들은 아이의 정서적 안정을 위해 예술 교육을 중시한다. 일본 부모들의 경우, 아이에게 독립심을 키워주는 것을 무엇보다 중시한다. 다른 사람에게 피해를 주지 않는 독립적인 인간으로 키우기 위해서다.

행복한 임산부에게서 행복한 아이가 나온다

천부적 재능은 엄마 뱃속에서 만들어진다.
아이를 갖기 전에 미리 아이를 맞이할 준비를 해야 하는 이유가 바로 여기
에 있다.

아이가 타고나는 재능은 대부분 엄마 뱃속에서 형성된다.

태교는 임신 전이 임신 기간보다 중요하고, 임신 기간이 아이가 태어난 후보다 중요하다.

여기서 말하는 태교란 태아에게 청각적, 시각적, 촉각적 자극을 주는 것이다. 청각, 시각, 촉각은 모두 생리학적 변수에 속하며 관련 논문들에서도 이와 같은 생리학적 실험을 주로 사용하고 있다. 그렇기에 아이를 위한 태교를 한다는 명목하에 기존의 증명되지 않는 방법들을 무분별하게 사용하는 것은 무척 위험한 일이다.

최고의 태교란 태아에게 안정적이고 쾌적한 태중 환경을 제공해주고, 충분한 영양분을 공급해주면서, 무엇보다 엄마가 먼저 즐거워지는 것이다.

아이를 건강하고 행복하게 키우기를 원한다면 부모가 먼저 건강하고 행복한 부모가 되어야 한다. 임신 중은 물론이거니와 임신 전에도 태교를 위한 준비 작업이 반드시 필요하다.

엄마의 올바른 마음가짐과 정서적 안정은 건강한 아이를 낳기 위한 필수조건이다. 사랑하는 아이를 건강하고 올바르게 키

우기를 바란다면, 반드시 임신 전부터 태교를 위한 준비를 해야 한다. 그리고 뱃속에 아이가 찾아왔을 때 최적의 태중 환경과 균형 잡힌 영양을 제공해주어야 한다.

2011년 중국 CCTV 9에서 방영된 〈자궁 일기(子宮日記)〉라는 프로그램이 인터넷상에서 큰 인기를 끌었던 적이 있다. 이 작품은 수정란에서 아기로 자라나기까지의 일련의 과정을 담고 있다.

처음에 태아는 아주 작은 수정란에 불과하다. 그 수정란이 엄마 자궁 안에서 분열과 분화를 거듭하면서 결국 건강한 태아로 자라나게 된다. 연구 결과에 따르면, 난자가 수정된 지 18일 정도 되었을 때 중배엽과 외배엽의 상호 작용에 의해 최초의 신경 조직이 생겨난다고 한다. 신경배(神經胚)[01]는 수정 후 19일 정도 되었을 때부터 자라나기 시작하는데, 이때쯤 엄마는 자신이 임신했다는 사실을 깨닫게 된다. 그리고 자신이 장차 엄마가 될 거라는 사실을 알게 되는 이때에 태아의 뇌 조직이 형성되기 시작한다.

임산부가 화를 내고 초조해하거나 우울해하고 슬퍼하면, 혈액 중의 내분비 호르몬 농도가 높아지면서 태아 역시 그 즉시 불안을 느끼게 되고 태동이 증가한다. 이러한 부정적 자극에 장기간 노출되면 태아는 출생 후 주의력결핍 과잉행동장애(ADHA)에 걸릴 확률이 높아지고, 자칫 기형으로 태어날 수도 있다.

---

01) 신경배: 척추동물의 발생 단계에서 신경판이 외배엽의 등 쪽 정중선을 따라 나타나서 그것이 신경관을 형성할 때까지의 배.

반대로, 임산부의 리듬감 있는 심장 소리는 태아에게 최고의 음악이다. 엄마의 뱃속 창자가 일정하게 꿈틀거리는 소리 역시 태아에게 편안함과 안정감을 준다. 이렇듯 양호한 자궁 내 환경이 갖추어져 있어야만 태아가 정상적으로 성장, 발육할 수 있다. 그리고 이 모든 것은 임산부가 편안하고 즐거운 마음인가에 달렸다.

먹는 것 또한 엄마와 태아 두 사람 몫이 필요한 만큼 신경 써서 영양분을 충분히 공급해주어야 한다. 다양한 음식을 섭취해야 하며 또한 임신 기간별로 필수적으로 요구되는 영양소가 각기 다르다는 점도 염두에 두어야 한다.

다양한 영양소를 섭취하기 위해 반드시 알아야 할 원칙이 몇 가지 있다. 먼저, 특정 영양소가 다른 영양소를 대신할 수 없다는 점이다. 또한 영양소 간에 불균형이 발생할 경우, 몸이 영양분을 받아들이고 사용하는 데 문제가 생길 수 있다. 예를 들어, 몸속 이미노산이 부족하면 다른 아미노산들의 흡수와 단백질 합성에 지장을 초래할 수 있다. 반대로 특정 아미노산이 과도하게 공급될 경우, 균형이 깨지면서, 몸은 아미노산 흡수를 억제하게 되고, 이는 태아의 성장, 발육에 부정적인 영향을 주게 된다. 그렇기에 균형 잡힌 식단이야말로 합리적인 영양소 섭취를 위한 최선의 방법이라 할 수 있다.

적절한 열량과 영양소간의 균형을 기본으로 하면서 각종 비타민, 소량이지만 몸에 꼭 필요한 미량 영양소[02], 무기 염류[03]를 지닌 음식을 반드시 섭취해야 한다.

---

[02] 미량 영양소: 사람과 동물의 몸속에 미량으로 들어 있는 화학 원소. 예컨대, 철·유황·아연·셀레늄(selenium) 등.

[03] 무기 염류: 무기산과 염기가 반응하여 생성된 물질을 통틀어 이르는 말. 염화나트륨·질산칼슘·황산아연 등이 있다.

또한 임신 기간에 따라 각기 다른 영양소 섭취에도 신경을 써야 한다. 임신 초기에는 태아가 작고 성장이 더디기 때문에 필요한 영양소가 그리 많지 않다. 미네랄, 비타민이 함유된 음식을 좀 더 많이 섭취하는 것으로 충분하다. 임신 중기에 접어들면 태아가 빠른 속도로 성장함에 따라 요구되는 영양소 또한 급속도로 늘어난다. 이 시기에는 물을 많이 마시면서 잡곡, 채소, 과일 같은 비타민이 풍부한 음식을 충분히 먹어야 한다.

임신 후반기는 태아의 근육, 골격, 대뇌가 집중적으로 성장하는 시기이기에 칼슘, 단백질, 비타민이 풍부하게 함유된 생선, 고기, 달걀, 간 같은 식품을 섭취해야 한다.

영양학적 측면을 고려하는 것 외에도 임산부는 자신의 마음을 잘 다스려야 한다. 임산부의 주변 환경이 편안하고 즐거워야 태아가 순조롭게 발육, 성장할 수 있다. 불안하고 부정적인 감정에 자주 사로잡힌다면 자신의 내면을 점검해볼 필요가 있다.

임산부 일기를 써보는 것도 좋은 방법이다. 일기는 자신을 이해하는 데 많은 도움이 된다. 이 과정을 통해 임산부는 불안한 마음을 다스리고 태아에 대한 사랑을 더욱 키울 수 있을 것이다. 남편과 함께 일기를 쓰는 것도 추천할 만하다. 부부 관계가 좋아지는 효과를 볼 수 있으며, 이를 통해 임산부가 정서적으로 위안을 얻게 되면서 자연스럽게 태교에도 큰 도움이 된다.

재능은 엄마 뱃속에서부터

암시요법을 통해 아이를 변화시켜라

인격적으로 성숙한 사람이 되려면 인품과 덕성을 갖춰야 하고, 남보다 뛰어난 사람이 되려면 리더십을 지녀야 하며, 유용한 인재가 되려면 통찰력, 융통성, 창조력을 가지고 있어야 한다.

'훌륭한 말(馬)'이 열심히 달릴 수 있었던 건, '백락'이 알아봐주고 격려해주었기 때문이다. 아이의 생각을 바꾸면 아이의 삶을 변화시킬 수 있다. 그리고 이때 가장 효과적인 방법이 바로 암시와 격려다.

미국 작가 오 헨리(O. Henry)의 〈마지막 잎새〉는 워싱턴에 사는 여성화가 존시의 이야기를 다룬 작품이다.

그녀는 폐렴에 걸려 여관의 침대에 누워 있었는데, 침대 옆 창문을 통해 담쟁이덩굴의 마른 가지에 담쟁이 잎 하나가 남아 있는 것을 발견했다. 이유는 모르겠지만 존시는 마지막으로 남아 있는 그 잎 하나가 자신의 생명을 상징하는 것처럼 느껴졌고, 그 잎이 떨어지면 자신이 곧 죽을 거라고 생각했다.

그런데 그날 저녁 갑자기 폭풍우가 몰아쳤고, 존시는 그 잎이 떨어졌을 거라는 생각에 밤새 울었다. 그런데 다음날 창문을 열어보니 그 잎이 여전히 남아 있었고, 그 모습에 존시는 기뻐하며 덕분에 병세도 상당히 호전되었다.

사실 존시가 본 그 마지막 잎은 어느 노인 화가가 벽에 그린 그림이었다. 마지막까지 '존재'했던 그 잎이 존시에게 삶의 희망을 주었지만, 사실 존시에게 힘을 준 것은 그 잎이 아니라 나뭇잎이 존재하면 자신도 존재할 거라고 믿었던 존시의 자기암시였다.

이렇듯 암시는 매우 강한 힘을 지니며, 사람의 생각을 크게 변화시킨다. 그렇기에 성장기 아이에게 이러한 암시요법을 사용하여 아이가 긍정적이고 낙관적인 자아관을 형성하도록 하면 아이의 성장에 많은 도움을 줄 수 있다.

현명한 부모라면 긍정적인 암시요법을 통해 아이를 교육할 줄 알아야 한다. 내가 가르치는 학생들이 매번 하는 '과제'가 있는데, 각기 다른 색깔의 '무지개 카드' 7장을 작성하는 것이다. 친구들과 함께한 하루가 끝나기 직전 그중에 하나를 골라 축복이나 긍정적인 말을 써 넣은 후, 오늘 가장 멋진 모습을 보였거나 배우고 싶은 점이 있는 친구에게 선물한다.

이 방법은 학생들을 격려하는데 꽤 효과적이었다. 아이는 다른 사람의 장점을 관찰하는 동시에 다른 사람의 축복을 받았는데, 이러한 암시가 마음의 힘으로 작용하여 아이를 긍정적으로 바꾸는 데 도움을 주었다.

나는 정걸이 낮잠을 잘 때 잠이 잘 오게 하는 음악을 틀어준 뒤, 아이에게 해주고 싶은 말을 아이의 잠재의식 속으로 직접 넣어 주곤 했다. 이것은 내가 집에서 자주 사용하는 방법이었다. 예를 들어 잠자기 전 20분 동안 대화하는 시간에 아이가 말을 하다가 말고 잠들어 버릴 때가 있다. 그러면 나는 조용히 허리를 굽혀서는 아이의 귀에다 대고 부드럽게 귓속말을 해준다. 아이의 성장에 도움을 줄 수 있는 긍정적인 말을 들려주는 것이다.

이런 방법은 신기하게도 정말 효과가 있다. 예를 들어 어떤 아이가 자신의 기억력을 자꾸만 의심하면, 정말로 기억하지 못할 가능성이 커진다. 같은 원리로, 만약 매일같이 "나는 내가 싫어, 나는 내가 정말 싫어", "왜 나는 항상 틀리기만 할까."라는 말을 반복하면, 그 아이는 결국 어떤 일도 제대로 해내지 못하게 된다. 이는 자기암시가 부정적으로 작용한 경우다.

반대로 긍정적인 암시요법을 아이에게 적용할 경우, 큰 효과를 볼 수 있다.

지난 2년간 나는 6세에서 16세의 아이를 대상으로 하는 여름 캠프를 개최해왔다. 캠프를 막 시작할 당시 아이들은 정신적으로 불안정한 모습을 보였는데 나는 이런 아이들의 마음을 바꾸기 위해 몇 가지 새로운 방법을 시도해보기로 했다.

예를 들어 아이들에게 손 하나 겨우 집어넣을 만한 작은 크기의 종이 상자에서 카드를 한 장씩 뽑게 했다. 그 카드에는 멋진 만화캐릭터가 그려져 있었고, 두 마디 정도의 말이 함께 쓰여 있었다. 나는 아이들에게 이것은 이번 달에 너희에게 행운을 가져다줄 말이라고 알려주었다. 그리고 아이들 모두에게 한 명씩 돌아가면서 카드에 있는 행운의 말이 어떤 내용인지 무엇을 의미하는지 자세히 설명해주었다. 또한 앞으로 며칠 동안 자신의 행운의 말을 매일 반복해서 말하도록 했다.

'오늘 나는 기쁜 마음으로 몇 명의 친구를 사귀었다', '나는 자신감이 넘친다. 나는 에너지가 넘친다', '나는 오늘 정말 대단한 것을 배웠다', '오늘 나는 기쁘다'……

아무래도 직접 고른 것이다 보니 아이들은 자신의 카드를 무척 소중히 여겼지만, 처음에는 습관이 들지 않아서 소리 내서 말하기를 꺼려했다. 그래서 나는 일부러 모든 아이에게 행운의 말이 무엇인지 각각 물어보면서 큰 소리로 이야기해달라고 했다.

이렇게 일주일이 지나자 드디어 암시요법이 그 효과를 나타내기 시작했다. 아이들의 얼굴에는 전에는 한 번도 본 적 없는 흥분과 활력이 넘쳐흘렀다. 이를 통해 나는 긍정적인 암시가 얼마나 큰 효력을 발휘하는지 깨닫게 되었다.

그 이후에 이 카드는 앞서 내가 언급했던 '무지개 카드'로 바뀌었다. 나는 이제 더 이상 긍정적인 말을 준비해 아이들에게 주지 않았다. 대신 아이들이 직접 관찰하고 그 결과를 스스로 써내려갔다.

나는 정걸에게도 스스로 자신의 목표나 꿈에 관한 긍정적인 암시를 걸라고 가르쳤다.

예를 들어, 아이의 마음속에서 하버드 대학은 줄곧 신성한 전당이었다. 아이가 이렇게 생각하게 된 것은 5살 때 있었던 어떤 일 때문이다. 당시 정걸은 외할아버지와 함께 〈해협양안〉이라는 TV 프로그램을 즐겨보았다.

어느 날 외할아버지가 정걸에게 이런 말을 했다.

"마영구가 대만 총통이 될 수 있었던 건 그의 아내와 깊은 관련이 있단다."

"그래요? 그럼 둘은 어떻게 알게 되었는데요?"

"하버드 대학에서 공부할 때 만났지. 정걸아, 너도 미래에 꼭 하버드 대학 여성과 결혼해서, 함께 뜻을 모아 성공하도록 해라."

우리 아버지가 이런 말을 했을 때 아이는 겨우 5살이었다. 그 후로도 아버지는 매일같이 정걸과 그와 비슷한 이야기를 나누면서 아이의 잠재의식에 자극을 주었다. 그리고 정걸이 조금 더 크자 스스로 이런 말을 하고 다니기 시작했다.

"내 부인은 하버드에 있어요."

나는 이 말이 무척 재미있었지만 정걸은 꽤나 진지했다. 이것은 아이가 마음 깊은 곳에 숨겨둔 자신만의 목표였기 때문이다.

물론 반드시 이런 방식으로 암시요법을 사용하라는 말은 아

재능은 엄마 뱃속에서부터

니다. 내가 이런 방법을 썼던 이유는 아이가 자신의 인생 방향을 정하고 그에 대한 기대를 갖게 하기 위해서였다. 즉 성공한 사람들의 방법을 사용하여 자신을 격려하고 발전시키게 하려고 했던 것이다.

이렇듯 자기암시의 힘은 우리가 상상하는 것 이상으로 대단하다. 엄청난 에너지를 주기도 하고, 절대 꺾이지 않는 강인한 의지를 불러일으키기도 한다. 예컨대 하버드 대학은 아이 인생의 영원한 학업 목표가 되었다.

현명한 엄마라면 암시의 효과를 절대 얕봐서는 안 된다. 그렇다면 암시가 이렇게 큰 효과를 발휘할 수 있는 이유는 대체 무엇일까? 그건 암시가 아이로 하여금 자신의 우뇌 및 잠재의식과 교류를 하게 만들기 때문이다.

사람과 두뇌의 교류가 미치는 영향력은 누군가와 말 한마디 나누는 교류와는 차원이 다르다. 만약 사람의 말이 미치는 영향력이 바람이 바다에 희미한 물보라를 일으키는 정도의 크기라면, 잠재의식과의 교류는 바다 밑바닥까지 파고들어 대륙붕을 변화시키고, 바닷물의 흐름을 바꾸어 버릴 수 있을 정도 영향력을 미친다고 할 수 있다. 이렇듯 암시는 엄청난 힘을 지니고 있으며 심지어 사람을 바꾸어 놓을 수도 있다.

그러므로 아이에게 자신의 내적 힘을 무시해서는 안 된다는 점을 가르쳐주어야 한다. 특히 곤경에 빠졌거나 장애물을 만났을 때는 더욱더 자신의 내적 힘을 믿어야 한다.

인생은 산과 같기에 높은 봉우리도 있고 깊은 골짜기도 있지만, 오르다 보면 언젠가는 '산에 오르고 보니 내가 가장 높은 봉우리에 올랐다'는 걸 깨닫게 될 것이다.

훌륭한 질문에서 훌륭한 답이 나온다

아이를 위해서 부모 자신을 바꾸고, 언제나 아이와 같은 위치에 서서, 아이에게 사랑한다고 말해주어라!

아이에게 수많은 재산을 물려주는 것보다는 자신의 인생을 창조하고 관리하는 능력을 길러주는 편이 더 낫다. 아이가 미래에 성공하기를 바란다면, 부모는 자신이 원하는 것이 아니라 아이가 필요로 하는 것을 주어야 한다.

우리는 아이의 모든 일에 관여할 수도 없고, 아이가 언제나 우리의 말을 듣게 할 수도 없다. 그렇다고 해서 아이가 자기 마음대로 하도록 내버려 둘 수도 없다. 우리가 할 일은, 아이의 타고난 성향을 존중해주고 아이가 자신의 내적 세계로 들어가게 함으로써, 어렸을 때부터 자신만의 인생길을 걷도록 하는 것이다.

아이들은 각자 다른 인생을 살아간다. 만약 자신에게 맞는 환경에서 효과적인 지도를 받는다면, 아이들은 최고의 모습으로 자라날 수 있을 것이다. 이를 위해 부모가 반드시 따라야 할 규칙과 원리가 있다. 또 도움이 될 만한 방법과 기술도 있으니 유의해서 읽어주길 바란다.

많은 부모가 바라는 점은, 적절한 원칙과 방법을 찾아내어 아이가 사회에서 제 역할을 다하면서 행복한 인생을 누리게 하는 것이다. 더 이상 부모가 아이를 걱정할 필요가 없도록 말이다.

이런 이유로 해서 나는 내가 수년간 강의해온 내용을 20가지 문제로 정리해보았고, 이를 다른 부모들과 나누고자 한다. 우선 내가 '다이아몬드 교육 법칙'이라고 이름 붙인 원칙은 다음과 같다. 첫째, 모든 아이는 빛나는 다이아몬드다. 단지 인내를 가지고 기술적으로 연마해줄 필요가 있을 뿐이다. 둘째, 다이아몬드가 아름다운 것은 그것이 여러 가지 모습으로 완성될 수 있기 때문이다. 교육도 이와 마찬가지로 다양성을 지녀야 한다.

다음으로는 이와 관련된 핵심 사상과 구체적인 방법을 제시해 보겠다. 많은 부모에게 도움이 되기를 바란다.

1. 부모는 아이 인생의 총연출자다. 가정교육은 다음과 같은 세 가지 측면에서 이루어져야 한다.

① 생존교육

② 생활교육

③ 생명교육

당신은 어떤 방면에서 교육하고 있는가?

2. 아이 미래 인생의 3단계: 인격적으로 성숙해지기(成人), 남보다 뛰어난 사람 되기(成才), 유용한 인재 되기(成器)

① 인격적인 성숙: 인품과 덕성을 갖추어야 한다.

② 남보다 뛰어난 사람: 리더십을 지녀야 한다.

③ 유용한 인재: 통찰력, 융통성, 창조력을 가져야 한다.

당신은 아이가 어떤 단계까지 가게 되기를 바라는가?

3. 천재가 되는 3가지 방법

① 부모가 천재다. 천재의 유전자를 물려받는다.

② 스승이 천재다. 천재 스승을 만난다.

③ 친구가 천재다. 천재 친구들과 어울린다.

부모가 천재 유전자를 보유해야 하는 것도 아니며, 선생님도 천재가 아니어도 괜찮다. 하지만 아이가 천재들의 그룹에 들어가 즐겁게 성장할 수 있도록 해야 한다.

4. 성장 단계별로 아이를 어떻게 지도해야 할까?

① 유치원생: 올바른 습관을 길러준다

② 초등학생: 학교에 가고 싶게 만들어 준다.

③ 중학생: 자신만의 공부법을 발견하도록 지도해준다.

④ 고등학생: 경쟁의 기술을 알려준다.

⑤ 대학생: 하루 빨리 자기 인생의 가치와 사명을 찾도록 도와준다.

5. 아이의 천부적인 재능은 어떤 것이 있을까?

① 언어 ② 논리 수학 ③ 음악 ④ 신체 운동 ⑤ 자연탐구 ⑥ 공간 ⑦ 대인 관계 ⑧ 자기 이해

아이가 자신의 천부적 재능을 적절한 곳에 사용하여 발전해 나가도록 하는 세 중요하다.

6. 부모가 아이 인생의 총 연출자가 되기 위해 해야 할 일 세 가지는?

① 부모 자신을 이해하기

② 아이의 특성 이해하기

③ 아이의 특성에 맞게 가르칠 줄 알기

아이는 신체형, 시각형, 청각형으로 나눌 수 있는데 이러한 특성에 맞추어 지도해야 한다.

재능은 엄마 뱃속에서부터

7. '컴퓨터 게임' 방식으로 본 부모의 역할

① 전략 제공하기: 어떠한 경우에도 아이를 지지하며 문제를 해결할 방법을 제시한다.

② 격려해주기: 아이가 작은 일을 성공적으로 해냈을 때 즉시 격려해준다. 적절하고 구체적이며 인생에 도움이 될 만한 칭찬을 해준다.

③ 단체에 소속시키기: 아이에게 알맞은 단체를 찾아서, 아이가 그 안에서 소속감을 느끼고 성취감을 느낄 수 있게 해준다.

8. 성공의 비결

① 자신감: 어떠한 상황에서든 자신은 성공할 수 있다고 굳게 믿는다.

② 숫자 감각: 반복해서 하다 보면 잘하게 되는 법이다. 숫자와 관련된 문제는 하늘도 당신을 도울 수 없다.

③ 경쟁상대: 경쟁상대가 누구냐에 따라 아이의 발전 속도가 결정된다.

④ 스승: 어떤 스승을 만나는가에 따라 아이가 발전할 수 있는 최대치가 결정된다.

만약 100년 전에 당신이 호적(胡適)의 구두를 닦았거나, 노신(魯迅)에게 차를 따라주었다면, 당신은 아마 지금쯤 그 분야의 대가가 되어 있을 것이다.

9. 세계 일류대학은 어떤 기준으로 학생을 선발할까?

① 학업성적이 85점

② 봉사활동 68시간 이상

③ 취미활동 3년 이상

④ 프로젝트나 동아리에서의 리더를 맡아본 경험

⑤ 뛰어난 인물이나 단체와의 교류 경험

10. 단체에 관하여

① 단체의 좋은 점은 리더십을 기를 수 있다는 점이다.

② 리더십은 성적과 관련이 없다. 아이가 친구 사이에서 꼬마 대장을 맡아 보게 하자.

③ 성공하기 위해서 많은 사람이 필요한 것은 아니다. 서로 생각이 같고 뜻이 같은 몇 명이면 충분하다.

④ 아이가 부모보다 뛰어난 사람이 되길 바란다면, 자신보다 탁월한 사람들의 그룹에 들어가서 훌륭한 사람을 많이 만나보게 해야 한다.

11. 영재의 특징

① 풍부한 상상력

② 탁월한 관찰력

③ 유연한 융통성

세계 일류 대학이 중시하는 학생의 능력은 창조력, 통찰력, 융통성이다.

12. 부모가 아이 앞에서 실수했을 때 어떻게 해야 할까?

① '실수'를 '잘못 이해한 것'으로 여겨라. 그 즉시 잘못을 깨닫고 바꾸는 것이 더욱 중요하다.

② 이미 실수를 저질렀다면 우선 마음을 가라앉혀라. 가장 중요한 점은 실수를 통해 배움을 얻는 것이다.

③ 아이는 실수를 해야 한다. 그래야 지식을 자신의 것으로 만들 수 있다. 예컨대 자전거 타기가 그렇다.

④ 아이를 가르치기 전에 먼저 변해야 할 것은 바로 부모 자신이다.

13. 아이를 위해 자신을 바꾸라!

① 부모가 변하면 아이는 더 많은 사랑을 받게 된다.

② 만약 다른 사람에게 영향을 줄 수 없다면, 대신 영향을 받아라.

재능은 엄마 뱃속에서부터

③ 행복한 국가는 행복한 가정에서 시작된다. 행복한 가정은 행복한 부모대학에서 비롯된다.

④ 부모노릇은 열심히 하는 것보다 지혜롭게 하는 것이 중요하다. 언제나 배우고자 하는 겸손한 태도를 유지해야 한다.

14. 부모와 아이 간에 충돌이 발생했을 경우, 어떻게 감정을 가라앉혀야 할까?

① 종이 찢기 : 생각나는 것을 모두 종이에 적고, 방에 들어가 문을 닫고 큰 소리로 낭독한다. 가슴 속 답답함과 불만이 해소되면 종이는 찢어 버린다.

② 시계추 바라보기: 시계추를 따라 눈을 좌우로 움직이면, 불쾌한 감정에서 즉시 벗어날 수 있다.

③ 손 털기 : 두 손을 들어 올리고 빠르게 턴다. 손에 감각이 없어질 정도로 흔들다 보면, 기분이 한결 좋아지면서 다시금 힘을 얻게 된다.

15. 아이의 행복을 빼앗지 마라

① 행복이란 내면에서 솟아나는 자기만족감이다.

② 아이 마음속에 걱정과 두려움이 가득 차 있다면, 그건 아이가 무조건적인 사랑이 아닌 조건적 거래관계 속에서 살고 있기 때문이다.

③ 0세에서 6세까지 아이에게 주는 사랑과 관심은 아이 인생의 최고의 재산이 된다.

④ 아이에게 주는 정신적 선물은 아이 인생의 나침반이 되어 줄 것이다!

16. 모든 아이는 천재다

'훌륭한 말(馬)'의 힘은 '백락'이 재능을 알아봐 주고 격려해준 데서 비롯되었다. 아이도 그렇다. 단지 아이의 재능이 언제 드러날지 우리가 모르는 것뿐이다!

17. 말 잘 듣는 아이

부모의 말을 언제나 잘 듣는 아이는 부모를 뛰어넘을 수 없다. 부모가 곧 아이의 미래가 되기 때문이다.

18. 목표와 끈기

평생 어떤 일에 목숨 걸고 덤비면, 하늘도 그를 돕는다.

다른 사람들 앞에서 약속하는 것은 목표를 이루는 지름길이다.

19. 집중력

아이의 집중력에 나쁜 영향을 주는 세 가지 화면이 있다. 바로 핸드폰 액정화면, TV 화면, 컴퓨터 화면이다. 아이가 이 세 가지 화면을 보는 시간이 30분을 넘을 경우, 그 이후부터는 집중력과 시간이 반비례한다.

20. 무조건적인 사랑

언제 어디서나 또 어떤 일이 일어나든, 언제나 아이 옆에 서서 이렇게 말해줘야 한다.

"얘야, 사랑한다!"

아이는 기적이다

중국에는 '잉어가 용문(龍門)을 뛰어넘어 용이 됐다(鯉魚跳龍門)'는 유명한 전설이 있다.

이백(李白)이 지은 시에도 이런 구절이 나온다.

"석 자나 되는 황하의 잉어는, 본래는 맹진 근처에서 살고 있었는데, 바위에 이마를 찧어 용이 되지 못하고, 되돌아가 평범한 고기들과 어울렸네(黃河三尺鯉, 本在孟津居, 點額不成龍, 歸來伴凡魚)."

여기서 우리는 인생의 기회와 관련된 많은 철학적 이치를 읽어 낼 수 있다.

사실 사람의 생명도 큰 강에서 처음 시작되었다. 대략 2억에서 3억 마리에 이르는 '어린 물고기'들이 강안에서 빼곡하게 헤엄치고 있었는데 그 수는 중국의 3개 성(省)의 인구를 합친 것보다 많았다. 하지만 용문을 뛰어넘은 잉어처럼, 그중 단 한 마리만이 '집'에 들어갈 수 있었다. 그리고 이 '집' 안에서 10달을 준비하면 완전히 다른 모습이 되어 새로운 세상으로 나오게 된다. 여기서 탈락한 나머지 '어린 물고기'들은 모두 사라진다.

이 얼마나 잔인한 시합인가. 성공할 수 있는 확률은 몇 억분의 일에 불과하다. 가장 강하고 가장 운이 좋은 선수만이 승리해서 그 '방'에 들어간다. 하지만 그 안에도 수많은 어려움이 도사리고 있기에 자칫하면 모든 일이 수포로 돌아갈 수도 있다. 계산해보면, 진정으로 새로운 세상에 도달할 수 있는 비율은 십억 분의 일인 것이다. 그렇기에 새로운 세상으로 나오는 '선수'가 되기란 잉어가 용문을 뛰어넘어 용이 되는 것보다 훨씬 어려운 일이다.

이것이야말로 기적이 아니고 무엇이겠는가?

우리가 사는 세상에서는 백 명 가운데 한 명을 우수하다고 말하고, 천 명 가운데 한 명을 뛰어나다고 말하며, 만 명 가운데 한 명에게만 탁월하다는 표현을 쓴다. 그렇다면 1억 명 가운데 승리한 한 사람은 대체 어떻게 불러야 할까? 또 10억 명 가운데 승리한 한 사람은? 도대체, 누가 이러한 기적 같은 일을 해냈을까?

과학책 중에서 임신 관련 부분을 찾아본다면, 그 최종 승리자가 누군지 알 수 있을 것이다.

그렇다, 아이의 출생이야말로 기적인 것이다!

이 세상에 온 아이는 이미 충분한 준비가 되어 있다. 엄청난 기적을 창조해 낼 능력을 갖추고 태어난 것이다.

하지만 삶속에서 갈고 닦이고 이런저런 사회관계를 맺으면서, 사람들은 하나씩 '쇠사슬'로 엮이게 된다. 모두 태어날 때부터 가진 능력이 있기에 그 구속에 저항하지만, 그 가운데 오직 몇 명만이 자신이 원래 가지고 있었던 '장비'를 성공적으로 찾아내어 인생의 기적을 만들어 낸다. 반면 절대 다수의 사람들은 영원히 자신의 '장비'를 찾지 못해 찬란함이 아닌 평범함으로, 지혜로움이 아닌 어리석음으로, 탁월함이 아닌 무능함으로 세상을 살아가게 된다.

나는 교육 현장에서의 경험과 연구 조사를 통해 다음과 같은 사실을 깨달았다. 아이들은 천부적으로 재능과 잠재력을 갖고 태어나지만, 살아가면서 '부주의'로 인해 자신이 원래 타고난 능력을 '매몰'시켜 버린다는 것이다.

마치 날카로운 검이 먼지와 녹으로 뒤덮여서 더 이상 그 날카로움이 드러나지 않으면 어느덧 원래 날카로운 검이라는 사실조차 잊혀지는 것처럼 말이다.

정걸이의 지금 모습은 어느 날 갑자기 일어난 기적이 아니다. 아이가 잉태된 순간부터 아이의 '타고난 성향'을 지켜주고 계발시켜주려 노력한 결과, 14살 어린 나이에 고등학교를 졸업하고 미국 대학에 합격하게 된 것이다.

내가 이 책을 쓰게 된 이유는 모든 부모가 다음과 같은 사실을 알게 되기를 희망해서다. 아이는 이미 기적적으로 태어난 존재인데, 이 아이가 자라나면서 더 많은 기적을 창조해 내지 못할 이유가 어디 있겠는가?

일반적으로 교육할 때 아이의 의식적인 영역은 중시하지만, 잠재의식의 영역은 소홀히 하는 경향이 있다. 하지만 아이가 의식적으로 학습정보를 받아들였다고 해서, 아이의 잠재의식이 이를 꼭 받아들이는 것은 아니다. 이것이 바로 아이가 자신이 틀렸다는 걸 알면서도 자신의 행동을 쉽게 고치지 못하는 이유다.

그 일을 하면 안 되는 줄 잘 알면서도 스스로를 억제하지 못하고, 잘하려고 하면 할수록 반대의 결과만 초래하게 되는 것도 마찬가지 이유에서다.

사람의 몸에서 일어나는 움직임 가운데 99%는 잠재의식이 지배한다. 예컨대 세포를 운동하게 하고, 심장을 뛰게 하며, 피를 흐르게 하는 것 등이 모두 잠재의식이 하는 일이다.

태어나기 전부터 작은 생명은 이미 잠재의식을 가지고, 자신의 천부적인 재능을 잠재의식 속에 소중히 숨기고 있다. 이후에 아이가 잠재의식을 얼마나 능숙하게 사용하느냐에 따라, 천부적 재능이 발현되는 것이다.

이 책에는 아이의 행동과 의식적인 부분 그리고 잠재의식과 관련된 많은 성장 이야기가 담겨 있다. 또한 아이를 교육하는 데 필요한 기술, 방법 및 도구가 함께 제시되어 있다. 이러한 내용을 충분히 이해하고 직접 실천해 본다면 변화는 오늘부터 시작될 것이며, 당신은 가정교육의 기적을 경험하게 될 것이다.

생명이라는 선물을 받았으니, 부모는 아이를 위해 자신을 바꾸면서 함께 성장해 나가는 기쁨을 누려야 한다!

이 책을 통해 부모는 기적의 문을 열 수 있는 황금 열쇠를 손에 쥐게 될 것이다. 즐거운 마음으로 자신의 재능을 발견하고 확실히 파악하고 끊임없이 노력한다면, 아이는 용문을 뛰어넘는 잉어가 되고, 또 날개가 돋아난 금빛 용이 되고, 또 계속해서 변화하면서 수많은 기적을 창조해 내게 될 것이다!

내가 여기에 오기까지 나에게 관심을 가져주고 응원해 준 모든 지혜로운 교육자분들께 감사드린다. 또한 내 인생에서 마주친 모든 것에 감사한다. 그리고 이 책을 통해 알게 된 미래에 성공을 거둘 당신께도 감사한다!

많은 스승과 친구들이 나에게 아낌없는 조언을 해주기를 바란다. 마지막으로 이 책이 세상에 나오기까지 도움을 준 친구들에게 깊은 감사를 전한다!

- 북경 청화대학(清華大學)에서. 김자겸(金子謙)